LIPARISCHE INSELN

DUMONT REISE-TASCHENBUCH

Vordere Umschlagklappe: Übersichtskarte Liparische Inseln

Hintere Umschlagklappe: Kirche auf Lipari

Eva Gründel · Heinz Tomek
LIPARISCHE INSELN
DUMONT

Umschlagvorderseite: Aufstieg zum Gran Cratere auf Vulcano
Umschlaginnenklappe vorn: Blick auf Lipari-Stadt
Umschlaginnenklappe hinten: Strand bei Ficogrande auf Stromboli
Umschlagrückseite: Marina Lunga in Lipari-Stadt (oben), Obst- und Gemüseladen in Lipari-Stadt (Mitte), Winzer auf Salina

Über die Autoren: Eva Gründel, geboren 1948 in Wien, Promotion in Publizistik und Kunstgeschichte. Heinz Tomek, geboren 1939 in Wien, Studium der Rechts- und Staatswissenschaften. Die Autoren leben als freie Journalisten und Fotografen in Wien und auf Sizilien. Im DuMont Buchverlag publizierten sie außerdem in der Reihe »Richtig Reisen« die Bände *Sizilien, Süditalien, Prag* und *Tschechien* sowie das »Reise-Taschenbuch« *Elba.*

Für Marlies

Die Deutsche Bibliothek – CIP-Einheitsaufnahme

Gündel, Eva
Liparische Inseln / Eva Gündel undHeinz Tomek –
Köln : DuMont, 2001
ISBN 3-7701-5627-7

Umschlaggestaltung: Groschwitz, Hamburg
Satz und Druck: Rasch, Bramsche
Buchbinderische Verarbeitung: Bramscher Buchbinder Betriebe

Printed in Germany ISBN 3-7701-5627-7

INHALT

LAND & LEUTE

Die Liparischen Inseln im Überblick

Bevölkerung und Wirtschaft

Daten und Taten – Geschichte, Kunst und Kultur

UNTERWEGS
AUF DEN INSELN

Lipari: Die Lebendige

Vulcano: Die Heiße

Salina: Die Ehrliche

Filicudi: Die Intime

Alicudi: Die Einsame

Panarea: Die Mondäne

Stromboli: Die Feurige

TIPS & ADRESSEN

LAND & LEUTE

»Jeder einzelnen Insel, auf der wir stehen, erscheinen die fernen Schwestern so blütenhaft, wie sie selbst von ihnen aus betrachtet. Darum haben die Inseln etwas Einladendes, eine gewisse Milde, die uns erklärt, warum sie in unserer Zeit viele Freunde gefunden haben.«

Eckart Peterich

Die Liparischen Inseln im Überblick

Geburt aus dem Feuer – Geologie und Geographie

Im Frühling zum Staunen, im Herbst zum Genießen – Das Klima

Was blüht und kreucht und fleucht – Flora und Fauna

Im Hafen von Malfa auf Salina

Geburt aus dem Feuer – Geologie und Geographie

Die »Sieben Schönheiten« des Tyrrhenischen Meeres, wie die Liparischen (oder Äolischen) Inseln immer wieder euphorisch genannt werden, verdanken ihre Geburt vulkanischer Tätigkeit, deren Beginn erst weniger als eine Million Jahre zurückliegt. In drei Phasen tauchten die Eilande aus einer Tiefe von 3000 bis 1000 m aus dem Meer auf. Vor 360 000–16 000 Jahren entstanden zunächst die Inseln Panarea, Filicudi und Alicudi sowie Teile von Salina und Lipari, in einer zweiten Periode weitere Strukturen der genannten Inseln, vor 100 000 bis 40 000 Jahren folgten dann schließlich Vulcano und Stromboli. Jüngsten Datums ist die Nordspitze von Vulcano, die Halbinsel Vulcanello, Ergebnis eines Unterwasser-Ausbruches im Jahre 183 v. Chr.

Ebenso wie sich der Apennin in den nordsizilianischen Bergen fortsetzt, so bilden auch die Vulkane zwischen dem Vesuv in Kampanien und dem mächtigen Ätna auf Sizilien eine durchgehende Kette, zu deren Gliedern die Liparischen Inseln mit ihren charakteristischen Kegelformen gehören. Höchst aktiv blieb bis heute der Stromboli, der einzige laufend Feuermagma auswerfende Vulkan Europas. Auch der Vulcano hat seine Tätigkeit noch nicht eingestellt, sein letzter Ausbruch ereignete sich in den Jahren 1888–1890, doch mißtrauen Experten angesichts zischender und rauchender Dämpfe und Gase, die dem Erdinneren entströmen, dieser trügerischen Ruhe. Die übrigen Vulkane sind seit Menschengedenken erloschen.

Die feurige Urgeschichte bescherte den Inseln heilbringende Thermalquellen mit Natrium-, Schwefel- und Sodagehalt, Strände mit schwarzem Lavasand, funkelnden Obsidian, strahlend weißen Bimsstein und – sofern sie nicht vom Wind davongetragen wurde – fruchtbare Vulkanerde, aber auch fast vegetationslose Hügel und schroffe, bizarre Felsformationen. Dennoch, so schreibt Eckart Peterich in seinem in den 60er Jahren erschienenen Standardwerk »Italien«, »fehlt den Inseln das erschreckend Ungeheuerliche der Ätna-Landschaft, sogar dem Stromboli, der mit dem Ätna verglichen ein Knäblein ist; ihr vulkanisches Wesen wird durch die unmittelbare Nachbarschaft des Wassers gemildert, man möchte sagen: gekühlt; und jeder einzelnen Insel, auf der wir stehen, von der aus wir uns umschauen, erscheinen die fernen Schwestern so blütenhaft, wie sie selbst von ihnen aus betrachtet. Darum haben die Inseln im Gegensatz zum Ätna etwas Einladendes, eine gewisse Milde, die uns erklärt, warum sie in unserer Zeit viele Freunde gefunden haben und zu beliebten Seebädern geworden sind.«

Schwefelgelber Boden auf dem Vulcano

Der sternförmig angeordnete Archipel zwischen Kalabrien und Sizilien umfaßt in einem Umkreis von 90 km insgesamt mehr als zwanzig Inseln, von denen allerdings nur sieben bewohnt sind. Die anderen – winzige, steil aus dem Meer ragende Felsnadeln – bilden gleichsam die Statisterie in dieser teils lieblich-harmonischen, teils herb-wilden Inszenierung der Natur. Mit einer Fläche von 37,6 km^2 ist Lipari die größte Insel, gefolgt von Salina (26,8 km^2), Vulcano (21 km^2), dann Stromboli (12,6 km^2), Filicudi (9,5 km^2), Alicudi (5,2 km^2) und Panarea (3,4 km^2). Sizilien am nächsten liegt Vulcano (20 km), am weitesten entfernt Stromboli (50 km).

Die höchste Erhebung ist mit 962 m der Monte Fossa delle Felci auf Salina, dessen »Zwillingsvulkan« Monte dei Porri es auch noch auf stattliche 860 m bringt. Der Gipfelgrat des Stromboli – der feuerspeiende Krater befindet sich knapp darunter – erreicht 926 m, der Vulkankegel auf Filicudi 773 m, auf Alicudi 675 m. Um einiges niedriger sind die Berge auf Lipari: Monte Chirica (603 m), Monte Santangelo (594 m), Monte Guardina (370 m), Monte Rosa (240 m). Der Monte Aria auf Vulcano erhebt sich bis auf fast 500 m, der Rand des Großen Kraters liegt auf 391 m über dem Meeresspiegel.

Das undurchsichtige Lavaglas

Obsidian

Als sich Ende des 5. Jahrtausends die ersten Siedler in dem Archipel im Tyrrhenischen Meer niederließen, hatten sie einen harten Überlebenskampf zu bestehen. Die wenigen Quellen sprudelten nur dürftig, ohne Zisternen und Stauanlagen war nicht einmal die primitivste Landwirtschaft möglich. Zäh trotzten die Ureinwohner dennoch dem Wassermangel, denn es gab dafür einen guten Grund: Obsidian. Das vulkanische Glas galt in jener Zeit als begehrtestes Material für Waffen und Werkzeuge. Wie die OPEC-Staaten im 20. Jh. mit ihren Erdölvorkommen diktierten über 1500 Jahre hinweg die Inseln vor der Nordküste Siziliens den internationalen Markt ihrer Zeit. Im gesamten mediterranen Raum, vor allem aber in Ägypten und auf Kreta, riß man sich um das messerscharfe, harte Gestein.

Jahrmillionen behält die Erde das flüssige Gas, 1500 Grad heißes, gasreiches Magma, in ihrem Inneren. Endlich ist der Druck nicht mehr zu halten, das Feuergestein drängt nach oben, der Ausbruch des Vulkans steht bevor. Noch ist die Öffnung des Schlots nicht ganz erreicht, da lassen die gelösten Flüssiggase, Motor der gesamten Aufwärtsbewegung, den oberen Teil des Magmas zu Lava aufschäumen wie die Kohlensäure in einer Sektflasche den Schaumwein. Nun folgt der entscheidende vulkanische Naturvorgang: die Entgasung der Schmelze.

Im Frühling zum Staunen, im Herbst zum Genießen – Das Klima

Wer das ideale Mittelmeerklima sucht, findet es auf den Liparischen Inseln: milde Winter und nicht allzu heiße Sommer. Die geographische Breite – zwischen 38 Grad 48′ 40″ im Norden (Stromboli) und 38 Grad 21′ 54″ im Süden (Vulcano) – teilt der Archipel in etwa mit Lissabon und Athen, doch selbst in den Hochsommertagen sorgen ständige Brisen für erfrischende Kühle.

Die mittlere Lufttemperatur beträgt im Januar 13 °C, im Mai 20 Grad, im Juli 28 °C und im Oktober 21 °C, gemessen jeweils an den Küsten. Auf den Bergen ist es empfindlich kühler, insbesondere in den Nächten. Sogar der Stromboli hält nicht als wärmendes Lagerfeuer her, auf dem Gipfel ist es um mindestens 10 °C kälter als auf

Wasserdampf (H_2O) und Kohlendioxyd (CO_2) in großen Mengen, dazu Stickstoff (N_2), Schwefeldioxyd (SO_2), Schwefeltrioxyd (SO_3), Schwefelwasserstoff (H_2S), meist sehr wenig Kohlenmonoxyd (CO) und Argon (Ar) entweichen als Rauch ins Freie. Übrig bleibt das schaumig erstarrte Magma, der Bimsstein, sowie die fast gaslose Schmelze, die sehr schnell erkaltet und daher nicht auskristallisiert: der Obsidian.

Entdeckt und erstmals beschrieben wurde das undurchsichtige Lavaglas laut dem Geschichtsschreiber Plinius dem Älteren in Äthiopien von einem römischen Reisenden namens Obsius, der dem Gestein dann seinen Namen gab. Der kieselsäurereiche Obsidian – er enthält weniger als 3 % Wasser – funkelt in den Farben schwarz, dunkelgrau bis dunkelbraun, manchmal rot und grün, häufig ist er auch geflammt oder streifig.

Bereits in der Steinzeit haben die Menschen den Obsidian bearbeitet und daraus Klingen, Schaber, Speer- und Pfeilspitzen und anderes Werkzeug gefertigt. Heute verkaufen Frauen und Kinder handliche Brocken des Glasgesteins als Souvenirs an Touristen. Wer sich aber ein wenig Zeit nimmt, kann Obsidiane ganz einfach selbst vom Boden aufheben, in der Nähe der Bimssteinbrüche von Porticello etwa. Weil das Material äußerst spröde ist, wagt sich kaum ein Kunsthandwerker an seine Bearbeitung. Seltsam: Was den Steinzeit-Menschen gelang, müßte doch mit heutigem technischem Gerät problemlos möglich sein. Schmuck aus Obsidian findet man aber lediglich in einigen wenigen Boutiquen von Lipari und Vulcano: Ohrgehänge, Ringe und Broschen – gleichsam schwarze Diamanten aus dem Feuerberg.

Meeresniveau. Die durchschnittlichen Wassertemperaturen schwanken zwischen 17 °C im Frühjahr, 26 °C im Sommer, 22 °C im Herbst und 15 °C im Winter.

Äußerst gering sind die Niederschlagsmengen: 600 mm pro Jahr, davon mehr als zwei Drittel im Herbst und Winter. Tatsächlich öffnet der Himmel nur selten seine Schleusen: Die Zahl der Regentage beträgt – statistisch gesehen – im Januar 11,2, im Juli aber nur 0,7. Dafür scheint die Sonne im Jahresdurchschnitt 2745 Stunden lang, ohne daß ein Wölkchen das Badevergnügen trübt. Anders ausgedrückt: an 75 % der Tage im Frühjahr, 90 % im Sommer, 85 % im Herbst und 60 % im Winter können die Meteorologen für die Liparischen Inseln die Jubelmeldung »sonnig bis heiter« verbreiten.

Auch Segler und Surfer kommen im Reich des Windgottes Aiolos auf ihre Rechnung. Die im Jahresdurchschnitt vorherrschenden Winde sind der *Maestrale* aus dem Nordwesten und der *Scirocco* aus dem Südosten. Flauten gibt es selten, dagegen an 13 Tagen im Jahr Windstärken zwischen 6 und 7, an weiteren 10 Tagen sogar bis zu 9 Beaufort.

Was blüht und kreucht und fleucht – Flora und Fauna

Auf den ersten Blick scheint die Vegetation auf den Liparischen Inseln eher dürftig. Notorischer Wassermangel – das kostbare Naß muß mangels Quellen auf den meisten Inseln in Zisternen gesammelt oder mit Tankschiffen angeliefert werden – verhindert die Anlage großer Zitrusfrüchte-Plantagen, wie man sie bei der Anreise in Kampanien oder Sizilien gesehen hat. Auf den Liparen besticht dafür die Vielfalt und der Artenreichtum kleinerer Gewächse.

Kaktusfeigen

Mittagsblume

Im Frühjahr präsentiert sich der Archipel als großer, blühender Garten, ein mediterranes Paradies mit leuchtenden Oleanderbäumen, kardinalroten Bougainvilleen, Myrten, wilden Rosen, Hibisken, Agaven, Heidekraut und Ginster. Rosmarin-, Thymian- und Vanillesträucher verbreiten betörende Düfte. Kapern mit ihren bezaubernden hellvioletten oder rosafarbenen Blüten wachsen wild oder kultiviert – »Äolische Orchideen« werden sie auch genannt.

Die Baumvegetation setzt sich vorwiegend aus stachelblättrigen Eichen, Edelkastanien, Kaktusfeigen, Johannisbrot-, Pflaumen-, Mandel-, Feigen- und Ölbäumen zusammen. Höherliegende Regionen sind häufig von dichten Busch-

wäldern geprägt. Auf dem warmen vulkanischen Boden gedeiht aber auch ein vorzüglicher Wein, der süße weiße Malvasia und ein feuriger, herber Roter.

Der Getreideanbau bleibt aufgrund des Wassermangels unbedeutend und deckt nicht einmal den lokalen Bedarf. Ausgeführt werden dagegen Kapern (s. S. 126f.) sowie Malvasia-Trauben und -Wein.

Vegetationsreichste der sieben Inseln ist dank eigener Süßwasserquellen Salina, das »grüne Herz« des Archipels. Ein großes Naturschutzgebiet garantiert die Erhaltung und Entfaltung der Pflanzenwelt. Auf eine jahrhundertelange Tradition blickt die Pflege der Heilkräuter zurück, von denen auf den Inseln an die 70 verschiedene Arten vorhanden sind – und auch verwendet werden.

Bunt und zahlreich zeigt sich auch die Tierwelt, jedoch ebenso wie bei den Pflanzen nur die der Kleinen: Vögel, Kaninchen, Eidechsen, Käfer. Im Frühjahr und Herbst machen Zugvögel wie Pelikane, Rot- und Graureiher, Kraniche, Wildgänse und -enten, Störche, Flamingos und Kormorane auf den Inseln Station. Heimisch sind u. a. Möwen, Schwarzschnabel-Sturmtaucher und Mittelmeer-Falken, die in den schroffen Felswänden und vorgelagerten Klippen brüten.

Luigi Salvatore d'Austria (1847–1915), der bis heute unübertroffene Chronist der Liparischen Inseln (s. S. 18), notierte vor ca. 100 Jahren über das Städtchen Lipari: »Die Gassen sind wenig belebt, dafür aber treiben sich schon vom frühen Morgen an viele Esel in denselben herum.« Grautiere finden sich in unseren Tagen eher selten; sie wurden von den dreirädrigen Motorkarren verdrängt, und man setzt sie nur noch auf Alicudi, wo es praktisch keine Straßen gibt, als Lastenträger ein. Von einer gewissen Bedeutung ist die Zucht von Schafen,

Ludwig Salvator

Reisender, Wissenschaftler, Naturfreund

Er war ein Außenseiter der Wiener Hofburg, der seine Vorstellungen von einem erfüllten Leben als Weltenbummler und Gelehrter verwirklichte: Erzherzog Ludwig Salvator. Ihm verdanken die Liparischen Inseln ein achtbändiges Werk, die bisher detaillierteste historische, soziale, geologische, geographische, botanische und zoologische Beschreibung des Archipels, eine wahre Enzyklopädie, vom Autor mit Bleistift- oder Federzeichnungen reichhaltig illustriert.

Als spätgeborener Sohn des Großherzogs Leopold II. von Toskana konnte sich der am 4. August 1847 in Florenz zur Welt gekommene Ludwig Salvator schon früh seinen naturwissenschaftlichen Interessen widmen. Er erhielt auch eine kurze juristische Ausbildung und galt im Familienkreis als der »gelehrte Erzherzog«. Ab 1870 ging er nur noch seinen Neigungen nach. Mit seinem Dampfer »Nixe« unternahm er ausgedehnte Reisen im Mittelmeerraum und sogar bis nach Kalifornien und Australien. An Bord führte er die volle Gleichberechtigung ein und betrachtete sich als gewöhnliches Mannschaftsmitglied. Über seine Forschungen schrieb er zahlreiche Bücher, die große Beachtung fanden: »Die Balearen« (5 Bände), »Zärtlichkeitsausdrücke und Koseworte in den friulanischen Sprachen«, »Eine Spazierfahrt im Golfe von Korinth«, »Spanien in Wort und Bild«, »Die Serben an der Adria«, »Die Karawanenstraße von Ägypten nach Syrien« und »Schiffbruch oder ein Sommernachtstraum«, um nur einige zu nennen.

Ludwig Salvator wurde Ehrenmitglied der Österreichischen Akademie der Wissenschaften und unterhielt eine ausgedehnte Korrespondenz mit dem späteren US-Präsident Theodore Roosevelt und mit dem Schriftsteller Jules Verne. Dieser war von ihm so beeindruckt, daß er ihn zur Hauptfigur seines Romans »Mathias Sandorf« machte.

Bei seinen gelegentlichen Besuchen am Wiener Hof rief Ludwig Salvator vor allem wegen seiner nachlässigen Kleidung, aber auch wegen seines unhöfischen Benehmens Empörung wie Belustigung hervor. Aus

Ziegen und Rindern, vor allem für den Eigenbedarf.

Schnorchlern und Tauchern offenbart sich im glasklaren Wasser des Archipels eine wahre Wunderwelt an bunten Fischen, Seepferdchen, die im gedämpften Sonnenlicht ein Wellen-Ballett tanzen, im

Verbundenheit mit der Herrscherfamilie widmete er viele seiner Werke Kaiser Franz Joseph oder dessen Frau Elisabeth, die – selbst unruhige Weltenbummlerin – den Erzherzog gerade wegen seiner Skurrilität schätzte. Ludwig Salvator starb am 12. Oktober 1915 in Brandeis an der Elbe und wurde in der Kapuzinergruft in Wien beigesetzt. Drei seiner illegitimen Kinder auf Mallorca erbten sein beträchtliches Vermögen, mit dessen Hilfe sie auf dem Landgut Son Morroig bei Deià ein heute noch vielbesuchtes kleines Museum mit Büchern, Gemälden und Fotografien aus dem Leben ihres Vaters einrichteten.

Auch auf den Liparischen Inseln blieb der unermüdliche Chronist aus dem österreichischen Kaiserhaus unvergessen. Hatte er doch, mit Stock und festem Schuhwerk ausgerüstet, alle Wege des Archipels abgeschritten, sich vor schönen Aussichten niedergelassen und dort gezeichnet und notiert. Jeder Strauch, jede Blume, jede Gesteinsformation war ihm ein Verweilen wert. Auf diese Weise entstand ein Dokumentationsbericht (veröffentlicht 1893/96 in Prag), der bis heute seinesgleichen sucht. In den 70er und 80er Jahren brachte das kleine Verlagshaus »Edinixe Editrice« in Lipari sämtliche acht Bände Ludwig Salvators – ein allgemeiner Band und einer für jede der sieben Äolischen Inseln – in einer liebevollen Reproduktion des deutschsprachigen Originals mit italienischer Übersetzung heraus, erhältlich in Buchhandlungen und Souvenirläden. Allein die naturgetreuen Zeichnungen von Landschaften, Häusern und Menschen lohnen den Kauf dieses ungewöhnlichen Werkes, das dem Notar, Maler, Dichter und Publizisten Dottor Pino Paino aus Lipari zu verdanken ist. Dieser konnte das Opus Luigi Salvatores schon in seinem Elternhaus kennenlernen. Der Habsburger war nämlich häufig Gast bei Pino Painos Großvater gewesen und hatte der Familie einige Originalschriften geschenkt. Mit der Faksimileausgabe erfüllte er sich einen Jugendtraum.

In der Altstadt von Lipari etablierte sich 1981 auf Initiative junger, intellektueller Insulaner ein äolisches Studienzentrum, das nicht nur über eine stattliche Fachbibliothek verfügt, sondern alljährlich auch mit einer Reihe kultureller Veranstaltungen – Film- und Theaterfestivals, Lesungen und Kunstausstellungen – an die Öffentlichkeit tritt. Es trägt den Namen »Luigi Salvatore d'Austria«.

Takt mit Seegras, Tang und in allen Farben schimmernden Algen, Seeigeln und Muscheln. Unzählige Höhlen und Grotten laden zum Erkunden ein, größer, schöner und blauer als der berühmte, zur Touristenfalle verkommene Felsendom von Capri.

AMERICAN
ALIMENTARI
SALUMERIA
SHOP
AFFITTASI

Bevölkerung und Wirtschaft

Fremdenverkehr statt Steineklopfen – Bevölkerung, Wirtschaft, Verwaltung

Auf Umweltkurs – Sieben im gleichen Boot

Sicherheit – Keine Pfründe für Mafia-Paten

In Lipari-Stadt

Fremdenverkehr statt Steineklopfen

Die Liparischen Inseln zählen zu jenen Orten der Welt, die ihren bescheidenen Wohlstand fast ausschließlich dem Tourismus verdanken. Von der Einigung Italiens um 1860 bis zur Mitte des 20. Jh. war das Leben auf dem Archipel von Armut und Auswanderung geprägt. Der Anteil der Analphabeten betrug bis zu 90 Prozent, Landwirtschaft, Fischfang und die einzige Industrie der Äolen, die Bimsstein-Gewinnung, reichten nicht aus, die Bevölkerung zu ernähren.

Gestoppt wurde diese Entwicklung durch den Tourismus-Boom, der freilich auch schwere Eingriffe in das Sozialgefüge der Inseln mit sich brachte. Zahlreiche Menschen gaben die karge Landwirtschaft auf, um ihr Glück im Fremdenverkehr zu suchen. Die jahrhundertealten Terrassenkulturen mit ihren mühevoll aufgeschichteten Steinmauern verfielen in dem Maße, wie neue Hotels aus dem Boden wuchsen.

Eine wilde Bauspekulation erhitzte das wirtschaftliche Klima in den 60er und 70er Jahren. Viele Bauern verkauften Grund und Boden, der oft seit Generationen im Besitz der Familien gewesen war, Apartment-Häuschen ohne Stil und Geschmack wurden darauf errichtet, häßliche Gebrauchsbauten, die maximal zwei Monate im Jahr bewohnt werden und in der übrigen Zeit das Bild von Geisterdörfern bieten. Die Zement- und Ziegelorgien zwischen Vulcano-Porto und Vulcanello sind ein besonders abschreckendes Beispiel dafür. Mit mehr Feingefühl für die typische Insel-Architektur hat der neureiche Geldadel aus Mailand, Rom und Turin auf Panarea seine Sommerquartiere erbauen lassen. Strengere gesetzliche Auflagen haben den Wildwuchs mittlerweile einigermaßen gestoppt.

Dennoch übertrifft in den Monaten Juli und August die Zahl der Feriengäste jene der Einheimischen – rund 12 000 – um ein Vielfaches, was die Infrastruktur der Inseln – Lebensmittel- und Wasserversorgung sowie vor allem die Müllabfuhr – stets auf eine harte Bewährungsprobe stellt. Glücklicherweise blieben die Äolen von einer der modernen Plagen, dem Moloch Verkehr, aufgrund ihrer topographischen Beschaffenheit und mangels ausreichender Straßen weitgehend verschont. Zwischen dem 1. Juli und 31. August dürfen Touristen ihre Autos nur auf Salina und Lipari mitnehmen, auf allen anderen Eilanden ist dann nicht einmal das Abstellen an der Hafenmole gestattet, sofern man weniger als 30 Tage bleibt.

Eine wichtige wirtschaftliche Rolle spielt der Fischfang. Entgegen anderslautenden Gerüchten sorgen die Gewässer rund um die Liparischen Inseln – mit 1000 bis 3000 m gehören sie zu den tiefsten des Mittelmeers – nach wie vor für

Der Charakter der Liparoten ...

... ist sanft und gutmüthig; Raub- und Mordthaten, von denen man leider auf dem nahen Sicilien so viel hört, kennt man hier nicht. Vollkommen sicher kann der Fremde unter diesem gefälligen, heiteren, fröhlichen Völkchen, das schnell das Herz gewinnt, dahin wandern und bald wird es ihm unter den Leuten gefallen und er sich wie zu Hause fühlen, denn sie zeigen eine besondere, fast möchte ich sagen naive Zutraulichkeit. Namentlich ist dies bei den jungen Mädchen zu bemerken, denen man fern von ihren Müttern ganz allein auf den Höhen begegnet, wo sie scherzend und singend dahinziehen, in wahrer kindlicher Unschuld. Dieses naive Wesen derselben zeigt sich so recht deutlich am Strande, wo sie kichernd und lachend sich im Meere waschen und hochaufgeschürzt ihre wirklich statuarischen Formen unverhüllt den Augen der Vorübergehenden preisgeben, ohne dass irgend ein entfernter Gedanke, dass dies nicht sittsam wäre, in ihnen auftauchte.

Ein charakteristischer Zug der Liparoten ist ihre wirklich rührende Liebe zur väterlichen Scholle. Am meisten Sinn haben sie für die Feldarbeit und für die Schiffahrt, für welch letztere sie schon von Alters her eine besondere und ausgeprägte Neigung zeigten. Die Arbeitsamkeit und der Unternehmungsgeist sind im Ganzen nicht sehr gross, am bedeutendsten noch auf Salina und auf Stromboli, wo die Leute in der Arbeit unermüdlich sind. Auf Filicudi und Panarea leben sie ruhig dahin und am nachlässigsten in dieser Hinsicht ist das arme Alicudi.

Die Sprache auf den Liparischen Inseln ist das Sicilianische, und zwar mit geringen Unterschieden die in dem benachbarten Messina gesprochene Mundart. Wie begreiflich, haben sich in Folge der langen spanischen Occupation und noch mehr nach den von Barbarossa verursachten Verheerungen durch die Wiederbevölkerung Lipari's durch spanische Colonisten viele spanische Worte als gang und gäbe erhalten.

Erzherzog Ludwig Salvator

volle Teller. Muscheln, Garnelen, Langusten, Makrelen, Sardinen und anderes Meeresgetier sind fast täglich frisch erhältlich und müssen nicht tiefgefroren eingeflogen werden. Zu den Spezialitäten der Region zählen Thun- und Schwertfisch, die im Frühjahr – in zwar schwindenden, aber gerade noch ausreichenden Mengen – gefangen

Der Fischfang spielt noch eine bedeutende Rolle

werden. An die 300 Insulaner leben auch heute noch vom Fischfang, als überzeugte Individualisten jeder für sich. Es ist bisher nicht gelungen, die Berufsfischer in einer Genossenschaft unter ein gemeinsames Interessensdach zu bringen. Das mag wohl auch daran liegen, daß viele von ihnen den Inhalt ihrer Netze gleich auf hoher See an Kühlschiffe veräußern, um den Finanzbehörden zu entgehen.

Verwaltungsmäßig sind die Inseln – sie gehören zur sizilianischen Provinz Messina – mit Ausnahme von Salina alle in einer Gemeinde, nämlich Lipari, zusammengefaßt. Die Salinesen dagegen erfreuen sich als ausgepichte Individualisten gleich dreier Gemeindeoberhäupter, und zwar jener von Santa Marina, Malfa und Leni. Analphabetismus ist längst kein Thema mehr. Alle Inseln verfügen über Grundschulen, auf Lipari stehen auch Gymnasien verschiedenen Typs zur Verfügung. Für Studenten wurde eigens eine tägliche Schnellboot-Verbindung in die Universitätsstadt Messina eingerichtet.

Vorbildlich gelöst hat man die medizinische Versorgung von Einheimischen und Feriengästen. Das kleine Krankenhaus auf Lipari ist für die meisten Notfälle gerüstet, und wenn die Ärzte dort mit ihrem Latein am Ende sind, lassen sie die Patienten per Hubschrauber nach Messina transportieren. Auf allen übrigen Inseln gibt es Ambulanzen, die ganzjährig rund um die Uhr besetzt sind. Landeplätze für Ret-

Insel-Sprichwörter

Cu' havi pani, havi cani.
Wer Brot hat, hat einen Hund.

'U piecuru nasci curnutu e mori sannatu.
Der Hammel wird mit Hörnern geboren und stirbt auf der Schlachtbank.

Vo tiniri 'nculu la Curti, non teniri cuteddu di supra.
Willst du mit den Gerichten nichts zu tun haben, so trage kein Messer bei dir.

Poviru si, ma porcu pirchi.
Arm ja, aber warum ein Schwein?

L'uomu senza mugghieri e menzu muortu. L'uomu senza dinari e muortu tuttu.
Der Mann ohne Weib ist halb tot, der Mann ohne Geld ganz tot.

Burraschi e donni fannu socchi vonnu.
Stürme und Frauen machen, was sie wollen.

Biatu cu' si 'rraspa la testa cu la so mani.
Glücklich derjenige, der sich seinen Kopf mit den eigenen Händen kratzt.

Quannu lu megghiu non ci e non si cunusci lu peggiu.
Wenn das Bessere nicht vorhanden ist, kennt man das Schlechtere nicht.

tungs-Helikopter vermitteln das beruhigende Gefühl, notfalls auch vom entlegensten Eiland schnell in ein Spital kommen zu können.

Die Fremdenverkehrswelle spült freilich immer wieder auch ungebetene Gäste an die Liparischen Gestade: Kriminelle, Drogenabhängige und Prostituierte beiderlei Geschlechts. Auf Drängen der Bevölkerung wurden zu Beginn der 80er Jahre die Carabinieri-Einheiten in den Sommermonaten verstärkt. Seither hat die Exekutive die Probleme im Griff, die Inseln gelten in der Vor- und Nachsaison als absolut, in der Hauptferienzeit als relativ sicher.

Auf Umweltkurs: Sieben im gleichen Boot

Schon zu Beginn der 70er Jahre formierte sich in Lipari ein *Comitato ecologico* zur Verteidigung des größten Schatzes, den die Inselwelt hat: die heile Umwelt. Unmittelbarer Anlaß waren verheerende Buschbrände, die viele Pflanzen und Tiere vernichtet hatten. In ständigen dramatischen Appellen an Behörden, Regierung und Bevölkerung bereiteten die umsichtigen Vordenker den Weg zu einer behutsamen Naturschutzpolitik, in einer Zeit, als nicht nur in Süditalien der Begriff »Umwelt« weitgehend noch ein Fremdwort und Grün lediglich eine Farbe war.

Nach dem Vorbild einer ähnlichen Vereinigung in Positano an der malerischen Amalfitana-Küste bei Neapel waren sich die Proponenten des Komitees rechtzeitig bewußt, daß die Grenzen der möglichen Ausbeutung der Natur erreicht sind, insbesondere auf den Inseln, wo das ökologische Gleichgewicht ungemein empfindlicher ist als auf dem Festland. Die Liparoten, seit jeher ein auf Sauberkeit bedachtes Völkchen – was sich nicht nur in ihren alljährlich frisch gekalkten und gestrichenen Häuschen manifestiert, sondern auch in ihrem sorgsamen Umgang mit Wasser –, entwickelten früher als ihre Nachbarn auf Sizilien oder der italienischen Stiefelspitze ein Umweltbewußtsein. Wenn man das spärliche Naß vom Himmel über Regenrinnen auf Dächern und Terrassen sammeln muß, heißt das erste Gebot Reinlichkeit. Diese Haltung setzt sich auch außerhalb der eigenen vier Wände fort, ganz im Gegensatz zum allgemeinen Bild, das sich in Süditalien bietet: Dort ist alles, was vor der Haustüre liegt, »Feindesland«, weil Staat und Bürger einander gleichermaßen verachten. Natur und Umwelt leiden dementsprechend unter der Abneigung gegen öffentlichen und staatlichen Besitz.

Nicht so auf den Liparischen Inseln. Sogar rund um *Ferragosto,* der Hauptferienzeit Mitte August, finden sich an den Stränden nur vereinzelt Abfälle, schwimmen im Wasser viel weniger Plastiktüten und -flaschen als an anderen Küsten des südlichen Mittelmeers, und in der Vor- und Nachsaison kann man sich sauberer und gepflegter Gestade erfreuen. Jahrelange Aufklärungsarbeit und vergleichsweise geringe finanzielle Investitionen haben sich gelohnt: Müllcontainer und Abfallkörbe stehen an allen Ecken und Enden, der Zivilisationsmist wird in für den Süden erstaunlich geordneten Deponien gelagert oder – wie zum Beispiel von Alicudi im Sommer dreimal wöchentlich – per Schiff zur Entsorgung nach Sizilien transportiert. Apotheken und Drogerien der Inselwelt bemühen sich um die Sammlung von Altbatterien, vor den jeweiligen Geschäften wurden eigene Behältnisse angebracht.

Probleme gibt es noch mit den ausgedienten Autos. Hatte man früher die Wracks einfach ins Meer gekippt, wie Taucher immer wieder empört zu erzählen wissen, so werden die Fahrzeuge heutzutage, meist vollgestopft mit alten Autoreifen, auf Deponien mehr oder weniger sauber aufgeschichtet, wo sie, Wind, Wetter und der scharfen Salzluft ausgesetzt, ihrem Ende oder einem eventuellen Abtransport entgegenrosten. Solch bizarre Autofriedhöfe sind schaurige Mahnmale, daß diese und manch andere Umweltfrage noch ihrer Lösung

Sauberkeit ist selbstverständlich

Ungelöste Umweltfragen

harrt, weil auch die gnädige Natur nicht alle Sünden überdecken kann. Dennoch wächst das Bewußtsein der Inselbevölkerung für diese Probleme sichtbar von Jahr zu Jahr.

Pionierarbeit dagegen wird auf Vulcano mit der Gewinnung von Sonnenenergie geleistet. Die staatliche italienische Elektrizitätsgesellschaft ENEL ließ auf der Hochebene der Insel eine Solar-Versuchsanlage errichten, die mit Hilfe der Photovoltaik-Technik immerhin jährlich bereits 150 000 Kilowattstunden Strom liefert. Mehrere hundert Solarzellen, die sich automatisch nach dem Stand der Sonne richten, wandeln hier – sauber und lautlos – die Kraft der Sonne in Elektrizität um. Noch ist die Technik nicht zur Perfektion ausgereift, noch kommt die Stromerzeugung teurer als auf herkömmliche Weise. Aber der Weg in die Zukunft, der den sonnenreichen Liparischen Inseln eines Tages neuen Wohlstand bescheren könnte, zeichnet sich ab. Als Experimente gelten auch die Nutzung der Windenergie, die in kleinem Maßstab auf Salina probiert wird, sowie der heißen vulkanischen Dämpfe, der Fumarolen, die bisher 40 Familien auf Vulcano zu Warmwasser und winterlicher Zentralheizung verhelfen.

Für Gin Racheli, Präsidentin der *Commissione Isole Minore,* einer Unterabteilung der Umweltschutzvereinigung *Italia Nostra,* lassen sich ökologische Probleme heute nicht mehr isoliert betrachten, sondern stehen in direktem Zusammenhang mit der instabilen sozialen und wirtschaftlichen Lage. Dies gilt für die Inseln ebenso wie für ganz Italien. Die Wissenschaftlerin prangert die »Monokultur des Tourismus«, der alles untergeordnet werde, als Hauptübel an und fordert seit Jahren ein Spezialgesetz zum Schutz des Äolischen Archipels. Auf Salina konnte dies mit einem großzügig angelegten Naturpark, der auch von der Bevölkerung angenommen wird, bereits verwirklicht werden. Gin Racheli: »Die Leute sollten erkennen, daß Ökologie nicht allein Verteidigung der Natur bedeutet, sondern vielmehr Aufrechterhaltung des Gleichgewichtes zwischen Umwelt und Mensch. Dieses ist leider noch sehr gestört.«

Sicherheit: Keine Pfründe für Mafia-Paten

Wenn von Süditalien und insbesondere von Sizilien die Rede ist, fällt meist innerhalb kürzester Zeit das Stichwort »Mafia«. Die internationalen Medien haben sich offenbar darauf eingeschworen, den »Mezzogiorno« als Hort des Verbrechens darzustellen. Tatsächlich laufen über die Netze der Weltnachrichtenagenturen hauptsächlich Negativberichte über das Gebiet südlich von Rom, Meldungen von Massakern und Bombenattentaten, von blutigen Gangster-Fehden und ausgeraubten Touristen. Die scheinbare Konzentration der in Wirklichkeit weltumspannenden kriminellen Organisation auf den Süden paßt aber jenen in den Kram, die gern von ihren eigenen dunklen Geschäften ablenken wollen – und diese werden nicht nur in Sizilien abgewickelt.

So stempelt der Norden Italiens den ungeliebten *Mezzogiorno* zum Sündenbock für Kriminalität und wirtschaftliche Probleme und will nicht wahrhaben, daß sich das Krebsgeschwür der Mafia bereits tief im eigenen Körper eingenistet hat. Die wahren Drahtzieher sitzen heutzutage längst nicht mehr bloß in Sizilien, sondern in Rom, Turin und Mailand, in höchsten Regierungsstellen und auf Top-Managerposten. Der »Pate« im Dorf ist nur ein kleines Rädchen in dem komplizierten und undurchschaubaren Mechanismus, der die Mafia in Gang hält.

Die historischen Wurzeln der Organisation liegen wohl in Sizilien. Die *mafiosi* waren ursprünglich – in der zweiten Hälfte des 19. Jh. – Handlanger der feudalen Großgrundbesitzer und Werkzeuge zur Unterdrückung der Bauern. Im

Laufe der Jahrzehnte eroberte sich die »Ehrenwerte Gesellschaft«, so die höflich-barocke Umschreibung, nach und nach die Macht auf der Insel, indem sie das Vakuum zwischen den Bürgern und der Regierung in Rom ausfüllte. Der Sizilianer zahlt seine Abgaben lieber an seinen »Paten«, zu dem er mit seinen Sorgen und Nöten kommen kann, als an die ferne Staatsmacht am Tiber, von der er nichts oder nur Schlechtes erwartet.

Wasser: »Geschenk« der Mafia

In den Jahren nach dem Zweiten Weltkrieg erfuhren die Aktivitäten der Mafia, die sich mit den Auswanderern inzwischen bis in die USA *(Cosa Nostra)* ausgebreitet hatte, eine entscheidende Wende. Nach den vergleichsweise kleinen illegalen Geschäften mit Zigaretten- und Alkoholschmuggel, Erpressung und Bauspekulation kamen die großen, todbringenden: Drogen und Waffen. Damit verfügte die Organisation mit einem Schlag über Milliardenverdienste, die – weißgewaschen – wiederum in seriöse Großfirmen in der ganzen Welt investiert wurden. Mafia-Verbindungen prominenter Persönlichkeiten, die immer wieder auffliegen, sind nur die Spitze des Eisbergs; wie tief die »Ehrenwerten« in Politik und Wirtschaft nicht nur Italiens bereits eingedrungen sind, läßt sich kaum erahnen. Schätzungen des italienischen Wirtschafts- und Sozialforschungsinstituts CENSIS zufolge beliefen sich die Umsätze der Mafia auf der Apenninenhalbinsel in den 1990er Jahren jährlich auf 20 Mrd. DM, eine Zahl, die von Experten noch für viel zu niedrig gehalten wird.

Die fetten Gewinne fließen in die Taschen einiger weniger Clans.

Diese können sich damit alles kaufen, was sie für den Ausbau ihrer Macht benötigen, vor allem natürlich wichtige Politiker und Beamte, die ihnen stets zu Diensten sind. Mutige Richter, die gegen die Verfilzung von Mafia und Staat ankämpfen, werden gnadenlos liquidiert – wie Giovanni Falcone, der im Mai 1992 zusammen mit seiner Frau und drei Leibwächtern durch ein Bombenattentat in Paler-

Die Gliederung der Mafia

Die Herkunft des Wortes »Mafia« liegt im Dunkeln. Sprachforscher wollen es aus dem arabischen *mahias* – Dreistigkeit, Stolz, Gewalttätigkeit – oder von *Ma afir,* einem sarazenischen Geschlecht, das von 831 bis 1072 Palermo regierte, ableiten. Eine andere Theorie besagt, der Ausdruck komme vom arabischen *maha* (»mafa« gesprochen), wie man die riesigen Steinbrüche nannte, in die sich verfolgte Sarazenen geflüchtet hatten. Dorthin retteten sich 1860 auch Sympathisanten Garibaldis, um in diesem Schlupfwinkel, in der *mafie,* auf ihren Anführer zu warten. Dokumentarisch belegt tritt das Wort »Mafia« erstmals 1862 im Titel eines Volksstückes (»I mafiusi di La Vicaria di Palermo« von Giuseppe Rizzotto) auf, in dem eine Gruppe von Häftlingen im Vicaria-Gefängnis ihre Mitgefangenen terrorisiert.

Die streng hierarchisch gegliederte Mafia bezeichnet sich selbst auch als »Cosa Nostra« (»Unsere Sache«). Basiszelle ist die Familie mit ihren traditionellen Werten wie Ehre, Achtung der Blutsverwandtschaft, Treue und Freundschaft. Jede Familie – sie kann bis zu dreihundert Personen umfassen – kontrolliert ein bestimmtes Territorium, auf dem nichts ohne die Einwilligung des Clan-Chefs geschieht. Auf der untersten Stufe stehen die »Ehrenmänner« oder »Soldaten«. Diese wiederum wählen ihren Chef, auch »Vertreter« genannt, der die Interessen der Familie im Provinzrat der Organisation zu wahren hat. Jede Provinz entsendet einen »Capo« in die Regionalkommission, auch »Kuppel« genannt, das eigentliche Regierungsorgan der Organisation. Hier werden die großen strategischen Entscheidungen getroffen, Konflikte zwischen Familien beigelegt, Dekrete erlassen, Gesetze beschlossen. So hat die sizilianische Mafia die Entführung von Personen zwecks Erpressung schon vor vielen Jahren verboten – und bis auf einige Außenseiter, denen kein langes Leben beschieden war, hielten sich alle daran. Kidnapping wird heute nur mehr bisweilen von sardischen und kalabresischen Banditen praktiziert.

Mafia? Nie gehört!

mo ermordet wurde. Falcone hatte sich über sein Schicksal niemals Illusionen gemacht und einmal in einem Interview festgestellt: »Meine Rechnung mit der Mafia bleibt offen. Ich weiß, daß ich sie nur durch meinen Tod begleichen werde – sei er natürlich oder nicht.«

In dem Maße, in dem die seit 1945 regierenden Christdemokraten – die *Democrazia cristiana* (DC) stellte bis Mitte der 1980er Jahre beinahe stets den Ministerpräsidenten und vertrat bis zu ihrer Selbstauflösung gegenüber der Mafia eine verschwommene Beschwichtigungspolitik – an Einfluß verlor, wuchs in der Bevölkerung der Widerstand gegen die organisierte Kriminalität. Vor allem in Sizilien will man sich von dem Vorurteil, jeder Bewohner der Insel sei irgendwie mit der Mafia verbunden, befreien. Längst sind Demonstrationen gegen die »Ehrenwerten« an der Tagesordnung, die Clans, wiewohl noch fest im Sattel, haben die Basis verloren. Unerschrocken stellen sich Priester, nicht immer mit dem Segen der offiziellen Kirche, offen gegen die Mafia, und auch die Zahl der unbestechlichen Politiker nimmt zu.

Ein Kampf gegen eine Hydra, denn die Strukturen der mafiosen Organisationen sind gleichermaßen verschlungen wie unaufspürbar. Wenn der Staat jubelt, weil wieder einmal ein Clan-Chef verhaftet werden konnte, dann sitzt bereits ein Mächtigerer an dessen Stelle. Daß die Mafia schon seit Jahren auch in Mitteleuropa Fuß gefaßt hat, ist kein Geheimnis. Dann und wann landen einige Mitläufer hinter Schloß und Riegel, kleine Fische, vom großen Syndikat als Bauernopfer fallengelassen.

Der Süditalien-Tourist kommt mit der Mafia, der *Camorra,* wie das neapolitanische Stadtgangstertum heißt, oder der kalabresischen *'Ndrangheta* ebenso in Berührung wie zu Hause in einem italienischen Restaurant, das – ob in Hamburg, München, Zürich oder Wien – seine »Schutzgelder« zu bezahlen hat. Was sich hinter den Kulissen abspielt, bleibt dem Urlauber freilich verborgen. Da die Mafia auch am Tourismus mitnascht, ist der fremde Gast für die »Ehrenwerten« König. Eisern kontrollieren die Clans die Kleinkriminalität wie Handtaschenraub und Autoeinbrüche. Doch sie sorgen im eigenen Interesse dafür, daß solch ein Minigangstertum nicht ausufert. Die *Pax mafiosa,* der »mafiose Frie-

Mafia im Zitat

Um das Königreich der Mafia zu besiegen, ist es erforderlich, daß die italienische Regierung aufhört, der König der Mafia zu sein.
(N. Colajanni, 1900, sozialistischer Abgeordneter aus Sizilien)

Glaubst Du, daß ein Staat, in dem die Urteile der Gerichte keinen Anspruch auf Gültigkeit erheben, vielmehr von einzelnen Personen abgeändert und außer Kraft gesetzt werden können, weiterbestehen kann oder nicht vielmehr zugrunde gehen muß?
(Sokrates)

Öffentliches Geld ist wie Weihwasser, jedermann nimmt sich davon.
(Italienisches Sprichwort)

Die Kultur des Todes ist kein ausschließliches Phänomen der Mafia. Ganz Sizilien ist davon geprägt. Allerseelen ist bei uns ein großes, fröhliches Fest: Man schenkt sich die sogenannten Totenköpfe, ein Gebäck aus steinhartem Zucker. Die Themen unserer Literatur von Pirandello bis Sciascia sind Einsamkeit, Pessimismus und Tod. Als wären wir ein Volk, das zuviel erlebt, zuviel gesehen hat und plötzlich müde, erschöpft, ausgelaugt ist.
(Giovanni Falcone, 1992 ermordeter Richter)

den«, garantiert dank der starken Hand der »Paten«, so zynisch dies auch klingen mag, Touristen relative Sicherheit.

Die Äolen gelten auch diesbezüglich im wahrsten Sinn des Wortes als »Inseln der Seligen«, richten sich die Interessen der Mafia doch auf fettere Pfründe. Natürlich zahlt der Restaurantbesitzer, Hotelier oder Geschäftsmann seine Abgaben, zweifellos laufen auch Schmuggelgeschäfte mit Zigaretten und Drogen über Lipari. Wer sich aber nicht mit dubiosen Gestalten einläßt, wird davon nichts merken. Doch bei einer erfrischenden Dusche nach einem heißen Sommertag sollte man vielleicht einmal daran denken, daß auch das Wasser ein »Geschenk« der »Ehrenwerten« ist: Neapel liefert den Liparischen Inseln mit Tankschiffen alljährlich an die 10 Mio. Liter Wasser. An dem lukrativen Vertrag, den die Stadtverwaltung trotz heftigster Proteste ihrer selbst unter Wasserknappheit leidenden Bürger abgeschlossen hat, verdient die Camorra gehörig mit.

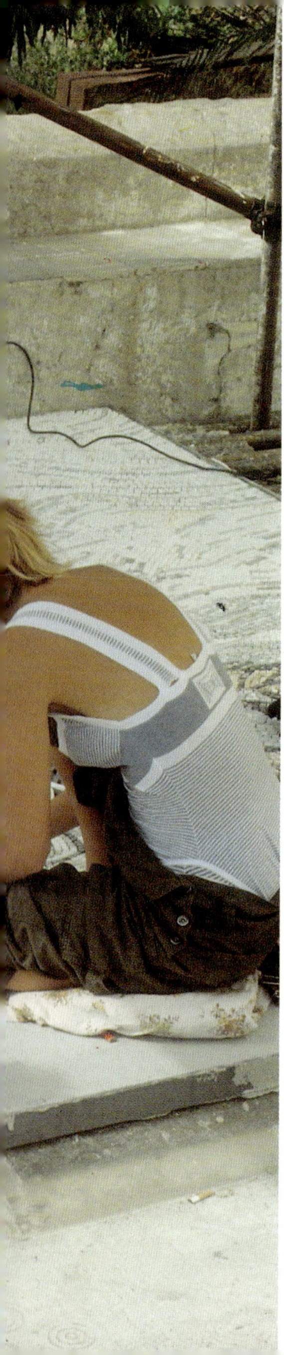

Daten und Taten – Geschichte, Kunst und Kultur

Daten zur Geschichte

Antike Keramik aus drei Jahrtausenden

Insel-Architektur: Würfelspiel der Phantasie

»Zehntausend Köstlichkeiten« aus Küche und Keller

Tummelplatz von Göttern, Helden und Piraten

Von den Anfängen bis zur Römerzeit

5000–3000 v. Chr. Die Liparischen Inseln sind seit dem 5. Jt. v. Chr. ständig bewohnt. Die Obsidianvorkommen (s. S. 14) auf der Insel Lipari werden zur Herstellung von dünnen, scharfen Klingen genutzt, die im gesamten Mittelmeerraum sehr begehrt sind. Es gibt bereits Handelsbeziehungen mit Kreta und Ägypten. Erste Keramikfunde aus der ersten Hälfte des 4. Jahrtausends.

3000 v. Chr. Besiedelung des unterhalb des Festungsfelsens von Lipari liegenden flachen Gebiets, des Ortsteils Diana, der dem dekorativen Stil der Keramik dieses Zeitalters seinen Namen verlieh.

1800–1400 v. Chr. Durch die Entwicklung der Metallverarbeitung ist der Bedarf an Obsidian drastisch zurückgegangen. Doch begünstigt durch ihre jahrtausendealte Erfahrung können die Liparoten den in der Bronzezeit zu Bedeutung gelangten Handelsweg durch die Straße von Messina kontrollieren. Phönizische, chalkidische und kretische Schiffe, beladen mit Wein, Getreide, Honig und Wachs, segeln durch diese Meerenge nach Britannien, um sich dort mit Zinn und Blei einzudecken. Es entstehen Dörfer mit ovalen, strohgedeckten Hütten auch auf den kleineren Inseln. Das bedeutendste Dorf stand auf Filicudi, und zwar auf dem geschützten Capo Graziano, von dem die Bezeichnung für den ersten Abschnitt der äolischen Bronzezeit abgeleitet wird. Die aus dieser Zeit stammenden Keramiken – unter anderem große Vasen, die als Urnen dienten – gleichen jenen von Malta aus derselben Epoche, was für eine Zuwanderung aus diesem Raum spricht. Hunderte Keramikfragmente von den Kykladen und aus Kreta wiederum bezeugen den intensiven Handel der Liparischen Inseln mit dem östlichen Mittelmeer.

1400–1270 v. Chr. Nach dem Dorf auf dem Capo Milazzese auf Panarea wird die zweite Phase der äolischen Bronzezeit benannt. Die Formen und Dekorationen der Keramikarbeiten ähneln den sizilianischen, es dürfte damals zu einer Einwanderungswelle von der großen Insel auf die kleineren Eilande gekommen sein.

Um 1200 v. Chr. Die Ausonier, ein mittelitalienischer Stamm, lan-

Schutzgott des Archipels: Aiolos

den auf der Hauptinsel, ihr König Liparos wird zum Taufpaten des gesamten Archipels. Die kleineren Inseln sind in dieser Zeit unbewohnt. Eine große Vase mit mehr als 70 kg Bronzebruchstücken (Waffen- und Werkzeugteile sowie Rohmetallbarren) barg vermutlich den bei feindlichen Überfällen vergrabenen Staatsschatz. Münzen kannte man noch nicht, abgewogene Bronze dürfte als Tauschgut fungiert haben. Große Hütten mit Holzgerippe werden auf den Fun-

Liparos und Aiolos

Königlicher Namensstreit

Keine Geschichte ohne Legenden, da bilden die Liparischen Inseln keine Ausnahme. Im Gegenteil, sie haben gleich zwei so bedeutende Gründungsväter aufzuweisen, daß beider Namen bis zum heutigen Tag im Sprachgebrauch aufscheinen: Liparos und Aiolos.

Um 1200 v. Chr. traf ein Heer der ursprünglich im Apennin und mittlerweile auch im Süden beheimateten Ausonier unter ihrem Anführer Liparos auf dem Archipel ein. Dieser sah, blieb und verlieh als erster König den sieben Inseln einen gemeinsamen Namen – seinen natürlich. Etwa vier Jahrhunderte später kam aus Metapont ein weiterer Königssohn, Aiolos genannt, mit exakt der gleichen Absicht wie sein Vorgänger, der der Sage nach zu dieser Zeit immer noch am Leben war. Als Aiolos feststellte, daß er sich eigentlich bloß in ein gemachtes Bett zu legen brauchte, erschien ihm eine amouröse Eroberung weit reizvoller als eine martialische, auch wenn die Braut nicht mehr ganz taufrisch gewesen sein kann. Gesagt, getan. Aiolos nahm Kyane, die Tochter des Liparos, zur Frau und schenkte ihr zwölf Kinder. Die gemeinsamen sechs Töchter und sechs Söhne heirateten spä-

damenten der alten Behausungen auf dem Burgfelsen errichtet. Zu der Verbindung mit der mykenischen Welt und der italienischen Halbinsel kommt ein reger Kontakt mit Sardinien. In der Nekropole im neueren Stadtteil von Lipari werden nicht mehr ausschließlich Urnen beigesetzt, die zusammengekauerten Toten werden vielmehr in riesigen Krügen bestattet.

Um 850 v. Chr. Gewaltsame Zerstörung der Liparifestung durch nicht mehr zu identifizierende Feinde und Verwüstungen auf allen anderen Inseln. Die in Brand gesteckten Hütten fallen in sich zusammen und werden nicht mehr aufgebaut, wie Ausgrabungen in der entsprechenden Bodenschicht deutlich erkennen lassen. In der Folgezeit überfallen etruskische Seeräuber mehrmals die Inseln.

5.–2. Jahrhundert v. Chr. Griechen aus Knidos und Rhodos besiedeln die Inseln und vermischen sich mit den aus Angst vor den Piraten in Höhlen lebenden Inselbewohnern. Die Neuankömmlinge räumen weitgehend mit dem Piratenunwesen auf und organisieren das Gemeinwesen in einer für das

ter untereinander, wie Homer im zehnten Gesang der Odyssee berichtete.

Ab jetzt wird es kompliziert, womit jedoch keineswegs die inzestuösen Beziehungen der Geschwister gemeint sind. Nicht über die durchaus übliche Blutschande, sondern über die Rolle des Aiolos als zweitem Taufpaten ereifern sich die Historiker. Während heute festzustehen scheint, daß das Volk König Aiolos wegen dessen Gerechtigkeit schon zu Lebzeiten wie einen Gott verehrte und er deswegen als Windgott und Namensgeber der »Äolischen Inseln« in den Olymp Einzug hielt, sehen dies manche Geschichtsforscher ein wenig anders. Ihrer Ansicht nach stammt die Bezeichnung von den Mykenern aiolischen Ursprungs, die im 2. Jahrtausend v. Chr. nachgewiesenermaßen bereits in Metapont (in der heutigen Basilikata) und auch auf den Eilanden beheimatet gewesen waren. Der von ihnen verehrte Stammvater und Gott Aiolos lebte seit Beginn der Zeiten auf der sagenhaften Insel Aiolia, wo er die Winde in einer Höhle eingeschlossen hielt und nach Ermessen freiließ. In manchen lokalen Reiseführern steht daher zu lesen, daß der erste und einzig richtige Name »Äolische Inseln« zu lauten habe, die Sage um Liparos sei eine weit spätere Erfindung. Auch das offizielle Italien schließt sich unübersehbar dieser Version an: *Isole Eolie o Lipari* – und nicht etwa umgekehrt – heißt es auf den Landkarten.

Altertum fast einzigartigen Form einer Kollektivherrschaft. Nicht nur wird das Land des gesamten Archipels gemeinschaftlich bewirtschaftet, es wird auch alle 20 Jahre neu aufgeteilt, um das Entstehen einer privilegierten Schicht reicher Gutsherren zu verhindern. Man huldigt dem Kult des Windgottes Aiolos und des Feuergottes Hephaistos. Opfergaben wirft man in eine geweihte Grube, die ein Deckel mit einer Löwenfigur verschließt.

Im Jahr 394 gelingt es den Liparoten, ein römisches Schiff zu kapern, weitere Erfolge lassen nicht auf sich warten. Aus Dankbarkeit für jeden neuen Sieg stiften die Liparoten eine Weihegabe im Apolloheiligtum von Delphi. Daß sie sich dabei nicht lumpen ließen, beweisen die dreizehn Basen von Statuen, die dort gefunden wurden. Eine davon muß der Inschrift nach sogar aus purem Gold gewesen sein. Zwischen 400 und 250 v. Chr. prägt die Inselhauptstadt auch eigene Münzen.

Im Jahr 427 segelt eine Kriegsflotte aus Athen in das sizilianische Syrakus, mit dem die Liparoten ein Bündnis schließen. 415–413 wird Athens Streitmacht von Syrakus vernichtet. In der Folge greifen die

Für Odysseus wehte kein guter Wind

Die Heimat des Aiolos läßt Homer seinen Helden Odysseus nahezu im Stil einer Reisereportage beschreiben. Das »schwimmende Eiland« – treffender läßt sich auch drei Jahrtausende später der Eindruck nicht schildern, den Lipari beim ersten Anblick aus der Ferne macht. An »glatten Felsgestaden« bricht sich unverändert die See, nur von den »eisernen Mauern« ist nichts mehr zu sehen, sie sind eine Erinnerung an die Bronzezeit, als die Inseln als Zwischenstationen für das aus Britannien importierte Zinn dienten.

Und wir gelangten zur Aiolos-Insel; es wohnte dort aber
Aiolos, Sohn des Hippotes, ein Freund den unsterblichen Göttern,
Auf einer schwimmenden Insel; und ringsum ist eine Mauer,
Ehern und nicht zu durchbrechen, und glatt erhebt sich der Felsen.
Ihm sind auch zwölf Kinder in seinen Hallen geboren,
Töchter sechs sowie sechs Söhne im mannbaren Alter;
Aber die Töchter gab er den Söhnen als Ehegemahlin.
Immer beim liebenden Vater und bei der sorgenden Mutter
Schmausen sie da, und es stehen bereit unzählige Speisen;
Fettdampf füllt das Haus, und rings erschallt es im Hofe
Tagsüber; aber des Nachts bei den ehrsamen Gattinnen ruhn sie,
In die Decken gehüllt, in gurtendurchzogenen Betten.
Und wir gelangten zu ihrer Stadt und den Häusern, den schönen.

Karthager wiederholt den kleinen Archipel an, die Inseln können sich jedoch durch Steuern von einer Besetzung freikaufen. 304 greift Agathokles, der Tyrann von Syrakus, mit seinen Schiffen das verbündete Lipari an. Wertvolle Votivgaben werden geraubt, was den Windgott Aiolos dermaßen erzürnt, daß er die räuberische Flotte samt Beute in einem Sturm untergehen läßt. Auch Lipari selbst zieht Konsequenzen aus dem hinterhältigen Überfall und schließt ein Bündnis mit Karthago, dem eingeschworenen Feind des mächtigen Syrakus.

252 erobern die Römer die Liparischen Inseln. Die Alaunindustrie und der rege Besuch wohlhabender Römer und reicher orientalischer Potentaten bei den Thermalquellen auf Vulcano und Lipari halten die Inseln wirtschaftlich über Wasser.

Während des **Ersten Punischen Krieges** (256–241) dienen die In-

Einen Monat tat er mir Liebes und fragte nach allem,
Ilion und der Argeier Schiffen und der Achäer
Heimkehr; und all dies erzählte ich ihm nach der Ordnung.
Aber als ich dann selbst um den Abschied bat und verlangte,
Mich zu entlassen, verweigert' er's nicht und betrieb die Entsendung.
Gab eines neun Jahr alten Rindes ledernen Schlauch mir;
Darin band er die Bahnen fest der heulenden Winde,
Sei es zu stillen, sei's zu erregen, welchen er wollte.
Und im bauchigen Schiff mit schimmernder silberner Kordel
Schnürt er ihn zu, auf daß ihm nicht das geringste entfahre.
Mir aber sandte er den Hauch des Westwinds zu, daß er blase,
Daß er uns selbst und die Schiffe trage.

Natürlich nützte Odysseus selbst die großmütige Hilfe des Aiolos nichts, Homers »großer Dulder« durfte auch im zehnten Gesang noch nicht heimkehren. Kostbare Schätze vermutend, öffneten die Gefährten des Helden den geheimnisvollen Sack. Die Strafe für diesen Frevel folgte auf dem Fuß: »Es stürmten heraus alle Winde; rasch erraffte ein Wirbelwind und brachte hinaus aufs Meer die Weinenden, fort vom Vaterland«. Nach reuevollen Tränen und der unfreiwilligen Rückkehr ins Reich des Aiolos wurde Odysseus kurzerhand hinausgeworfen: »Pack dich schnell von der Insel, du Schändlichster aller, die leben. Denn nicht ist mir erlaubt, zu pflegen und zu geleiten solch einen Mann, der verhaßt geworden den seligen Göttern«. Wie schon Homer wußte, hat Gastfreundschaft auch bei diesen überaus herzlichen Inselbewohnern ihre Grenzen.

seln als Stützpunkt Karthagos gegen die Römer. 262 blockiert Hannibal die römische Flotte unter dem Kommando des Konsuls Cornelius. 257 tobt vor Lipari eine der härtesten Seeschlachten zwischen Rom und Karthago.

1. Jahrhundert v. Chr.–4. Jahrhundert n. Chr. 44–31 v. Chr. versinkt das Römische Reich in den Wirren nach der Ermordung Cäsars. Dem Archipel kommt große Bedeutung im Kampf zwischen Sextus Pompeius und Octavian zu. Agrippa, der General des Octavian, nutzt Vulcano als Flottenstützpunkt. In den folgenden Jahrhunderten verkommen die Inseln zum Verbannungsort u. a. für Plantilla, die Frau Kaiser Caracallas.

In der ersten Hälfte des 3. Jh. faßt das Christentum Fuß auf den Inseln. Bischof Agathon gründet auf Lipari das erste bedeutende Gotteshaus.

Mittelalter: Sarazenen und Normannen

5. Jahrhundert Nach dem endgültigen Zusammenbruch des Römischen Reiches fällt der Archipel in ein bodenloses Loch der Verzweiflung: Hungersnöte, Plünderungen und Pestepidemien suchen die Bewohner heim.

827–1061 Die Sarazenen besetzen Sizilien. Doch während sie auf dem »Festland« für eine kluge Agrar- und Verwaltungspolitik sorgen, betrachten sie die kargen Inseln lediglich als militärischen Vorposten.

1091–1194 Die Normannen unter der Führung von Robert Guiskard und Roger landen auf Sizilien und vertreiben die Araber von der Insel. Roger I. schickt Benediktinermönche nach Lipari mit dem Auftrag, ein Kloster samt Kirche im südöstlichen Teil der antiken Akropolis zu erbauen. 1131 ist der einstige Bischofssitz wiedererrichtet, auf Salina entstehen kleine Städte wie Santa Marina, Malfa und Valle della Chiesa. In der Folgezeit vermeiden es die Insulaner, in die Machtkämpfe um das Königreich beider Sizilien hineingezogen zu

Die Festung Lipari im 18. Jh.

Ariadeno Barbarossa

Rotbart unter schwarzer Flagge

Unzählige Kostümfilme strickten am bittersüßen Mythos von Abenteuerromantik und chevaleresker Männlichkeit, in Wirklichkeit verbreiteten sie jedoch nie etwas anderes als Furcht, Entsetzen und grenzenloses Leid. An welcher Küste auch immer Piraten landeten, stets folgte eine blutige Spur ihrem Weg. Wer sich wehrte, wurde niedergemetzelt, die Überlebenden endeten in Elend und Sklaverei. Die Kunde über jede neuerliche Greueltat verbreitete sich zwar schnell, doch die Menschen nahmen das Schreckliche als unabänderlich hin – so wie wir heutzutage Nachrichten über den Blutzoll auf den Straßen, wie der französische Historiker Fernand Braudel in seiner »Sozialgeschichte des 15. bis 18. Jahrhunderts« lakonisch feststellt: »Die Seeräuberei im mediterranen Raum war eine durchaus normale Erscheinung, ein altes und allgemein verbreitetes Gewerbe.«

Von allen Korsaren, die, unter welcher Flagge auch immer, das Mittelmeer terrorisierten, blieb die Erinnerung an die Raubzüge der Osmanen am lebendigsten. Bis heute kennt man in ganz Italien den jahrhundertealten Warnschrei *Mamma, li turchi* – »Mutter, die Türken kommen«. Seinen Höhepunkt erreichte das Piratenunwesen im 16. Jh. Damals begann die Karriere eines Mannes, der seines roten Bartes wegen als »Barbarossa« in die Chronik des Schreckens einging: Chaireddin. Um 1480 auf Lesbos als Sohn eines Töpfers geboren, lernte er das Räuberhandwerk gründlich, bevor er 1515 die spanische Flotte tollkühn angriff und aus Algerien vertrieb. Nun stand bloß noch der rechtmäßige Herrscher Emir Selim Eutemi seinen ehrgeizigen Plänen im Wege. Nachdem er diesen kurzerhand erdrosselt und sich selbst für eine kleine Weile probeweise auf den Thron gesetzt hatte, unterstellte er mit klugem Kalkül seine nordafrikanische Eroberung dem türkischen Reich. Sultan Selim I. von Konstantinopel reagierte erwartungsgemäß und ernannte den treuen Vasallen zum Dank dafür zum Pascha und Oberbefehlshaber über 10 000 Janitscharen. Chaireddin nützte seine Chance und nahm kurz darauf Tunis ein. Der erfolgreichste Pirat seiner Zeit stand unmittelbar vor seinem Ziel, unbesiegbarer Herr über das gesamte Mittelmeer zu sein.

1534 war es soweit. Barbarossa, dank erfolgreicher Beutezüge auf Korsika, Sizilien, Sardinien und in der Ägäis unermeßlich reich ge-

worden, befehligte 84 Schiffe mit bis an die Zähne bewaffneten Männern. Mordend und brandschatzend, stets auf der Suche nach neuen Opfern, fürchtete er weder Tod noch Teufel – und schon gar nicht die europäischen Großmächte, die seinem Treiben hilflos zusahen. Wie lange noch? 1535 schritt Kaiser Karl V., Herrscher eines Weltreiches, in dem die Sonne nicht unterging, schließlich ein. Mit einer gewaltigen Streitmacht – 500 Schiffe und 30 000 Mann zu Land – zwang er den maßlosen Piratenkönig bei Tunis in die Knie. Doch dieser gab noch lange nicht auf. 1536 von Sultan Suleiman II. zum Oberbefehlshaber der türkischen Flotte ernannt, verschleppte der in seiner Seeräuberehre getroffene Barbarossa die Einwohner von Menorca, verwüstete die Ionischen Inseln, bezwang den genuesischen Admiral Andrea Doria im Golf von Arta und vernichtete 1540 die vereinten christlichen Flotten bei Kreta. 1541 schlug Barbarossa den Angriff Karls V. auf Algier zurück und plünderte 1543 Nizza.

Erst jetzt fand der mittlerweile ergraute Rotbart, daß es genug sei. Mit 64 Jahren trat der »Schrecken des Meeres« aus freien Stücken seine letzte Fahrt an, mit Kurs auf Konstantinopel. Reichtümer besaß er nun wahrlich genug, vermutlich ließ er seine Schiffe aus reiner Gewohnheit beidrehen, als er auf der Heimreise, am 30. Juni 1544, die Festung von Lipari erblickte. Vielleicht aber wollte er sich nur ein allerletztes Mal am Donnern seiner Kanonen erfreuen, sich noch einmal am Entsetzen weiden. 150 türkische Galeeren beschossen die Stadt, die Liparoten, allesamt innerhalb der Stadtmauern verschanzt, erwiderten vorerst erfolgreich das Feuer. Drei Unterhändler versuchten daraufhin, mit Barbarossa zu einer friedlichen Lösung zu kommen, doch dieser forderte bedingungslose Kapitulation. Nur wenige Tage konnten die Insulaner Widerstand leisten, bereits am Freitag, dem 11. Juli, betrat der osmanische Admiral die besiegte Stadt. Sein Ziel war von Anbeginn Zerstörung und Tod gewesen, wer sich ergab, wurde in die Sklaverei verschleppt, die in Höhlen und Schluchten aufgestöberten Flüchtlinge mußten ausnahmslos sterben. Am darauffolgenden Montag segelte er weiter Richtung Messina, reiche Beute und Hunderte Liparoten an Bord, die einem ungewissen Schicksal entgegensahen. Nur etwa 20 Familien überlebten das Massaker, ihre Nachkommen sind noch heute auf den Inseln beheimatet.

Im selben Jahr traf »Pascha Chaireddin«, wie ihn arabische Chronisten nennen, unter großem Jubel in Konstantinopel ein. Sein Ruhestand währte freilich nur kurz, am 4. Juli 1546 starb der Mann, dem die Osmanen stets ein glorreiches Andenken bewahren sollten. Unter den Christen wurden hingegen bald zahlreiche Legenden kolportiert. So sei Barbarossas Körper wiederholte Male neben seinem Grab gelegen, erst ein griechischer Magier habe mit allerlei Zaubersprüchen den Leichnam des Verdammten für immer unter die Erde gebracht. Nach einer anderen Überlieferung begrub man neben dem toten Piraten einen riesigen schwarzen Hund, damit ihn ausgerechnet jenes Tier, vor dem er zu Lebzeiten den meisten Abscheu hatte, in alle Ewigkeit begleite.

Wie erstaunlich der schwindelerregende Aufstieg des Handwerkersohnes auch gewesen sein mag, für die Historiker war Barbarossa nur ein typisches – wenn auch besonders erfolgreiches – Produkt skrupelloser Machtpolitik dieser Epoche: Statt gemeinsam gegen das Korsarenunwesen vorzugehen, statteten nämlich einzelne europäische Staaten bereits ab dem späten 12. Jh. arabische Piratenschiffe in aller Heimlichkeit mit sogenannten »Freibeuterpatenten« oder »Markenbriefen« aus, eine bald offiziell geübte Praktik, die im 16. und 17. Jh. ihre schlimmsten Auswüchse erlebte. Diese Freibriefe autorisierten die Kapitäne, im Kriegsfall den Feind des jeweiligen Landes anzugreifen, auszurauben und wenn möglich zu vernichten. Somit entstand eine gänzlich neue Ausgangssituation: Die Seeräuber wurden zu Söldnern des Meeres.

werden, sie nutzen die ihnen von den meisten Herrschern bereitwillig gewährten Privilegien für einen florierenden Handel.

1340 Beginn der Selbstverwaltung auf Lipari

Neuzeit: Geplündert und entvölkert

1544 Chaireddin (Ariadeno Barbarossa), der gefürchtetste Pirat seiner Epoche, erobert mit 150 Galeeren Lipari, plündert die Stadt und führt fast die gesamte Bevölkerung in die Sklaverei. Die Inseln sind fast ausgestorben, nur etwa 20 Familien überleben das Massaker. Kaiser Karl V. und Papst Pius III. setzen sich gemeinsam für die Wiederbesiedelung des Archipels ein. Nicht nur stellen sie Mittel zur Errichtung von Bastionsmauern bereit, sie bieten auch jedermann höchst vorteilhafte Bedingungen zur Gründung einer neuen Existenz auf den verwüsteten Inseln an. Viele Sizilianer, Neapolitaner und sogar Spanier nehmen die Chance wahr, und am Ende des 16. Jh. zählt man bereits wieder insgesamt 5000 Einwohner auf den Inseln.

1583 Einweihung der Kathedrale von Lipari, nachdem das ursprünglich hölzerne Dach mit einem gotischen Gewölbe aus Stein versehen wurde.

17. Jahrhundert Die Bischöfe nehmen die weitere Entwicklung des Archipels in die Hand und fördern die Kolonisierung der kleinen Inseln. Auf Filicudi leben 1641 bereits 400 Menschen. Panarea gilt seit 1681, Stromboli ab 1700 als dauerhaft bewohnt.

18. Jahrhundert Die Bewohner der Stadt Lipari ziehen in die tieferliegenden Vororte um, die Festung verliert nach und nach an Bedeutung. Ab 1889 wird sie zu einem Gefängnis umgebaut.

19. Jahrhundert Die Piraten sind nahezu gänzlich aus dem Mittelmeer verschwunden, was den Verkehr zwischen den Inseln, mit Sizilien und dem Festland erleichtert. Eine Reihe von Schiffahrtslinien wählt Lipari und Stromboli zu ihren obligatorischen Zwischenstationen. Der Handelsgeist der Insulaner erwacht aufs Neue, Vorreiter ist Stromboli, das sich auf Keramikerzeugnisse und Kunsttischlerei spezialisiert. Ansonsten leben die Bewohner des Archipels – im Jahr 1891 sind es 21 200 – großteils von Fischfang und Weinbau. Zwei Katastrophen suchen zum Ende dieses Jahrhunderts die Inseln heim: Die Ausbreitung der Reblaus und der Ausbruch des Vulcano im Jahre 1888, der die Anlagen der Gesellschaft für Schwefelgewinnung zerstört. Innerhalb weniger Jahre verlieren so Hunderte von Weinbauern und Bergleuten ihre Existenzgrundlage.

Erinnerung an die Auswanderungswelle: Wandmalerei in Malfa

20. Jahrhundert Große Auswanderungswelle zu Jahrhundertbeginn. Bis 1914 kratzen insgesamt 9916 Einwohner der Liparischen Inseln ihre Ersparnisse für eine Schiffspassage nach Amerika oder Australien zusammen, weil sie in ihrer Heimat keine Existenzgrundlage mehr haben. Zurück bleiben Greise, Kinder und Häftlinge.

1949 wendet sich das Blatt für die inzwischen gänzlich verarmten Inseln: Der italienische Regisseur Roberto Rossellini dreht mit Ingrid Bergman auf Stromboli den Erfolgsfilm »Stromboli, Terra di Dio«. Schlagartig rückt die Feuerinsel und mit ihr der gesamte Archipel wieder in den Mittelpunkt des Interesses der Italienreisenden. Entzückt über die unberührte Schönheit der Eilande und begeistert von der Freundlichkeit der Einheimischen kommen sie bald in Scharen. Der Fremdenverkehr sichert bis heute einen bescheidenen Wohlstand.

2000 schließlich nimmt die UNESCO das Inselparadies wegen seiner einzigartigen vulkanischen Strukturen in das Verzeichnis des Weltkulturerbes auf. Damit hat der Archipel nicht nur innerhalb Italiens eine hervorragende Bedeutung erlangt, die den Bewohnern eine gesicherte Zukunft verspricht.

Scherben zum Staunen: Antike Keramik aus drei Jahrtausenden

Betrunken tanzt der am ganzen Körper behaarte Silen zum Flötenspiel der Muse Thalia, während ein junger Satyr etwas skeptisch die Szene verfolgt. Aus dem 4. Jh. v. Chr. stammt dieses farbenprächtige griechische Vasenbild, eines der Prunkstücke des Archäologischen Museums von Lipari. Rund 100 Jahre jünger ist der Kelch des »Malers von Lipari«, der fast ausschließlich Frauenbildnisse schuf, in diesem Fall Göttinnen, die ihrer »Chefin« Hera bei den Vorbereitungen für die Hochzeit mit Zeus helfen. Um 360–340 v. Chr. entstand das Vasengemälde, auf dem sich ein nackter Akrobat und zwei Komödiendarsteller vor Dionysos, dem Gott des Theaters, produzieren. Ein Krater aus dem Ende des 5. Jh. v. Chr., ein großes Gefäß mit Fuß aus Ton oder Metall, das zum Mischen des Weines verwendet wurde, zeigt nackte Knaben beim Pferderennen, ein anderer, etwas jüngerer, die Huldigung der Aphrodite durch einen Satyr, eine Mänade und den geflügelten Eros.

Tage könnte man in dem Saal mit den griechischen Vasen verbringen und sich in die Mythologie der Antike versenken, die hier auf so eindrucksvolle Weise dargestellt wird. Das Museum in Lipari, dessen Sammlungen im ehemaligen Bischofspalast und in einigen umliegenden Gebäuden untergebracht sind, wartet aber noch mit anderen Kostbarkeiten auf. Der Großteil des unschätzbar wertvollen Materials stammt aus den Bezirken am und unter dem Burgberg und wurde seit 1946 ausgegraben.

Antike Theatermasken und…

tanzende Satyrn als Souvenir

Keramikfragmente aus der frühesten Zeit menschlicher Besiedlung auf Lipari reichen bis in das 3. Jahrtausend v. Chr. zurück. Typisch sind feine, einfach geformte Vasen in lebhaft roter Farbe. Die ältesten Gefäße weisen zunächst eingepreßte und eingebrannte Muster auf, die späteren sind dann bereits bemalt. Seinem Fundort, dem Ortsteil Diana in dem unterhalb des Festungsfelsens von Lipari liegenden flachen Gebiet, verdankt dieser frühe dekorative Stil der Keramik seinen Namen.

Im Laufe der Entwicklung zeichnen sich die Werkstücke durch eine immer raffiniertere Bearbeitung aus, die Gefäße sind nicht mehr klobig, sondern dünnwandiger und mit komplizierterer Malerei versehen. Doch mit dem Niedergang der frühen Kulturen sinkt die Qualität, man erkennt die Verarmung der Bevölkerung.

Erst zu Beginn der Bronzezeit (um 2000 v. Chr.) erfahren die Inseln wieder einen wirtschaftlichen Aufschwung, der sich deutlich in den aus dem gesamten Mittelmeerraum beeinflußten Keramiken niederschlägt. Die Kulturen von Capo Graziano (Filicudi, 1700–1400 v. Chr.) und Capo Milazzese (Panarea, 1400–1270 v. Chr.) bringen kunstvolle Eßteller und Obstschalen hervor, enden aber durch brutale Zerstörung. Als neue Herren drücken jetzt die Ausonier vom italienischen Festland den Inseln ihren kulturellen Stempel auf. Prachtstück aus dieser Zeit ist eine Vase, freigelegt auf dem Ausgrabungsfeld vor dem Museum. Sie enthielt mehr als 70 kg Bronzeobjekte. Auch Keramikgegenstände waren damals weit verbreitet, in einer einzigen Hütte entdeckten die Archäologen 200 verschiedene Vasen. Die Schalen dieser Epoche, ähnlich denjenigen, die man von Bologna bis Tarent findet, weisen eigenartige Henkel in Form von Äxten und Hörnern auf, die sich mit der Zeit zu abstrahierten Tierköpfen wandeln. An Grabbeigaben – erstmals verbrannte man die Toten und verwahrte deren Asche in Urnen – stellten die Archäologen Gegenstände aus Bronze, Bernstein, Bergkristall und Halbedelstein sowie Glasperlenketten und Goldschmuck sicher.

Die Funde aus griechisch-römischer Zeit aus dem Stadtgebiet von Lipari umfassen einen großen Deckel aus Lavagestein (1. Hälfte 6. Jh. v. Chr.) mit einem liegenden Löwen, Verschluß für eine Opfergrube, in der die meisten ausgestellten Gegenstände verwahrt waren. Auch die grandiose Vasensammlung des Museums stammt aus dieser Epoche: Darstellungen von Kriegsgespannen, musizierenden, spielenden oder spinnenden Frauen sowie mythologische Szenen. Ausgegraben wurden auch Sarkophage aus Terracotta und aus lokalem Gestein sowie Stelen mit Namensinschriften. In einem Kindergrab aus dem 5. Jh. v. Chr. fand man eine Puppe mit beweglichen Gliedmaßen.

Einzigartig in ihrer Erhaltung und Vollständigkeit ist die Sammlung von Theatermasken und Figürchen in Miniaturgröße (etwa 8 cm) aus dem 4. und 3. Jh. v. Chr. In 200 verschiedenen Ausführungen illustrieren sie das griechische Theater in seiner gesamten Vielfalt und Bandbreite. Die Charaktere der Tragödien des Euripides und Sophokles – vom grimmigen Priamos über die Unheil verkündende Kassandra bis zum unglückseligen Ödipus – sind ebenso vertreten wie die Typen des Aristophanes und Menander, deren Masken die Komödie nahezu lückenlos dokumentieren: Silenen und Satyrn, Sklaven und Herren, Alte und Junge, Lebemänner und Geizige, Parasiten und Kupplerinnen, Intriganten und Betrunkene, Schielende und Glatzköpfe, Lustige und Traurige – treffliche Karikaturen des Allzumenschlichen. Dazu kommen Figürchen von Tänzerinnen, Flötenspielerinnen und Akrobaten sowie Porträts berühmter Persönlichkeiten des griechischen Kulturlebens wie Lysias, Homer, Menander oder Sokrates. Im Museum zu bestaunen, sind die Masken und Figuren in jedem Andenkenladen auf Lipari, den Originalen liebevoll nachgebildet, als Souvenirs erhältlich (s. a. S. 72 f.).

Inselarchitektur: Würfelspiel der Phantasie

»Würfel, zugleich anmutig und geheimnisreich zu Dörfern und Städten zusammengewürfelt; darüber milde, schöngeschwungene Kuppeln oder flache Dachterrassen; weitbogige Loggien und weit ausholende Außentreppen; und all das fast immer strahlend weiß, blendend weiß in der Sonne, mondig silbern zur Nacht, leuchtend über schwarz-blauem Meer oder im Blaugrün immergrüner Bäume und Büsche.«

Mit solch blumigen Worten beschreibt der klassische Italienkenner Eckart Peterich die Architektur der Mittelmeerinseln. Die sonst so definitionsfreudigen Kunstgelehrten hätten für diesen Stil keinen Namen gefunden, wüßten nicht, wo er herkommt und welcher Zeit er angehört, fährt der Autor des Standardwerks »Italien« fort. »Auf alle Fälle ist es keiner der großen mittelmeerischen Stile, weder hellenisch noch islamisch, weder Renaissance noch Barock. Man wäre versucht, von einem ländlichen, einem bäuerlichen Stil zu sprechen, würden die Häuser nicht fast immer von Fischern und Seeleuten bewohnt; denn ins Innere der Länder dringt diese Bauart kaum vor. Wir finden sie stets an Küsten: in Italien, Spanien, Nordafrika, im Nahen Osten. Vor allem aber finden wir sie auf den Inseln: Capri, Ischia, Procida, den äolischen Eilanden, den griechischen Kykladen«, heißt es weiter bei Peterich.

Die architektonischen Elemente dieses Stils, der heute noch die Liparischen Inseln prägt, sind aus durchaus praktischen Gründen ganz und gar einfach: Das bescheidenste Haus besteht aus einem einzigen kleinen Würfel, das prächtigste aus einem Komplex von neben- und übereinandergestellten Kuben. Der Phantasie sind nur durch den Geldbeutel Grenzen gesetzt. Steildächer und damit Dachziegel findet man bei dieser Bauform nicht. Die Flachdächer bilden mit den Wänden keinen scharfen rechten Winkel, sondern weisen leichte Rundungen auf, um Regenwasser in die Zisternen ableiten zu können. Simpel mußte die Bauweise sein, da sich – zumindest früher – die meisten Inselbewohner ihre Häuser selbst errichteten.

Inselstil: Würfel an Würfel
(Stich von 1894)

Außerdem widersteht die Würfelform Erdbeben am besten.

Während in anderen Architekturen der sichtbare Stein auch als Schmuckelement eine bedeutende Rolle spielt, verschwindet dieser auf den Inseln hinter einer dicken Schicht aus Mörtel und Kalk. Alljährlich werden Wände und Dächer mit blendendem Kalkweiß gestrichen, kaum eine andere Farbe – ausgenommen Hellblau manchmal – kommt zum Zuge. Durch dieses ständige Tünchen legt sich Kalkschicht auf Kalkschicht, die Kanten runden sich, die Häuser erinnern mehr und mehr an Grotten und Höhlen. Tatsächlich hält sich im Inneren auch bei hohen Außentemperaturen eine angenehme Kühle, man fühlt sich wohl und geborgen.

Typisch für die Liparischen Inseln sind die Vorbauten: Entlang der Vorderfront fast jeden Hauses

erstreckt sich der *Bagghiu*, eine rechteckige Terrasse, deren Schilf-Überdachung von kleinen, runden Säulen, den *Pulieri*, gestützt wird. Auf den Balken dieser Loggia hängt man Obst und Gemüse – Feigen, Weintrauben, Tomaten, Paprika etwa – zum Trocknen auf. Ebenfalls im Freien unter dem Schilfdach findet sich häufig ein halbkugelförmiger Ofen zum Pizza- oder Brotbacken.

Die Zahl der Kuben entspricht jener der Räume, die Würfel sind miteinander durch Innentüren verbunden, und so fügt sich – je nach Bedarf und finanziellen Möglichkeiten – ein Inselhaus mit Wohn- und Schlafzimmern, Küche, Vorratskammer, Ställen und Aufbewahrungsräumen für Fischfang- und Ackerbaugeräte zusammen. Zur Innenausstattung zumindest der älteren Häuser gehören farbenprächtige Majolika-Fußböden.

Der weltberühmte französisch-schweizerische Architekt Le Corbusier (1887–1965) führte den zeitlosen, kaum Modeerscheinungen unterworfenen Inselstil geradewegs auf die griechische Antike zurück, heißt es doch bei Homer, Nestor habe »auf der stets frisch geweißelten Bank« gesessen. Die Architektur des 20. Jh., insbesondere jene des Kubismus, ließ sich gerne von den archaischen Bauten der mediterranen Inseln inspirieren, ganz zu schweigen von den Heerscharen von Malern aus dem Norden, die im Süden die Motive ihrer Träume fanden und immer noch finden.

»Zehntausend Köstlichkeiten« aus Küche und Keller

Selbst Kenner der italienischen Küche, die ja als Wiege der Kochkunst gilt, können in Sizilien noch mit überraschenden Entdeckungen rechnen. Denn der historische Einfluß der Araber, Normannen, Spanier und Franzosen fand auch in den Kochtöpfen seinen kräftigen Niederschlag. Die Liparischen Inseln, die bereits Odysseus und seinen Gefährten »zehntausend Köstlichkeiten« auftischten, schöpfen vor allem aus ihrem Reichtum an Meeresfrüchten und bedienen sich aus ihren wohlsortierten Kräuter- und Gemüsegärten. Dies verleiht ihrer Küche eine individuelle Note.

Freilich hat erst der Fremdenverkehr und der damit verbundene höhere Lebensstandard der Inselbewohner zu einer Verfeinerung der Tafelfreuden beigetragen. Erzherzog Ludwig Salvator notierte Ende des 19. Jh.: »Die Nahrung der Bewohner Liparis ist eine sehr einfache. Die Wohlhabenden essen Fleischbrühe, Suppen, Grünzeug, Fleisch, Teig und manchmal Hülsenfrüchte; Fische bilden ein vorwiegend gebräuchliches Gericht. Erwähnt sei, dass Omletten gewöhnlich mit geriebenem Käse gebacken werden, wodurch sie einen eigenthümlichen, aber nicht unangenehmen Geschmack bekommen. Eine auf Lipari sehr beliebte Speise sind die Pruoppetta. Sie werden aus gehacktem Rindfleisch bereitet, dem man geschlagenes Eidotter und geriebenes Brot beimengt, worauf sie gebacken werden; man kann sie auch in der Pfanne dünsten.« Wie der adelige Chronist weiter zu berichten wußte, herrschten in den Wintermonaten vor allem auf Alicudi und Filicudi, die infolge hoher See nicht versorgt werden konnten, oft Hungersnöte.

Verhungern muß heute keiner mehr auf dem Archipel des Windgottes. Auch die beiden entlegenen Schönheiten Alicudi und Filicudi bieten reich gedeckte Tische, wenn auch mit weniger Raffinesse als auf den übrigen Inseln. Bunt, kräftig, würzig und schmackhaft sind die Speisen selbst in den kleinsten Trattorien, während die Spitzenrestaurants in der kulinarischen Kunst wetteifern. Wem läuft beim Anblick von Hummer- und Langustengerichten, dampfender Fischsuppe, gegrillten Schwertfischsteaks in Kapernsauce, einer zarten Seezunge, gefüllten Tintenfischen oder saftigen Garnelen nicht das Wasser im Munde zusammen? Von den *Paste,* den Teigwaren-Gerichten, ganz zu schweigen, die – je nach Jahreszeit

Malvasia
Die Sonne in der Flasche

»Bei der Rückkehr hatte ich vom Boot aus eine hinter Lipari versteckte Insel entdeckt. Der Bootsführer nennt mir ihren Namen: Salina. Dort kommt der Malvasierwein her. Ich wollte, sozusagen an seiner Quelle, eine Flasche dieses berühmten Weines versuchen. Er schmeckte wie Schwefelsirup: es ist eben der Wein der Vulkane, dick, gezuckert, goldfarben und so sehr geschwefelt, daß sein Geschmack bis zum Abend am Gaumen haften bleibt: der Wein des Teufels!«

Die eher negativen Erfahrungen, die Guy de Maupassant mit diesem Traubensaft anno 1885 auf seiner Sizilien-Reise machte, gehören längst der Vergangenheit an. Echter Malvasia – der Name leitet sich von der italienischen Bezeichnung für die griechische Stadt Monemvassia (an der Südostküste des Peloponnes) ab, einst Hauptstützpunkt des venezianischen Levantehandels – kann auf Schwefel- und Zuckerbeigaben getrost verzichten, seine goldgelbe Farbe und schwere Süße erhält er direkt von der Sonne. Im Unterschied zu den herkömmlichen Rebsorten sind die Blätter der schon in der Antike geschätzten und vermutlich aus Kleinasien stammenden Malvasiertraube stärker gezackt, die Früchte – will man Verdauungsprobleme vermeiden – kaum genießbar.

Natürlich ist der Malvasia kein Tischwein, sondern eignet sich vor allem als likörartiges Dessertgetränk und als Digestiv, er schmeckt aber aufgrund seines starken Buketts auch als Zutat zu frischen Früchten, Pfirsichen etwa, ganz hervorragend. Unverfälscht und sortenrein erhält man ihn am besten auf Salina; was auf Lipari angeboten wird, stammt häufig aus den großen Kellereien von Marsala in Westsizilien. Obwohl in vielen Variationen weltweit verbreitet, gilt Italien als Hauptproduzent von Malvasia, der u. a. zur Bereitung der Cuvées von Frascati und klassischem Chianti Verwendung findet.

In den Bars und Cafés von Lipari bleiben keine Wünsche offen

– mit einem Sugo aus gartenfrischen Kräutern und Gemüsen serviert werden.

Bescheiden, so man nicht in einem besseren Hotel mit Frühstücksbuffet logiert, beginnt der Tag, üppig klingt er aus. Am Morgen begnügt sich der Süditaliener mit einem meist im Stehen eingenommenen *Brioche* oder einem *Cornetto* (mit Marmelade oder Creme gefülltes Hörnchen) und einer Tasse Espresso oder Cappuccino. Nordländer, die damit nicht ihr Auslangen finden, müssen aber keineswegs darben, sondern können sich schon in aller Früh – etwa im Kleinen Hafen von Lipari (s. S. 63) – mit weiteren süßen oder pikanten Köstlichkeiten, warmen Fleischstrudeln oder würzigen Pizzastückchen zum Beispiel, stärken. Unverbesserliche Naschkatzen fallen zwischendurch immer wieder in eine *Pasticceria* (Konditorei) auf Torten, Kuchen, liebevoll verzierte

Liebevoll dekorierte Mandelplätzchen sind eine Spezialität der Inseln

Mandelplätzchen, Eis oder *Granita* (Halbgefrorenes aus Kaffee oder Früchten, ähnlich einem Sorbet) ein.

Das Mittagessen sollte, allein schon der Hitze wegen, nicht zur Hauptmahlzeit des Tages werden. Zwei Gänge, entweder *Antipasti*, eine kalte Vorspeise aus eingelegtem Gemüse, Meeresfrüchten, Oliven, oder ein Nudelgericht sowie anschließend Fisch oder Fleisch mit Salat, müßten reichen, um weder Hunger- noch Völlegefühl aufkommen zu lassen. Wer seinen Geldbeutel schonen will, ist mit einem warmen Schnellimbiß *(Tavola calda)* bestens bedient. Die Auswahl reicht von überbackenen Teigwaren über kleine Fleischgerichte, Salate und Toasts bis zu *Arancine*, mit Erbsen, Eiern und Schinken gefüllte, gebackene Reiskegel, oder Auberginen, gebacken, gebraten, süßsauer, gedünstet, und anderem Gemüse in Olivenöl.

Italien-Kenner schlagen sich erst nach Sonnenuntergang die Bäuche voll. Das Abendessen – nicht vor 20 Uhr – wird zum kulinarischen Höhepunkt des Tages. Ein klassisches mehrgängiges Menü beginnt mit *Antipasti*, an denen sich bereits die Qualität eines Lokals ermessen läßt. Je liebe- und phantasievoller die kleinen Appetithäppchen zubereitet und serviert werden, um so freudiger wird der Gast den Abend fortsetzen. Dies haben auch die Spitzengastronomen der Liparischen Inseln klug auf ihre Fahnen geschrieben. Wie wäre es also mit *Insalata di mare* (Meeresfrüchte-Salat) mit eingelegten Scampi, verschiedenartigen Muscheln, Tintenfisch und Sardinen? Oder mit *Caponata di Melanzane*, einem kalten Gericht aus gebratenen Auberginenstückchen in Gemüsesauce? Oder gar mit *Carpaccio*, hauchdünn geschnittenen Scheiben von Rindfleisch, Thun- oder Schwertfisch mit Salz, Pfeffer und Parmesankäse? Doch Vorsicht: Wer sich dabei mit Brot vollstopft, was bei knurrenden Mägen leicht der Fall sein kann, der verdirbt sich die noch bevorstehenden Gaumenfreuden.

Mit dem zweiten Gang, den *Paste*, geht's nämlich erst so richtig los. Teigwaren oder Reis, beide *al dente*, das heißt kernig und nicht zu weich gekocht, dazu eine Kostprobe aus der grenzenlosen Palette des *Sugo*, der Sauce. Ob Fisch, Fleisch, Käse oder Gemüse, jeder Koch wahrt sein Sugo-Rezept wie ein Staatsgeheimnis. Zu den Spezialitäten der Inseln gehören *Riso nero con calamaretti* (Schwarzer Tintenfischreis), *Caponatina alla liparota* (Auberginenragout mit Kapern), *Raviolini di cernia in salsa paesana* (kleine Ravioli mit Barsch-Ragout in würziger, rustikaler Sauce) oder schlicht und einfach *Maccarun di casa* (hausgemachte Makkaroni mit Fleischfarce), die stets für angenehme Überraschungen gut sind. Die Fortsetzung folgt in Form von Fisch oder Fleisch, dazu frische Salate, eventuell mit *Pecorino di Vulcano* (Schafsmilchkäse aus Vulcano). Mit Blick auf die Weite des Meeres wird man wohl meist den Gerichten aus den Tiefen der See den Vorzug geben, auch wenn sich die Qualität der Fleischspeisen in Süditalien inzwischen wesentlich verbessert hat. Thun- und Schwertfische, Barsche, Zahn- und Goldbrassen, Sardinen, Langusten, Garnelen, Muscheln, alles, was das Feinschmeckerherz begehrt, landet auf den Tellern, gesotten, gebraten, gegrillt. *Spiedino di pesce*, Fisch am Spießchen, läßt allerlei Variationen ebenso offen wie *Braciola di pesce spada*, eine Schwertfisch-Roulade, bei der es auf die Füllung ankommt. Verschiedene Zubereitungsarten von Lamm *(Agnello)* und Kaninchen *(Coniglio)*, dazu Braten und Koteletts von Kalb, Rind oder Schwein erfüllen den »Fleischtigern« alle Wünsche. Zum Nachtisch empfehlen sich *Cannolli all'eoliana* (Blätterteigröllchen mit kandierten Früchten und Schokolade), *Mousse al limone* (Zitronenmousse), in Malvasierwein eingelegte Früchte oder *Pecorino* und *Ricotta*, aus Schafsmilch hergestellte Käse der Inseln.

Die **Weine** Siziliens haben sich dem internationalen Geschmack angepaßt, sie sind, entgegen landläufigem Vorurteil, nicht schwer und gaumenverklebend, sondern leicht und spritzig. Dies gilt insbesondere für die aus der Provinz Agrigent stammenden Produkte der Winzereigenossenschaft »Cantina Settesoli«, für die auch international angesehenen Marken »Corvo«, »Duca di Castelmonte«, »Terre di Ginestra – Feudo dei fiori« und »Regaleali« sowie nicht zuletzt für die exzellenten Rebensäfte von den Liparischen Inseln, wie etwa »Tenuta di Castellaro«. Als offenen Tafelwein kann man getrost *Vino di casa*, weiß, rot oder rosé bestellen, würzigen, bodenständigen Landwein, den auch der Wirt trinkt. Zum Dessert paßt bestens der süße Malvasia, dessen Trauben vor allem auf Salina gedeihen, auch wenn er unter dem Namen von Lipari vermarktet wird: goldgelb und aromatisch, jeder Schluck ein Geschenk der Sonne.

UNTERWEGS
AUF DEN INSELN

»Wer die Inseln aufsucht, muß sich klar darüber sein, was es bedeutet, auf Götterbildern zu wohnen.«

Eckart Peterich

Lipari: Die Lebendige

Lipari-Stadt

Die Bimssteinhänge von Campo Bianco

Acquacalda und Chiesa Vecchia

Cave di Caolino

Die Thermen von San Calogero

Belvedere Quattrocchi

Kirche Anime del Purgatorio in Lipari-Stadt

Lipari: Die Lebendige

Schon Odysseus wußte, wo das Herz des Archipels schlägt: Im Schatten des Burgfelsens von Lipari ist der Pulsschlag sizilianischer Lebenslust am deutlichsten zu spüren. Von der quirligen Atmosphäre der Metropole nahezu unberührt, besticht das »Hinterland« mit bukolischen Impressionen.

Alles ist relativ. Wer in Milazzo, Messina oder gar Napoli an Bord gegangen ist, wird bei seiner Ankunft Lipari als Spielzeugdorf empfinden. Begibt sich hingegen einer der 100 Bewohner des winzigen Eilands Alicudi in die Hauptstadt seiner Heimat, dann mag ihm der Lärm der quirligen Metropole bald zuviel werden. Tatsächlich stellt das Hafenstädtchen, in dem etwa 5000 Menschen leben, ein nahezu perfektes Beispiel für ein blühendes Gemeinwesen im Mezzogiorno dar: Es ist klein genug, um Geborgenheit auszustrahlen, und groß genug, um Distanz wahren zu können. Auch Insulaner auf (Urlaubs-)Zeit finden sich dank der übersichtlichen Anlage rasch zurecht, verbindet doch der Corso Vittorio Emanuele, die einzige Haupt- und Geschäftsstraße, die beiden Häfen Marina Corta und Marina Lunga. Hoch über den Anlegestellen für die Tragflügelboote respektive die großen Autofähren thront auf einem alles überragenden Felsen die mächtige Burg, die heute unter anderem eines der bedeutendsten archäologischen Museen Italiens beherbergt. Innerhalb der mächtigen Mauern aus dem Mittelalter sorgt allerdings ein Gewirr von Kirchen, Palästen und Mauern für einige Orientierungsprobleme, steht man doch auf wenigen Quadratmetern gleichsam mit einem Fuß in der Steinzeit und mit dem anderen im 20. Jh.

Unproblematisch hingegen erweist sich eine Landpartie rund um die größte Insel des Archipels. Rascher als erwartet führt das mitunter in kühnen Serpentinen angelegte Asphaltband wieder zurück nach Lipari-Stadt. Es sei denn, man begibt sich auf – gut ausgeschilderte – Abwege wie beispielsweise zu den Thermen von San Calogero, die mit der ältesten Saunaanlage der Welt aufwarten können. Spuren längst versunkener Kulturen begleiten den Wanderer, Autotouristen oder Busrundreisenden auf Schritt und Tritt. »Schenken Sie uns drei Wochen Ihres Lebens, wir revanchieren uns dafür mit 3000 Jahren unserer Vergangenheit«, verspricht das »Festland« Sizilien seinen Gästen. Die Insel Lipari bietet noch mehr, als dieser Slogan verheißt, kann das Eiland doch mit Funden auftrumpfen, die von seiner mehr als 5000jährigen Geschichte erzählen.

Liparis Stadtleben

Als Vorboten eines langen, heißen Sommertages tupfen einige wenige Federwölkchen den seidenblauen Morgenhimmel über dem schlummernden Städtchen Lipari. Nur für den kleinen Hafen Marina Corta ist es zu dieser frühen Stunde bereits höchste Zeit aufzuwachen. Gähnend kehren Kellner das helle Pflaster vor den blitzsauberen Bars, aus denen es bereits verlockend nach Kaffee und frischen Brioche duftet. Doch es lohnt sich, seinen Gusto zu bezähmen und noch ein paar Minuten abzuwarten. Denn unentwegt karrt ein rüstiger Alter mit seinem zweirädrigen Handwagen neue Köstlichkeiten aus den umliegenden Bäckereien herbei. Ofenwarme Blätterteighörnchen, gefüllt mit Marmelade oder Vanillecreme, Obsttörtchen, belegt mit frischen Früchten der Saison, von Hefeteig umhüllter Schinken und Käse, Zwiebelkuchen und allerlei Gemüsestrudel – schier unerschöpflich erscheint das Repertoire kalorienreicher Verführungen. Ein herrliches Frühstück, wie es kein noch

Steckbrief Lipari

Name: In der Antike *Meligunis* (könnte auf einstigen Honigreichtum hinweisen) und *Lipara* (nach König Liparos).
Fläche: Ca. 8 km lang, 5 km breit; mit 37,5 km^2 größte der sieben Inseln.
Einwohner: 10 000 insgesamt, davon die Hälfte in Lipari-Stadt; im August 18 000. Administratives Zentrum, zur Gemeinde Lipari gehören mit Ausnahme Salinas alle Inseln des Archipels.
Sehenswürdigkeiten: Festung von Lipari, im 15. Jh. von den Spaniern auf der Stelle der antiken Akropolis (griechischer Turm aus dem 4. Jh. v. Chr.) errichtet: Im ehemaligen Bischofspalast und einigen umliegenden Häusern Sitz des Museo Archeologico Eoliano (eines der wichtigsten archäologischen Museen Europas; Eintritt frei!); archäologische Ausgrabungen von Siedlungen ab der Steinzeit; Cattedrale di San Bartolomeo (normannischen Ursprungs, 1654 rekonstruiert, Fassade von 1861); auf der Südseite des Burgfelsens archäologischer Park (griechische und römische Sarkophage) und modernes Amphitheater (1975) für kulturelle Veranstaltungen. Thermen von San Calogero, die älteste derartige Anlage der antiken Welt (17. Jh. v. Chr.). Vulkan-Observatorium auf dem Monte Falcone. Chiesa Vecchia (17. Jh.), Wallfahrtskirchlein zwischen Acquacalda und Quattropani.

so gut geführtes Hotel in ganz Italien zu bieten vermag, steht bereit.

Mittlerweile spannen sich auch schon Sonnenschirme über den Tischchen, an denen zu dieser frühen Stunde fast ausschließlich Einheimische Platz nehmen und auf das Tragflügelboot mit den aktuellen Zeitungen warten. Bis dahin wird heftig gestikulierend die jüngste Regierungskrise diskutiert oder der neueste Inseltratsch kolportiert, zu dem sich auch gleich der in seiner schmucken Uniform vorbeistolzierende Verkehrspolizist äußern soll. Doch dieser hat im Moment andere Sorgen, trifft doch jede Minute ein Kranwagen ein, um wie jedes Jahr vor Beginn der Hauptsaison die schweren, breiten Blumenkisten vor den Kaffeehäusern abzutransportieren und als Parkplatzsperre vor dem Hafen aufzustellen. Tatsächlich entschweben kurz darauf die blühenden Betonwannen unter lautstarker Anteilnahme des Publikums, dem gleich ein weiteres Schauspiel geboten wird. Nach der Dramaturgie eines jahrzehntelangen Konkur-

Lipari-Stadt

renzkampfes entbrennt zwischen zwei benachbarten Barbesitzern ein »Grenzstreit«. Erbittert feilschen sie um jeden Zentimeter des freigewordenen Terrains, schließlich bedeuten im Juli und August selbst zwei, drei zusätzliche Stühle bares Geld. Kaum verläßt der eine nach intensivem Tischerücken triumphierend die Arena, stürzt bereits der andere wutschnaubend hinter der Theke hervor, um seinerseits die gastronomische Demarkationslinie neu festzulegen.

Sizilianischer Inselalltag vom Besten. Doch ausgerechnet jetzt nähert sich der erste *Aliscafo* des Tages mit elegantem Schwung der Mole. Wer mitfahren will, muß nun den Schauplatz des amüsanten Duells verlassen, denn die flinken Meeresfahrzeuge verkehren nach knapp kalkuliertem Fahrplan und legen bei gutem Wetter mitunter sogar pünktlich ab. Schlagartig kehrt nun Betriebsamkeit ein: Die Fahrer der kleinen Hotelbusse rufen sich mit Namenslisten in den Händen nach den avisierten Gästen die Kehlen heiser, während Taxiunternehmer rund um die Bartolomäusstatue in kunterbuntem Sprachgemisch nicht minder stimmgewaltig ihre Dienste anbieten. Ihrer durchaus charmanten Überredungskunst läßt sich nur schwer entkommen, und schon so mancher fand sich unvermutet bei einer Inselrundfahrt wieder, obwohl er eine Lipari-Erkundung eigentlich dort beginnen wollte, wo einst alles seinen Anfang nahm: auf der Akropolis, dem sogenannten **Castello**, oder, auf sizilianisch, *Cittade.*

Der Burgberg: Geschichtsbuch aus Ton und Stein

Nicht Menschenhand, sondern die Natur schuf diese 60 m hohe Felsfestung, die mit rötlich schimmernden, steilen Wänden ins Meer abfällt und dort zwei Buchten – die Marina Corta im Süden, die Marina Lunga im Norden – bildet. Auf dieser sicheren Höhe siedelten lange vor den Griechen bereits die ersten Inselbewohner, wie die seit 1946 vom Altertums-Forschungsinstitut Ostsiziliens durchgeführten Ausgrabungen beweisen. Von hier aus verteidigten sie sich jahrhundertelang gegen Piraten und Eroberer. Die Festung in ihrer heutigen Form erbauten die Spanier als Herren über Sizilien im 15. Jh. auf der Stelle der antiken Akropolis. Dabei benutzten sie noch Teile der vorhandenen Bauten, so z. B. einen griechischen Turm aus dem 4. Jh. v. Chr. Innerhalb der Festungsmauern entstand auch die erste Kirche der Liparischen Inseln, und ab dem 17. Jh. bezog der Bischof hier seinen Palast.

Mit Beginn des 18. Jh. kam es zu einem Rollenwechsel zwischen Burg und Vorstadt. Von der Artillerie der Festung verteidigt, schien die Ebene nun vor Überraschungsangriffen der nach wie vor marodierenden Türken sicher zu sein. Immer mehr Bürger verließen die engen Mauern der Anhöhe und zogen in die tieferliegenden Wohnviertel um. Schließlich verlor die Burg ihre Bedeutung vollständig. 1889 beschloß die Regierung Italiens, die verlassene Anlage als Gefängnis zu nutzen, und zwar für gemeine Verbrecher ebenso wie für Dissidenten. Schon 1926 reichte der Platz in den Gefängniszellen längst nicht mehr aus, schließlich hielt Benito Mussolini seit vier Jahren die Macht in seinen Händen. In aller Eile errichtete die faschistische Regierung zwei würfelartige

Pavillons auf der Burgfestung, um all die Verbannten und deren Bewacher aufnehmen zu können. Dem römischen Schriftsteller Emilio Lussi gelang 1929 die Flucht, sein ebenfalls in Rom geborener Kollege Curzio Malaparte, dem seine Werke »Die Haut« und »Kaputt« nach dem Krieg zu internationalem Ruhm verhelfen sollten, wurde 1933 für viele Jahre nach Lipari verbannt.

An ein weiteres düsteres Kapitel Zeitgeschichte und rechtsextreme Gegenwart erinnert eine von der »Organisation der Vereinigten Kroaten Europas« in einer dunklen Ecke des Burgabgangs angebrachte Tafel. Mit pathetischen Worten gedachte dieses Grüppchen Ewiggestriger 1989 des 60jährigen Gründungsjubiläums der berüchtigten Unabhängigkeitsbewegung »Ustascha« durch den Rechtsanwalt Ante Pavelic. Dieser war 1929 aus Sarajewo ins faschistische Italien emigriert, um seinen »Befreiungskampf« aus dem Exil aufzunehmen und schließlich 1941 – mit Unterstützung der Achsenmächte – durch die Ausrottung von Juden, Serben und Moslems einen »Unabhängigen Staat Kroatien« zu errichten. Für die militärische Schulung der Pavelic-Anhänger sorgte Mussolini mit der Finanzierung von Ustascha-Ausbildungslagern bei Parma, Turin, Salerno – und auf Lipari. Glücklicherweise versteht kaum jemand den kroatischen Jubeltext: »Glorreiche Ustascha« – offenbar nicht einmal die Inselbehörden. Aber auch politische Toleranz sollte wohl Grenzen kennen.

Der Niedergang der Festung schien auch das Schicksal der **Kathedrale** zu besiegeln, deren erster Vorgängerbau bereits im 3. Jh. errichtet worden war (s. S. 41). Zunächst versuchte der Klerus, die Attraktivität der Burganlage durch eine noch prunkvollere Gestaltung des Doms und den Bau von vier weiteren Kirchen trotz der Abwanderung zu steigern, bald aber entschlossen sich auch der Bischof und die Verwaltungsbeamten zum Umzug in eine komfortablere Umgebung. Nachdem das Gefängnis eingerichtet worden war, suchte kaum noch jemand die Kirche auf, und die Bischöfe erwogen ernsthaft einen Neubau in einem anderen Stadtteil. Das Gotteshaus wäre dann dem Staat anheimgefallen, der es vermutlich in eine Kaserne oder ähnliches umgewandelt hätte. Glücklicherweise kam es nicht so weit, statt dessen legte man eine Straße an, die in der Direttissima zum Dom hinaufführte.

Spaziergang durch die Jahrtausende

Die **Kathedrale** bildet nach wie vor das Zentrum der Cittade. Für die

Blick auf den Burgberg und Lipari-Stadt ▷

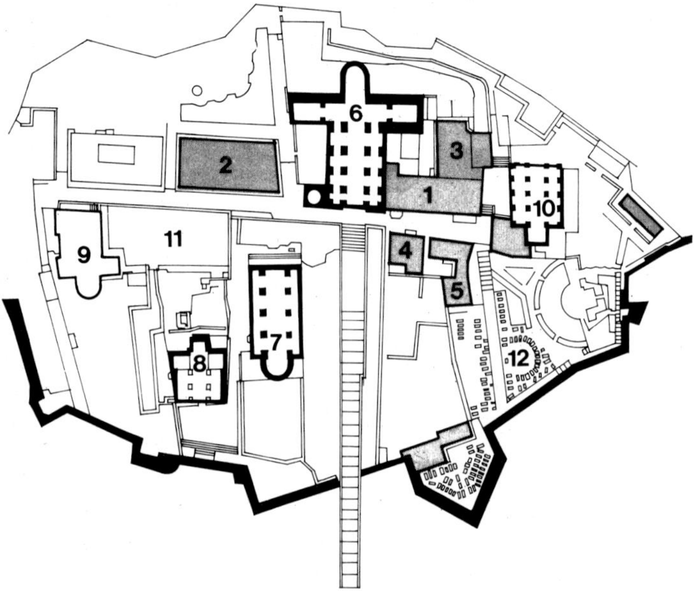

Festung Lipari: **1** Prähistorische Abteilung **2** Klassische Abteilung **3** Epigraphische Abteilung **4** Abteilung der »Isole minori« **5** Vulkanologische Abteilung **6** Kirche S. Bartolomeo **7** Kirche Immacolata **8** Kirche Addolorata **9** Kirche S. Caterina **10** Kirche Madonna delle Grazie **11** Archäologisches Gebiet **12** Archäologischer Park

Betrachtung des ursprünglich normannischen Gotteshauses, das 1544 zerstört, 1654 wieder aufgebaut und 1861 bedauerlicherweise mit einer neuen Fassade »verschönt« wurde, braucht man nicht allzuviel Zeit einzuplanen. Sollte die Kirchenpforte ausnahmsweise einmal nicht zugesperrt und das barocke Innere mit seinen freskenverzierten Gewölben aus dem 18. Jh. zu besichtigen sein, so bleibt das Interessanteste – ein erst kürzlich entdeckter Teil des romanischen Kreuzgangs aus dem 12. Jh. – Besuchern ebenso verschlossen wie die Sakristei mit reich verzierten Schränken aus dem 18. Jh.

Die Enttäuschung über das Versäumte ist freilich schnell vergessen, sobald man in die Welt des **Archäologischen Museums** eintaucht, das in mehreren Gebäuden untergebracht ist (s. S. 72). Aber auch unter freiem Himmel breiten sich Überreste aus der Frühzeit mediterraner Kulturen aus. Rund um die säkularisierten (und geschlossenen) Gotteshäuser **Chiesa Immacolata** und **Chiesa dell'Addolorata** liegt das **Archäologische Gebiet.** Unter einer 9 m dicken Schicht aus Vulkanstaub hat sich ein vollständiges »Archiv« sämtlicher Zivilisationen vom frühen Mittelalter bis zum Neolithikum angesammelt, wobei die am besten erhaltenen Überreste aus der Bronzezeit (Kulturen von Capo Graziano und Capo Milazzese, s. S. 36) sowie der griechischen und römischen Epoche stammen. Experten geraten angesichts der jahrtausendealten Fundamente und antiken Straßenanlagen in Verzückung, aber selbst für Laien wird die Vergangenheit auf eindrucksvolle Weise lebendig.

Doch nicht nur die Erde des Burgbergs gab im 20. Jh. ihre seit urdenklichen Zeiten gehüteten Geheimnisse preis, auch die hellenistische Nekropole in der Ebene von Diana im heutigen Stadtzentrum von Lipari erwies sich als wahre Fundgrube. Am Parco Archeologico Diana hinter dem Corso schlendern jedoch die meisten achtlos vorbei, befinden sich doch die bemerkenswertesten Stücke längst im Archäologischen Museum auf der Burg. Mit unendlicher Geduld trugen Fachleute hier Splitter um Splitter eines tönernen Puzzles aus dem gesamten äolischen Raum zusammen, um aus Tausenden von Scherben ein buntes Geschichtsbuch aus Keramik zu verfassen. Eine zerbrechliche Chronik aus Vasen, Krügen und Urnen, die vom ersten Kapitel, im 4. Jt. v. Chr. mit roter Farbe auf hellen Ton geschrieben, bis zu den Pastelltönen des »Malers von Lipari« aus dem 3. Jh. v. Chr. von Leben, Götterglauben und Tod auf den Inseln erzählen.

Der sogenannte **Archäologische Park** (nicht zu verwechseln mit dem »Gebiet«) auf der Burg liegt, wenn man mit dem Rücken zum Museum steht, links hinter der ebenfalls aufgelassenen **Chiesa Madonna delle Grazie,** der fünften Kirche der Cittade. Auf einem grünbewachsenen Areal wurden hellenistische Gräber aus dem 5. und 4. Jh. v. Chr., wie man sie in der Nekropole von Diana gefunden hat, rekonstruiert sowie einige restaurierte Steinsarkophage aufgestellt.

Archäologisches Museum: tgl. 9–13.30 und 15–19 Uhr, Kasse schließt jeweils eine Stunde vorher, So und nachmittags nur klassische Abteilung geöffnet. ✆ 09 09 88 01 74.

Eine Schöpfung unserer Tage hingegen stellt das unmittelbar neben diesen Zeugnissen antiken Totenkults errichtete kleine **Amphitheater** dar, das zeigt, was wir Heutigen nach wie vor von den Alten lernen können. Bei allem Respekt vor moderner Baukunst, etwas Besseres als das klassische Theater der Griechen ersann bisher noch kein Ar-

Das Archäologische Museum

I. Abteilung (Bischofspalast)
Saal 1 (Obergeschoß): Keramikfragmente aus frühester Zeit menschlicher Besiedlung auf den Inseln (Neolithikum, Anfang des 4. Jt. v. Chr.); Obsidian in verschiedenen Bearbeitungen.
Saal 2 und 3: Keramiken und Objekte aus der zweiten Hälfte des 4. und dem beginnenden 3. Jt. v. Chr.
Saal 4 und 5: Gegenstände aus den Kulturen von Piano Conte (um 2500 v. Chr.) und Piano Quartara (Anfang 2. Jt.)
Saal 6: Beginn der Bronzezeit (ab 2000 v. Chr.); blühende Kultur von Capo Graziano (Filicudi, 1700–1400 v. Chr.), die von der Capo-Milazzese-Kultur (Panarea, bis etwa 1270 v. Chr.) abgelöst wird. Typisch für beide Kulturen: Eßteller und Obstschalen auf hohem Fuße.
Saal 7 (Erdgeschoß): Späte Bronzezeit; erster Abschnitt der ausonischen Kultur (1250–1150 v. Chr.). Im Mittelpunkt steht eine Vase, die 70 kg Bronzeobjekte enthielt.
Saal 8 und 9: Ende der Bronzezeit; zweiter Abschnitt der ausonischen Kultur. Reichhaltige Grabbeigaben (Keramiken, Bronzegegenstände, Schmuck aus Gold und Bergkristall).
Saal 10: Funde aus griechisch-römischer Zeit aus dem Stadtgebiet von Lipari; Keramik-Fragmente weisen auf die Gründung der griechischen Kolonie um 580 v. Chr. hin; ein großer Deckel aus Lavagestein mit einem liegenden Löwen diente als Verschluß für eine Opfergrube, in der die meisten ausgestellten Objekte verwahrt waren. Eine Wand dieses Saales besteht aus Resten des normannischen Palastes, der aus wiederverwendeten griechischen Steinen erbaut worden war. Weitere Spuren davon sieht man im darunterliegenden Park.
Saal 11: Kollektion von Inschriften (Steine und Säulen) aus dem 5. Jh. v. Chr. bis zur Römerzeit.

In dem Gebäude gegenüber dem Bischofspalast **(Saal 12–15)** sind archäologische Funde von den Inseln Stromboli, Panarea, Salina, Alicudi und Filicudi (ca. 3000–1500 v. Chr.) untergebracht, in dem danebenliegenden Haus befindet sich die geologisch-vulkanologische Abteilung (zum Teil noch im Aufbau). Der Museumsrundgang sollte jedoch in dem Gebäude links vom Dom (Saal 16–25) fortgesetzt werden.

II. Abteilung

Saal 16 und 17 (links vom Eingang): Im hinteren Raum wurde die einzige bisher bekannte Nekropole aus der Kulturepoche von Capo Milazzese – nach ihrer Entdeckung im Mai 1952 originalgetreu rekonstruiert – aufgebaut. Die Toten waren in den großen Tongefäßen in hockender Stellung beigesetzt worden. Zwei weitere Nekropolen stammen aus der Villanova-Zeit (12.–11. Jh. v. Chr.) und aus der ersten griechischen Epoche (8.–6. Jh. v. Chr.). Die Vitrinen zeigen jeweils die entsprechenden Grabbeigaben.

Saal 18 und 19 (rechts vom Eingang): Im ersten Raum finden sich schöne Beispiele griechischer Sarkophage mit breitbauchigen Vasen am Kopfende, die Totengaben (Beispiele in den Vitrinen) enthielten, ferner Aschenurnen, Stelen und Steine aus der Nekropole von Lipari, im zweiten hat man eine 1953 auf der Piazzetta Monfalcone in Lipari freigelegte Nekropole aus der zweiten ausonischen Kultur (1150–ca. 850 v. Chr.) wiederaufgebaut.

Saal 26 (gegenüber dem Eingang): Hier sind die archäologischen Funde aus dem Meer zu sehen, die seit den 1960er Jahren geborgen wurden. Eines der wertvollsten Objekte ist eine Amphore aus mykenischer Zeit (16. Jh. v. Chr.) aus einem vor Capo Graziano (Filicudi) untergegangenen Schiff. Der größte Teil dieser Kollektion stammt aus der Ladung zweier Handelsbarken, die im 3. Jh. v. Chr. vor den Inseln Schiffbruch erlitten hatten.

Saal 20 bis 25 (oberes Stockwerk): Die kostbarsten Funde aus der griechisch-römischen Nekropole im Stadtviertel Diana, wo seit 1948 rund 2500 Gräber erforscht und ausgewertet wurden. Hier fallen vor allem die in unverblaßten Farben strahlenden Schalen, Vasen und Gefäße bekannter und unbekannter Künstler ins Auge. Die Exponate sind in chronologischer Reihenfolge aufgestellt und reichen von kleinen, den Vorbildern vom griechischen Mutterland nachempfundenen Vasen aus dem 6. Jh. v. Chr. über größere Gefäße mit Darstellungen des Dionysoskults, die als Urnen oder Behälter für Grabbeigaben benutzt worden waren, bis zu den farbenprächtigen Meisterwerken des »Malers von Lipari«, der in erster Linie Frauenfiguren, meist in Hochzeitsszenen, verewigt hat. Nicht versäumen sollte man die einzigartige Sammlung winziger Tonmasken und -figürchen aus der Welt des griechischen Theaters. Die Kollektion umfaßt beinahe lückenlos die tragischen und komischen Typen und Charaktere, wie sie der Phantasie eines Euripides und Sophokles, Aristophanes und Menander entsprungen waren.

chitekt. In elegantem Halbrund schmiegen sich die ansteigenden Sitzreihen an den hoch über dem Hafen aufragenden Hang und geben den Blick auf eine Bühne frei, der Himmel und Meer in perfekter Harmonie als Kulisse dienen.

Dass bei all dem Kulturgenuß auch das leibliche Wohl nicht zu kurz kommt, dafür sorgt auf dem Burgberg das nur wenige Schritte von den Sehenswürdigkeiten entfernte und berühmte Restaurant »Filippino«, in dem natürlich alles, was aus dem Meer kommt, die Hauptrolle spielt. Zunächst aber sollte man das Motto der Speisekarte beherzigen, das da – übersetzt – lautet: »Willst du gut essen? Lasse dir zu etwas raten, angefangen vom Hausherrn bis zum Kellner.« Und diese beiden richten ihre Empfehlung wieder nach dem Fang des Tages, denn absolute Frische ist eines der Erfolgsgeheimnisse der seit 1910 bestehenden ersten Feinschmeckeradresse des Archipels. Im Schatten blühender Oleanderbäume delektiert man sich an Spezialitäten wie Tintenfisch-Risotto (*risotto nero con calamaretti*) und Zahnbrasse in Salzkruste (*dentice al sale*). Auch die internationale Weinkarte kann sich – nicht nur für ein Inselrestaurant – durchaus sehen lassen.

Tagesausflug: Morgens ein Fußmarsch über S. Nicola und Capistello nach Capparo mit anschließender Klettertour in die Tiefe zur einsamen Badebucht Sponda di Vinci. Zum Sonnenuntergang mit Vulcano als Kulisse dann auf den 220 m hohen Monte Falcone – ein herrliches Programm, wenn man den Proviant nicht vergißt.

Zuckerhut am Südseestrand: Campo Bianco

Siestazeit – keinen anderen Termin halten Sizilianer pünktlicher ein als die Ruhestunden zwischen ein und vier Uhr nachmittags. Ausgestorben liegt der Corso des Städtchens unter der glühenden Sonne, nur hin und wieder bietet eine Bar umherirrenden Touristen Schatten und Erfrischung. Selbst im großen Fährhafen Marina Lunga regt sich kaum ein Lebenszeichen, doch von dort ist es nicht mehr weit bis zu den Stränden des leider wenig attraktiven Städtchens **Canneto**. Aber keine Sorge, am nördlichen Ortsende führt ein schmaler Pfad zu den kleinen, klippenreichen Buchten der **Punta di Sparanello**, die mit ihrem feinen, dunklen Lavasand zum Verweilen einladen. Noch ein Stückchen weiter werden nun selbst die kühnsten Ferienträume wahr. Statt im gewohnten Tintenblau leuchtet das Meer mit einem Mal im strahlendsten Türkis der Südsee oder Karibik. Im glasklaren Wasser tummeln sich unbekümmert Fischschwärme, bis in 15 m Tiefe reicht die Sicht in diesem Tauchparadies zu Füßen schneeweißer Hänge. Einer Fata Morgana

Salina
Panarea
Acquacalda
5-Insel-Blick
Chiesa vecchia
Porticello
Quattropani
Cave di Caolino
Monte Chirica 602 m
Monte Pilato 476 m
Campo Bianco
Pietrovito
Chirica Rasa
Timpone Ospedale 356 m
Lami
Pomiciazzo
Punta di Sparanello
Castellaro
Colle S. Elmo
Timpone Pataso 336 m
Forgia Vecchia
Canneto
Madoro
Monte S. Angelo 594 m
Timpone del Grado 416 m
Pirrera
Timpone Ricotta 328 m
Monte Mazzacaruso 322 m
Varesana-di-sopra
Monterosa
Thermen von San Calogero
Varesana-di-sotto
S. Margherita
Marina Lunga
Pianoconte
Chiesa dell' Annunziata
Panarea
Messina
Milazzo
Lipari
Diana
Timpone Carrubbo 195 m
S. Bartolo al Monte
Marina Corta
Quattrocchi
Portinente
Monte Giardina 278 m
Spiaggia Valle Muria
S. Nicola
Monte Guardia 369 m
Capistello
Lipari
S. Salvatore
Salina Filicudi
Falcone
Capparo
Sponda di Vinci
N
0
1km
Palermo
Vulcano
Vulcano

Bimsstein – Tod und Segen

»Staublunge. Der Mann arbeitet in einer Bimssteingrube auf Lipari. Leute wie ihn gibt es auf der Insel zu Hunderten. Sie werden keine vierzig Jahre alt. Die Ärzte wissen nicht, was sie mit ihnen anfangen sollen, deshalb kommen sie hierher, um von der schwarzen Madonna von Tindari ein Wunder zu erflehen. Apotheker und Kräuterkundige behandeln sie mit Senfpflastern und Heiltränken und werden fett davon. Wenn die Leute tot sind, schneiden die Ärzte sie auf und studieren dann diese weißen steinharten Lungen, an denen sie ihre Skalpelle schleifen können. Wonach suchen sie? Das ist Stein, Bimssteinstaub. Sie begreifen nicht, daß es nur darauf ankommt, ihn nicht einatmen zu müssen.« (Aus »Das Lächeln des unbekannten Matrosen« von Vincenzo Consolo)

Bimsstein, weiß die Brockhaus-Enzyklopädie, ist ein »schaumig-poröses, saures bis intermediäres, hellgraues vulkanisches Glas. Es entsteht aus zähflüssigen Magmafetzen, die beim Auswurf durch die plötzliche Druckentlastung aufgebläht werden; das dabei erstarrende Material wird während des Fluges zu eckigen, durch gegenseitige Reibung zum teil auch gerundeten Bruchstücken zertrümmert«. Kommt er mit Wasser in Berührung, verfestigt sich Bimsstein – er ist übrigens leichter als Wasser – zu Tuff. Verarbeitet wird das vulkanische Material zu begehrten Baustoffen (Schwemmsteine, Hohlziegel zur thermischen und akustischen Isolierung), Bimsmehl (Schleif-, Polier- und Scheuermittel, Bimssteinseife) und Bimskies (zur Füllung von Gasflaschen). Tuffsteinblöcke finden beim Bau erdbebensicherer Häuser – der poröse Stein federt Erdbewegungen ab – ebenso Verwendung wie bei der Restaurierung historischer Gebäude. Steingut, elektronische Geräte, chemische Filter für Säuren und Basen sowie Blue Jeans (mit dem Markenzeichen »Stonewashed«) benötigen gleichfalls Bimsstein zur Beimengung, Reinigung und Behandlung.

Der Bimsstein-Abbau stellte seit altersher die einzige Industrie auf Lipari dar. Früher gab sie Hunderten Arbeitern Brot – und kostete viele von ihnen frühzeitig das Leben. Heute sind in den von zwei Firmen betriebenen Anlagen gerade noch an die 150 Menschen beschäftigt, die aufgrund der gesundheitlichen Berufsrisiken zu den höchstbezahlten Italiens zählen. Dank moderner Abbaumethoden konnte die Gefahr, an Staublunge, auch »Liparose« genannt, zu erkranken, verringert wer-

den. Doch trotz entscheidend verbesserter Arbeitsbedingungen dringt der feine Bimssteinstaub vor allem im knochentrockenen Sommer, wenn der Schirokko aufkommt, unbarmherzig in Augen und Atemwege. Dann helfen nur noch Staubmasken. In einem medizinisch-sozialen Zentrum in Lipari werden die Bimsstein-Arbeiter regelmäßigen Untersuchungen unterzogen. Auf diese Weise hat man die Liparose einigermaßen in den Griff bekommen, und die Zahl der Patienten nimmt von Jahr zu Jahr ab.

Diese positive Bilanz hängt freilich auch mit dem drastischen Rückgang der Bimsstein-Gewinnung zusammen, da sich das auf Lipari abgebaute Produkt aufgrund der hohen Personalkosten in Italien auf dem Weltmarkt immer weniger durchsetzen kann und gegenüber Bimsstein aus Griechenland (Santorin) und Mexiko derzeit kaum mehr konkurrenzfähig ist. Die nüchternen Zahlen sprechen eine deutliche Sprache: Wurden 1972 noch 600 000 t verschifft, so verringerte sich der Export alle weiteren zehn Jahre jeweils auf weniger als die Hälfte. Ausgeschöpft sind die Vorkommen aber noch lange nicht, erstrecken sich doch die bis zu 600 m mächtigen Bimsstein-Lager längs der nördlichen und östlichen Küste an den Hängen des Monte Pelato über 8,4 km^2, das sind etwa 22 % der Gesamtoberfläche der Insel.

gleich flankieren unvermutet die steil abfallenden Bimssteinhalden des **Campo Bianco** die Küste, eine im Sonnenlicht gleißende Wunde im sanften Grün der Landschaft.

Worte können diesen überwältigenden Anblick nur mangelhaft beschreiben, auch sämtliche euphorischen Vergleiche mit einem »gigantischen Zuckerhut«, »glitzernden Eisberg« oder »firnglänzenden Gletscher«, zu denen selbst sprachgewaltige Autoren Zuflucht nahmen, versagen vor der grandiosen Realität. Nur der französische Dichter Guy de Maupassant verzichtete auf blumige Formulierungen und notierte 1885 in seinem Sizilien-Tagebuch lakonisch: »Lipari wird im Norden von einem isolierten weißen Berg begrenzt, den man von weitem für einen Berg aus Schnee halten könnte, stünde er unter einem kälteren Himmel. Von hier kommt der Bimsstein für die ganze Welt.« Retten also auch wir uns besser ins Prosaische: Ohne dunkle Brille sollte niemand allzu lange auf die grellen, blendenden Hänge starren, auch von einer Rutschpartie auf dem Hosenboden ist dringend abzuraten. So verlockend der federleichte Bimsstaub auch erscheinen mag: Nur geübte Einheimische geraten bei der rasanten Talfahrt auf den mehr als 45 Grad geneigten Steilstücken nicht in Panik, abgesehen davon rächt sich die Haut für das Bad in dem Scheuermittel oft noch nach Stunden mit ekelhaftem Jukken. Daß auch die Liparoten selbst dem weißen Riesen, dem sie Arbeit und Brot, aber auch Krankheit und frühen Tod verdanken, recht pragmatisch gegenüberstehen, beweist der wohl skurrilste Autofriedhof des Mezzogiorno: Weil auf Bimsstein außer stacheligem Ginster oder ein paar windzerzausten Disteln ohnedies nichts wächst, krönten sie eine der unfruchtbaren Halden mit einem bunten Diadem aus zerbeulten Wracks.

In **Porticello**, dem letzten Städtchen an der Ostküste, führen immer wieder kleine Stichstraßen zu den Verladestellen des Bergwerks. Weit ins Meer hinausgestreckt, umgibt diese schmalen, stelzenbeinigen Stege eine seltsame Traurigkeit. An den Eisenskeletten nagt der Rost, unbeachtet vermorscht der Holzbelag auf vielen der nutzlos gewordenen Konstruktionen einer einstmals blühenden Industrie. Nur ab und zu noch zerreißt das Rattern eines staubbedeckten Lastwagens die Stille der großteils verlassenen Strände, auf denen man sich nach Bimssteinen in handlicher Größe nur zu bücken braucht. Auch prächtige Obsidiane, wie sie geschäftstüchtige Frauen und Kinder am Straßenrand feilbieten, gibt es in der näheren Umgebung in Hülle und Fülle. Wer sich ein wenig Zeit nimmt und eine Klettertour zwischen allerlei Gerümpel nicht scheut, klaubt die begehrten Souvenirs zum Nulltarif auf, doch Vorsicht: Schon die Steinzeitmenschen wußten, das vulkanische Glas hat messerscharfe Kanten!

Wanderung: Von der Straße nach Canneto, und zwar jener, die nicht durch den Tunnel führt, zweigt ein hübscher Weg zu dem Dörfchen Pirrera ab. Bei den letzten Häusern beginnt in etwa 300 m Höhe die Forgia Vecchia, der größte Ausflußkrater des Obsidians. Ein schwarzglänzender Lavafluß, 600 m breit und gut 1 km lang, ergoß sich von dieser Stelle vor urdenklichen Zeiten ins Meer. Auf einer Anhöhe steht noch das alte, längst verlassene Observatorium. (Das neue Institut für Vulkanforschung liegt auf dem Monte Falcone an der Südspitze von Lipari.)

Gaumenschmaus mit Panoramablick: Acquacalda und Chiesa Vecchia

Kilometerlang mischt sich weiterhin Deckweiß in die Farbpalette des Meeres, das bei gewissen Lichteinfällen zu dampfen scheint. Nicht etwa von Thermalquellen, sondern vom raffinierten Spiel der Sonne mit den Wellen leitet **Acquacalda** angeblich seinen Namen »Warmes Wasser« ab. Auch am Ortsanfang der einzigen Ansiedlung im Norden bestimmen eiserne Stege die Strandsilhouette, doch läßt der muntere Badebetrieb keinerlei Tristesse aufkommen. Fotografen bestehen spätestens jetzt auf einer Rast, um die imposanten Zwillingsgipfel von Salina und die Konturen des fernen Filicudi festzuhalten, Feinschmecker wiederum halten nach dem Ristorante »Da Lauro« Ausschau. Mit gutem Grund, denn die holzgedeckte Terrasse des rustikalen Lokals bietet nicht nur einen Panoramablick auf das zweitgrößte Eiland des Archipels, unerwartete kulinarische Höhepunkte geben der hinreißenden Kulisse zusätzliche Würze.

Was auch immer in dem sympathischen, blitzsauberen Familienbetrieb aufgetischt wird, ist jede Lira wert: Carpaccio vom geräucherten Schwertfisch, hausgemachte Ravioli, gefüllt mit Meeresfrüchten, fangfrische Fische, auf den Punkt zubereitet – die jungen Wirtsleute kochen selbst die Anspruchsvollsten ein. Wie es sich für einen Künstler gehört, nimmt der Hausherr dann höchstpersönlich die Ovationen seiner zufriedenen Gäste entgegen. Und findet er diese besonders simpatico, kredenzt er zum Kaffee unaufgefordert gar ein Gläschen Mandarinen- oder Orangenlikör eigener Produktion.

Dem Gaumenschmaus folgt ein weiteres Fest der Sinne, sobald sich die Serpentinen der hoch über dem Meer angelegten Küstenstraße wieder Richtung Süden bis zum Aussichtspunkt »Fünf-Insel-Blick« schlängeln: Hinter den jadegrünen Flanken von Salina zeichnen sich in zartem Dunst die Umrisse von Panarea und Stromboli auf der einen, Filicudi und Alicudi auf der anderen Seite ab, während in der Tiefe die Gischt eine seltsam ge-

Chiesa Vecchia

formte, anthrazitgraue Klippe mit einer hellen Spitzenborte säumt. Nicht frei von Bosheit nennt der Volksmund diesen Felskegel, der wie ein Polizist in Galauniform einen Helmbusch zu tragen scheint, »Ertrinkender Carabiniere«. Nur ein schmaler, asphaltierter Pfad, der bei dem Wallfahrtskirchlein **Chiesa Vecchia** aus dem 17. Jh. endet, führt von Quattropani noch einmal nach Norden. Mit einem Mal wähnt man sich in Griechenland: Ton in Ton mit dem tiefen Azur von Himmel und Meer hebt sich eine oftmals gestrichene blitzblaue Holztüre von den dicken, strahlend weiß gekalkten Mauern des bescheidenen Gotteshauses ab. Für ein Trinkgeld sperrt ein an der linken Seite der Piazza wohnender Bauer bereitwillig die Pforte zur Sakristei auf. Außer einer rührenden Sammlung von Hochzeitsfotografien und einem zerzausten Miniatur-Känguruh, mit dem offenbar fromme Australien-Auswanderer ihre Heimatkirche beschenkten, bietet das Innere freilich nur wenig Interessantes. Ein letzter Blick auf die nunmehr schon vertraute Inselkulisse, ein letztes Foto – es wird Zeit für einen neuen Film.

Im Tal der bunten Steine: Cave di Caolino

Unmittelbar nach dem Restaurant »A Menza quartara« in **Quattropani** biegt in einer S-Kurve ein schmaler Weg nach rechts zu einem stillgelegten Bergwerk ab, der **Cave di Caolino**, in dem einstmals hochqualitative Tonerde für die Porzellanindustrie im Tagebau gewonnen und über eine steil zur Küste abfallende, kurvenreiche Straße bis zu den Lastschiffen transportiert wurde. Seit Jahrzehnten liegt nunmehr tiefer Friede über dem breiten Talkessel, selbst in der Hochsaison begegnet Wanderern in diesem vergessenen Winkel selten eine Menschenseele. Bevor die Sommersonne die verlassenen Hänge verbrennt, weiden Schafe und Ziegen hoch über meerumspülten Klippen auf grünen Matten, Vögel tschirpen über niedrigem Buschwerk, dann und wann bellt ein Schäferhund in der Ferne. Bukolische Impressionen von ergreifender Schlichtheit – eine Facette Liparis, die kaum jemand kennt.

Duftende Ginsterbüsche säumen unweit der alten Industrieanlage den Fußpfad zu einem verwunschenen Talkessel im Miniaturformat. In sämtlichen denkbaren Pastelltönen, von Rosa über Gelb bis Blau und Violett, ordnen sich senkrecht aufragende Felswände zu einem nahezu geschlossenen Kreis. Seit das Hämmern und Schlagen der Pickel verstummt ist, die in Abertausenden Arbeitsstunden diese Schlucht aus dem Stein schlugen, hat die Natur von der alten Kaolingrube wieder Besitz ergriffen. Nur Kinder machen heutzutage hier noch reiche Beute und klauben voll Begeisterung die bunten Steine vom Boden auf. Wenn sich schließlich die Dunkelheit über die Insel senkt, findet sich in lauen Sommernächten das Jungvolk in der Cave di Caolino ein, um unter dem Sternenhimmel Wild-West-Romantik heraufzubeschwören. Verkohltes Holz, Asche und manch leere Weinflasche erzählen von Lagerfeuern und fröhlichen Festen, doch hält sich der zurückgelassene Müll durchaus in Grenzen. Vor der Magie dieses Ortes kapituliert offensichtlich sogar die Sorglosigkeit des Südens im Umgang mit der Umwelt.

Seitensprung in die Antike: Die Thermen von San Calogero

Nicht nur auf der Karte zieht sich Liparis Hauptroute wie ein roter Faden durch grünes Land, auch in der Realität schlingt sich ein purpurnes Band durch Weingärten, Zitrushaine und bestellte Felder: Nahezu das ganze Jahr über blühen Liparis vielgerühmte »Geranien«, mit denen bestenfalls noch jene von Salina in Konkurrenz treten können. (Botaniker bezeichnen übrigens die in unseren Breiten auf Balkonen gezogenen Blumen wegen ihrer storchenschnabelförmigen Früchte als »Pelargonien«, von griechisch *pelargos*, der Storch.) Mit unglaublicher Vitalität trotzen

San Calogero um 1782

diese genügsamen Gewächse Wind, Wassermangel – und Hobbygärtnern, sofern diese versuchen sollten, sich an ihnen zu vergreifen. Meterlange, verholzte Triebe krallen sich lianengleich an ausgesetzten Stellen fest, bis sie sich im Schutz irgendeines Gebüschs zur vollen Schönheit entfalten. Die Wildblumen können sich weder mit Stacheln noch Dornen zur Wehr setzen, ihre Rache ist dafür weit subtiler: Entwurzelt und zur Gänze ans Licht befördert, zeigen sie sich mit ihren langen, dürren Armen und vergilbten Blättern schlagartig von ihrer häßlichsten Seite. Als echte Kinder der Wildnis, ursprünglich in der südafrikanischen Kapregion beheimatet und erst im Jahre 1710 von der Herzogin von Beaufort von Afrika nach Europa gebracht, gedeihen sie in dieser Pracht nur in freier Natur, mag diese auch noch so karg sein.

Setzen die karmesinroten Blüten auch an allen Ecken und Enden des Eilands unübersehbare Akzente, so haben sie sich doch ihr leuchtendes Farbenkleid für einen ganz besonderen Weg aufgespart. Noch vor dem südlichen Ende der Streusiedlung **Pianoconte** liegt auf einer Hochebene die Abzweigung zu den Thermen von **San Calogero**. Zwischen den bleichen Stämmen haushoher Eukalyptusbäume reiht sich an beiden Straßenrändern der schattigen Allee Geranie um Geranie zu einem üppigen Spalier, um die Besucher der ältesten Sauna der Welt entsprechend zu empfangen. Bereits in der Bronzezeit, also im 2. Jt. v. Chr., suchten Menschen die heilbringenden heißen Quellen und Dämpfe auf, wie Archäologen seit der Entdeckung eines Rundbaus innerhalb der antiken römischen Badeanlage zweifelsfrei beweisen können.

Im Verlauf der sich nunmehr seit Jahrzehnten hinziehenden Renovierung der 1867 errichteten Kuranstalt kam ein Kuppelgebäude zutage, das eindeutig die Handschrift mykenischer Architekten trägt. Fachleute, die bis zu diesem sensationellen Fund den intensiven Kulturaustausch zwischen äolischem Archipel und östlichem Mittelmeer nur aufgrund von Keramiken nachweisen konnten, datieren den Tholos in das 17. Jh. v. Chr. Doch aufgrund einer unverständlichen Gemeindepolitik stehen leider weder die bald 4000 Jahre alte Saunakammer noch die römischen Schwitzbäder offiziell zur Besichtigung frei. Der schon seit Jahren dauernde Um- und Ausbau der Anstalt verbannt diese einzigartige Sehenswürdigkeit hinter die Bretter eines Baustellenzauns.

Welche Schätze der Natur Lipari leichtfertig vergeudet, zeigen allein schon die Analysen des 60 Grad heißen Thermalwassers. Bereits bei einer ersten, 1872 durchgeführten wissenschaftlichen Untersuchung stellten Chemiker einen hohen Gehalt von doppeltkohlensauren Salzen, Sulfaten und Natrium fest, ein Ergebnis, das 1907 und 1933 erneut bestätigt wurde. Doch offenbar fußt die Praxis, einen blühenden Kurtourismus durch allerlei Schikanen zu verhindern, auf einer seit dem 19. Jh. geübten Methode. 1885 hörte Guy de Maupassant von dem heilkräftigen Wasser nur noch gerüchteweise: »Das Dorf Lipari: ein paar weisse Häuser am Fuße einer langen grünen Küste. Sonst nichts, nicht einmal ein Hotel, da kein Fremder sich jemals auf diese Insel verirrt. Sie ist fruchtbar und bezaubernd und von wunderbaren bizarren Felsen in einem machtvollen und sanften Rot umschlossen. Es gibt hier Thermalquellen, die früher auch sehr besucht waren; dann aber ließ der Bischof Todasco die Bäder, die man gebaut hatte, abreissen, um sein Land dem Zustrom der Fremden zu entziehen.«

Während sich die Baubehörden und Denkmalämter Jahr um Jahr tiefer im Dschungel der italienischen Bürokratie verstricken, nutzen die Liparoten unverdrossen die Gaben ihres Inselpatrons: »Wir kommen zeitig am Morgen, zur Siestazeit oder eben erst am Abend zu den Quellen, die San Calogero für uns entspringen ließ. Zu diesen Stunden zeigt sich garantiert nicht ein einziger Arbeiter oder Aufseher auf der Baustelle. Dann holen wir uns ganz einfach das Wasser und den Schlamm gegen Rheuma, Hautkrankheiten und Gicht oder nehmen gleich an Ort und Stelle ein Bad.« Freilich, niemals würden Sizilianer einem *straniero* offen zu verbotenem Tun raten. Man deutet nur dezent die eine oder andere Möglichkeit an, ob jemand sie dann nützt oder nicht, bleibt ihm überlassen.

Augen-Blick, verweile doch: Belvedere Quattrocchi

Der Kreis schließt sich, schon verlocken erste Werbeschilder von Hotels und Restaurants zur Rückkehr ins nahe Hafenstädtchen, das mit den länger werdenden Schatten zu neuem Leben erwacht. Soll man jetzt in dem für seine Hausmannskost bekannten »La Ginestra« einen Tisch reservieren oder lieber doch wieder im Ristorante »E Pulera« mit seinem vorzüglichen Fischangebot? Zu überlegen wäre ein Mahl im tropischen Garten des Hotelrestaurants »Il Gattopardo« mit der Aussicht auf die in Scheinwerferlicht getauchte Akropolis, aber auch in der stillen, grünen Oase des »Hotel Augustus« im Zentrum läßt es sich bestens speisen. Mit jeder weiteren Ankündigung wächst die süße Qual der Wahl. Doch dann kommt »Belvedere Quattrocchi«. Diese Tafel verheißt ausnahmsweise keinen weiteren Gourmetbetrieb, sondern einen Augenschmaus der allerersten Kategorie.

»Vier Augen müßte man haben – *quattro occhi!*« Der Stoßseufzer verlieh diesem überwältigenden Aussichtspunkt in 200 m Höhe seinen ungewöhnlichen Namen. Wer auch immer die poetischen Worte

Belvedere Quattrocch.

Münchhausen auf Lipari
Kein Lügenmärchen

Assoziationen drängen sich auf. Aber mit dem berühmten Lügenbaron hat Uta Famularo, geborene Münchhausen, nur die Abstammung aus einem der ältesten deutschen Adelsgeschlechter gemeinsam. Seit Mitte der 60er Jahre lebt die quirlige Blondine als Ehefrau eines Hotelbesitzers auf Lipari, eine von knapp zwei Dutzend Frauen aus dem fernen Germania, die einst eines glutäugigen Romeos wegen auf diese Insel gezogen sind. Für die vielbeschäftigte Managerin bleibt nicht einmal in den einsamen Wintertagen Zeit, jenes Garn zu spinnen, aus dem Münchhausen-Geschichten gewoben werden. Drei Kinder, zwei Töchter und einen Sohn, hat sie großgezogen, und wenn sie auch heute auf ihre Visitenkarten bescheiden »Public Relations« drucken läßt, so bedeutet das keineswegs, daß sie lediglich als »Propagandachefin« des florierenden Familienunternehmens fungiert.

Punktgenaue Zielstrebigkeit, Tempo und deutsche Gründlichkeit prägen nach wie vor ihren Tagesablauf. »Auch nach Jahrzehnten bin ich nicht annähernd so gelassen wie die Menschen hier«, gesteht die Oldenburgerin offen. Ihre Freunde und Nachbarn haben sich längst an das Energiebündel gewöhnt, dessen Lebensrhythmus sich von jenem der Liparoten so sehr unterscheidet. Aber auf der Insel ist man großzügig, Toleranz gegenüber Fremden wird groß geschrieben. Das hat Uta vor allem in den ersten Jahren sehr geholfen, als sie erfahren mußte, daß es in dieser kleinen Gemeinschaft keinen Winkel gibt, in den man sich zurückziehen kann, daß in der überschaubaren Inselwelt alles Private sofort nach außen dringt. Niemand nahm es ihr übel, wenn sie sich gegen ein Leben in der Auslage sträubte und sich anfangs verschloß wie eine Auster. Aber es dauerte nicht lange, bis sie als die »fleißige Deutsche« voll akzeptiert wurde, bis sie lernte, mit Charme auf die allzu große Neugier ihrer Umwelt zu reagieren.

Denn sie war ja nicht irgendwer, hatte nicht einen armen Fischer oder Bauern geheiratet, sondern einen Mann, der zu den ältesten und angesehensten Familien von Lipari zählt und der ebenfalls auf einen

fand, warum sehnte er sich nicht gleich nach einem halben Dutzend? Selbst zwei Augenpaare können nur schwerlich den Anblick erfassen, der sich zu Füßen des Betrachters bietet. In kühner Eleganz erheben sich 70 m hohe Klippen aus dem Meer, Äoliens Fa-

berühmten Verwandten verweisen kann: auf Giuseppe Tomasi di Lampedusa, Autor des Romans »Der Leopard«. Als Bartolino Famularo den alten Familiensitz in ein Hotel umwandelte, gab es daher über den Namen keine Diskussion – selbstredend heißt die Luxusherberge nach dem wohl schönsten Buch über Sizilien »Il Gattopardo«.

Im Mittelpunkt der gedeckten Speiseterrasse des Hauses steht eine der ältesten Palmen der Insel, von Uta im letzten Augenblick vor dem Zugriff des Architekten gerettet. Jetzt ragt der Baum als Wahrzeichen hoch über das Dach hinaus, das für dieses unersetzliche Naturmonument eigens ausgeschnitten werden mußte. Viele kleine Details in der gepflegten Hotelanlage tragen die liebevolle Handschrift der Hausherrin, ob Spitzendeckchen am Couchtisch oder alte Stiche an der Wand, Blumenarrangements oder die mitunter recht eigenwillige Einrichtung der Salons. Uta Famularo weiß aber auch, welcher Bauer auf Lipari die besten Kapern liefert, welche Fischer morgens mit dem frischesten Fang in den Hafen zurückkehren und wo man unverfälschten Malvasia-Wein erhält. Sie betreut ältere Leute, die keine Familie mehr haben, spielt eine führende Rolle in der Kirchengemeinde und organisiert gesellschaftliche Veranstaltungen. Immer in Bewegung, niemals untätig, das würde sie nicht ertragen. Trotz allem, ganz konnte sich nicht einmal die stets Korrekte der süditalienischen Lebensart entziehen: Mit der größten Selbstverständlichkeit nimmt Uta regelmäßig ein Morgenbad in den offiziell gesperrten Thermen von San Calogero.

Bartolino Famularo, Sizilianer, wie er im Bilderbuch steht, stolz, impulsiv, ein traditionsbewußter Patriarch, dem seine Insel über alles geht, könnte bei einer solch aktiven Frau die Hände in den Schoß legen. Doch das Gegenteil ist der Fall. Als jüngstes Produkt seiner Firma, die neben dem Hotel auf Lipari auch noch einige Lokale betreibt und in Mailand ein Handelsgeschäft unterhält, hat er eine Palette von Kräuterbittern, *Amare* genannt, herausgebracht. Unumstrittener Verkaufsschlager ist der »Amaro Eolie« mit einem der schönsten Frauenbildnisse des »Malers von Lipari« auf dem Etikett. Zu den Spezialitäten aus dem Hause Famularo zählen weiterhin ein zuckerfreier, promilleschwacher »Fernet«, eine Kräutermixtur »Elixir des langen Lebens« und sogar ein gänzlich alkoholfreier Amaro nach streng gehütetem Geheimrezept.

raglioni, die ihren weltberühmten Schwestern im Golf von Neapel an pittoresker Schönheit um nichts nachstehen.

Im schwindenden Licht des Tages verwehen die dampfenden Schleier über Vulcano, zum letzten Mal leuchtet Hephaistos' Insel wie ein goldgelber Teppich im schimmernden Blau des Mare Tirreno auf, bevor die Konturen von Land und Meer in der Dunkelheit verschwimmen. Und selbst noch im Widerschein des Feuerballs, der einer Blutorange gleich im schwarzen Spiegel des Wassers erlischt, grüßt von Ferne der rauchende Gipfel des Ätna.

Corso der Nisomanen

Im Hafenstädtchen kommt nun jene unnachahmliche Stimmung auf, der »Nisomanen« immer wieder aufs Neue verfallen. »Inselsüchtige«, der große britische Literat Lawrence Durrell wählte stets diesen Begriff für sich und seinesgleichen, wenn er von seiner lebenslangen Liebe zu den Eilanden Griechenlands erzählte. Unheilbar wie jede tiefe Leidenschaft, umfaßt die Nisomanie mehr als bloß geographische Grenzen, sie kennzeichnet vielmehr ein ganz besonderes Lebensgefühl. Manche empfinden auf einer Insel leichtes Unbehagen, ja sogar einen Anflug von Klaustrophobie. Irritiert von der Abgeschnittenheit vom Festland, besteigen sie spätestens nach einer Nacht in vermeintlicher Isolation erleichtert die nächstbeste Fähre. Für jene aber, von denen Durrell sprach, beginnen die schönsten Stunden erst, wenn jegliche Schiffsverbindung mit dem Rest der Welt abreißt. Als Teil einer einzigen, großen Familie, die endlich wieder unter sich sein darf, fühlen sich echte Inselmenschen inmitten des Meeres geborgen und beschützt wie in Abrahams Schoß. Oder, um es in der Diktion des Mezzogiorno zu sagen, »sicher wie im Bauch der Kuh«.

Auf Liparis allabendlich für den gesamten Verkehr gesperrtem Corso, der Via Vittorio Emanuele, können Nisomanen ihr Seelenbad in fröhlichem Gedränge nehmen. Mütter promenieren mit aufgeputzten Kinderwagen an der Seite ihrer noch unverheirateten Freundinnen, junge Männer, ihrer motorisierten Statussymbole beraubt, nehmen ein wenig verlegen grüppchenweise die Parade der Inselschönheiten ab. Fein säuberlich nach Geschlechtern getrennt, wird nach dem Ritual des Südens flaniert und diskutiert. Nicht nur die Älteren halten an diesem ungeschriebenen Gesetz fest, auf der zur Piazza umfunktionierten Hauptstraße flirtet auch die Jugend bestenfalls auf Distanz. Zur Schau getragene Liebesbezeugungen überlassen Sizilianer nach wie vor den Fremden, die pärchenweise von Boutique zu Boutique schlendern oder sich in einer der zahlreichen Bars an einer *Granita* – erfrischendem Halbgefrorenen aus Kaffee, Mandeln, oder Früchten der Saison – delektieren.

Mit zufriedenem Lächeln betrachtet zu dieser Stunde der gebürtige Liparote Mimmo Ziino vor

beibummelnden Touristen, von denen er manche sogar mit Namen kennt. »Wie hat Ihnen Alicudi gefallen, kocht mein Freund Taranto noch immer so gut?«, erkundigt sich der Leiter des Fremdenverkehrsamtes in fehlerfreiem Deutsch bei zwei Passanten, die er am Vortag höchstpersönlich beraten hatte. »Was planen Sie für morgen? Eine Wanderung die nicht allzu anstrengend sein soll? Da kann ich Ihnen einen guten Tip geben.« Mit einer für italienische Informationsämter ungewöhnlichen Effizienz wirbt er für seine Insel, entwickelt Pläne und Konzepte, die er mit charmanter Hartnäckigkeit verfolgt, und hat zugleich immer die Gefahren des Massentourismus im Auge. So entstand nicht zuletzt dank seiner Initiative 1992 der wohl »grünste« Werbefilm, mit dem Süditalien bisher auf internationalen Touristikmessen reüssieren konnte. Nun arbeitet er bereits an seinem nächsten Plan, der Einführung eines »Inselpasses«, einer Art Wochenkarte für die Tragflügelboote.

Information: Azienda Autonoma di Soggiorno e Turismo delle Isole Eolie (Fremdenverkehrsamt der Liparischen Inseln), Corso Vittorio Emanuele 202, 98055 Lipari/ME, ✆ 09 09 88 00 95, Fax 09 09 81 11 90, infoaast@netnet.it , www.netnet.it

Hotels: ****Meligunis: Luxusvilla aus dem 18. Jh., zählt zu den »Top 200« Italiens und hat daher seinen Preis. Via Marte 7, ✆ 09 09 81 24 26, Fax 09 09 88 01 49; ***Carasco: Elegantes Haus für gehobene Ansprüche. Porto delle Genti, ✆ 09 09 81 16 05, Fax 09 09 81 18 28; ***Gattopardo Park Hotel: Äußerst gepflegte Anlage Viale Diana, ✆ 09 09 81 10 35, Fax 09 09 88 02 07; ***Giardino sul mare: Hält, was der Name verspricht. Via Maddalena 65, ✆ 09 09 81 10 04, Fax 09 09 88 01 50; ***Rocce Azzurre: Via Maddalena 69, ✆ 09 09 81 32 48, Fax 09 09 81 32 47; **Augustus: Sympathisches Stadthotel, zentrale Lage, aber dennoch ruhig. Via Ausonia 16, ✆ 09 09 81 12 32, Fax 09 09 81 22 33; **La Filadelfia: Via Tronco, ✆ 09 09 81 27 95, Fax 09 09 81 24 86; **Mocambo: Canneto, Via C. Battisti 192, ✆ 09 09 81 14 42, Fax 09 09 81 10 62; **Neri: Via G. Marconi 43, ✆ 09 09 81 14 13, Fax 09 09 81 36 42; **Odissea: Canneto, Via N. Sauro 12, ✆ 09 09 81 23 37, Fax 09 09 88 07 21; **Oriente: Via G. Marconi 35, ✆ 09 09 81 14 93, Fax 09 09 88 01 98; **Poseidon: Via Ausonia 7, ✆ 09 09 81 28 76, Fax 09 09 88 02 52; **Villa Diana: Via Diana-Tufo, ✆ 09 09 81 14 03; *Europeo: sehr einfach. Corso Vitt. Emanuele 98, ✆ 09 09 81 15 89; *Locanda Salina: Via Garibaldi 18, ✆ 09 09 81 23 32; Enzo il Negro, Via Garibaldi 29, ✆ 09 09 81 31 63, Fax 09 09 81 24 73.

Empfehlenswerte Apartments: Residence La Giara: Via Barone, ✆ 09 09 88 03 52, Fax 09 09 81 11 35; Residence Mendolita: Anlage des Nobelrestaurants Filippino (bei Halbpension dort Speisen à la carte). Via G. Rizzo, ✆ 09 09 81 10 02, Fax 09 09 81 28 78; Giuseppe Scoglio: Canneto, Via Marina Garibaldi, ✆ 09 09 81 12 98, Fax 09 09 81 13 58; Residence La Villetta, komfortable Doppelzimmer, Canneto, Via Calandra Costa 1, ✆ 09 09 81 30 00, Fax 09 09 88 07 16; Tullio Cammarano,

Maskerade im Amphitheater

Seltsam unwirklich nimmt sich unter dem Sternenzelt des Mittelmeeres die Tracht der jungen Leute aus, die in Dirndlröcken und Kniebundhosen zur Akropolis eilen. Leichtfüßig nehmen sie von der Via Garibaldi die steile Direttissima zum Dom über jenen Stufenweg, mit dem Liparis Stadtväter erst zu Beginn des 20. Jh. das spanische Festungswerk durchbrachen. Zwischen den griechischen und römischen Sarkophagen des archäologischen Parks herrscht babylonische Sprachverwirrung, denn mittlerweile treffen von allen Seiten Folkloregruppen verschiedener Nationalitäten ein. Wieder einmal findet auf Lipari ein internationales Festival statt, an dem Volkstanzvereine aus Deutschland, Österreich oder Spanien und neuerdings auch aus Tschechien, der Slowakei oder Polen teilnehmen. Weil seit der Antike kein Architekt ein besseres Konzept für ein Freilichttheater ersinnen konnte, errichteten die Liparoten Mitte der 70er Jahre ein Amphitheater nach griechischem Vorbild, das allein schon seiner prachtvollen Lage wegen zu einem Besuch einlädt. Großzügig öffnet sich das Oval am Südost-Rand des Burgbergs hoch über der Marina Corta. Spielzeugklein schaukeln die bunten Fischerboote vor dem strahlend weißen Kirchlein *Anime del Purgatorio,* das trotz seines Namens so ganz und gar keine Assoziationen mit den Qualen des Fegefeuers erweckt (s. Abb. S. 60/61).

Findet im *Anfiteatro di moderna costruzione* aber gar eine Darbietung statt, und sei es auch Schuhplatteln oder Jodeln, darf man sich das Ereignis nicht entgehen lassen. Bereits Stunden vor der Vorstellung drängt sich das Publikum um die Plätze auf den steinernen Stufen, Halbwüchsige bieten gegen eine kleine Leihgebühr Kissen für die harten Sitzgelegenheiten an, während sich professionelle Eisverkäufer durch die Reihen schlängeln. Die meisten Zuseher tragen legere Kleidung, nur einige wenige verwechseln Lipari mit Verona und führen zum Gaudium der durchwegs jugendlichen Zuschauerschar elegante Roben zur Schau. Selbstverständlich mischen auch Kinder jeden Alters bei dem Spektakel mit, das erst lange nach Mitternacht enden wird.

Mit sichtlichem Lampenfieber eröffnet eine polnische Gruppe den bunten Reigen der Nationaltrachten, gerührt und glücklich verneigen sich die kaum Zwanzigjährigen nach ihrem ersten Auftritt in der Fremde. Vergnügt applaudierend harrt das dankbare Auditorium aus, bis auch die letzten Tänzer aus dem Ausland ihr Können gezeigt haben.

Plötzlich tritt ungewohnte Stille ein, die Scheinwerfer erlöschen, auf der dunklen Bühne erklingt leise und traurig eine sizilianische Weise. Schemenhaft wiegen sich groteske Figuren im Takt der uralten Melodie, heller und heller wird die Beleuchtung, bis die Gestalten klar zu erkennen sind. Alle tragen sie Masken, und zwar entsprechend vergrößerte Nachbildungen der im Museum gezeigten Miniaturmodelle aus der Antike. Wie ihre Kollegen vor bald 2500 Jahren erschüttern und erheitern die Schauspieler von heute ihr Publikum, je nachdem, ob sie als Geschöpfe des Tragödiendichters Sophokles auftreten oder eine Komödienrolle des Aristophanes darstellen. Nach einem genialen Konzept vereint diese äolische Truppe die ewiggültigen Regeln klassischen griechischen Theaters mit moderner Choreographie. Statt »Ödipus« oder »Lysistrate« originalgetreu aufzuführen, leihen sich die Künstler bloß die Charaktere der Protagonisten und spielen mit deren Masken ihr eigenes Spiel.

Von Glück und Leid erzählen sie, von Leben und Tod – und daß es nichts Neues unter der Sonne gibt als eben diese Sonne, wenn sie morgen wieder aufgehen wird, strahlend und hell wie am ersten Tag. Über diesen Inseln, die so alt sind wie ihre Mythen aus den Anfängen der Zeit. Und so jung wie die Menschen, die ihnen in dieser Nacht ein Liebeslied singen.

schöne Zimmer am Meer, moderate Preise, Via Francesco Crispi 136, ✆ 09 09 81 23 86.

Camping: Campeggio Baia Unci (15.3.–15.10.): Canneto, ✆09 09 81 19 09, Fax 09 09 81 17 15.

Jugendherberge: Zona Castello, ✆ 09 09 81 15 40, Fax 09 09 81 17 15.

Restaurants: Von allen Inseln des Archipels hat Lipari die reichste Auswahl an Restaurants aller Preisklassen – vom Spitzenlokal bis zur Pizzeria. Für den kleinen Hunger empfehlen sich die Café-Bars an der Marina Corta und die Bäcker am Corso, die stets frische, warme und herrlich duftende Spezialitäten aus Blätter- oder Hefeteig anbieten.

Lipari-Stadt: Filippino: Fehlt in keinem Gourmetführer, hält seit vielen Jahren seine hohe Qualität, Piazza Municipio 2–10, ✆ 09 09 81 10 02; Al Pirata: Hübsches Fischlokal an der Marina Corta, ✆ 09 09 81 17 96; E Pulera: Filippino-Ableger, nur Abendrestaurant, Via Diana, ✆ 09 09 81 11 58; A Sfiziusa: Gemütliche Trattoria, die auch von Einheimischen sehr geschätzt wird, Via Roma 29, ✆ 09 09 81 12 16; Nenzyna: Winzige Trattoria mit sechs Tischen, alles wird frisch zubereitet, Via Roma, ✆ 09 09 81 16 60; La Nassa: Donna Teresa serviert pikante Gemüse-Antipasti und Risotto mit Krebsen, Via G. Franza, ✆ 09 09 81 13 19.

Cannetto: La Bussola: Einfaches Res-

taurant, Via Archimede, ✆ 09 09 88 08 81; Fico d'India: Nur in der Saison geöffnete Pizzeria, Via S. Vincenzo, ✆ 09 09 88 05 58.
Acquacalda: Da Lauro: Ein kulinarisches Erlebnis der Sonderklasse (s. S. 79), ✆ 09 09 82 10 26; Tre Archi: Hausmannskost aus dem Meer. ✆ 09 09 82 10 03.
Quattropani: A Menza Quartara: Die schöne Aussicht schlägt sich im Preis nieder, ✆ 09 09 88 62 36.

Kunsthandwerk gibt es bei: Fratelli Spada, Lipari, Via XXIV Maggio, ✆ 09 09 81 17 41; Stefano Panza, Lipari, Piazza Marina Corta, ✆ 09 09 88 02 25.
Kapern höchster Qualität: Italiana Capers Sud s.r.l., Canneto, Via Marina Garibaldi, ✆ 09 09 88 04 62, sowie Contrada Mendolita, ✆ 09 09 81 24 14.

Strände: Bei Lipari-Stadt im Süden Strand von Portinente (Felsen, Kies, meist überlaufen) und am nördlichen Ende des Hafens Marina Lunga (Sand); an der Ostküste liegt bei Canneto der einzige größere, aber etwas langweilige Sandstrand der Insel; interessantere Badeplätze ab Punta di Sparanello an der klippenreichen Steilküste; unterhalb des Bimssteinbruchs kleine Buchten und vielversprechende Tauchgründe; an der Südwestküste Spiaggia Valle Muria (Il Buco genannt), im Süden Badebucht Sponda di Vinci (Klippen, Kies, und weitgehend einsam, weil nur per Boot erreichbar).

Ausflüge mit dem Boot: Eine Inselumrundung bietet weniger als auf Panarea, Filicudi und Alicudi, zumal man von den Fähren und Tragflügelbooten aus einiges von den Küsten Liparis zu sehen bekommt. Weit reizvoller ist es, sich in eine einsame Badebucht bringen und wieder abholen zu lassen.

Ausflüge mit dem Auto: Asphaltierte Straßen verbinden Lipari-Stadt mit den vier Ortschaften Canneto, Acquacalda, Quattropani und Pianoconte und ermöglichen eine komplette Inselrundfahrt (ca. 30 km) mit grandiosen Panorama-Aussichten (Fünfinselblick im Norden, Belvedere Quattrocchi im Süden) mit eigenem Pkw, Taxi (relativ teuer) oder Linienbus (preiswert, Haltestelle nahe dem Hafen Marina Lunga); auf der empfehlenswerten und in jeder Buchhandlung erhältlichen »Carta Turistica e Nautica Isole Eolie o Lipari« gutes Verzeichnis der Stichsträßchen für diverse Abstecher.

Ausflüge zu Fuß: Zum Monte Guardia (370 m) im Süden (bequeme Wanderung, von Lipari und retour ca. 4 Stunden); zur Forgia Vecchia (300 m), Ausflußkrater des Obsidian (von Canneto in 1 Stunde erreichbar); Monte Santangelo (594 m), zweithöchster Berg im Inselzentrum, von Canneto mühselig auf Kletterpfaden zu bezwingen, Aufstieg von Pianoconte dagegen problemlos in etwa 1 Stunde; höchster Gipfel Monte Chirica im Norden (603 m) nur mit exzellenter Kondition auf nahezu unwegsamen Pfaden überhaupt zu bewältigen. Auch für Wandermuffel: Vor Sonnenuntergang besonders hübscher Spaziergang von der Hauptstraße zum Monterosa (240 m) am Ostsporn von Lipari (40 Minuten).

Vulcano: Die Heiße

Hier aber war's! Plutonisch
grimmig Feuer,
Äolischer Dünste Knallkraft
ungeheuer
Durchbrach des flachen
Bodens alte Kruste,
Daß neu ein Berg sogleich
entstehen mußte.
(aus: J. W. von Goethe: »Faust II«)

Auf Vulcano, im Hintergrund Vulcanello und Lipari

Vulcano: Die Heiße

Erst ein Sitzbad im heißen, heilsamen Schwefelschlamm, dann ein Sprung ins aufgeheizte Meer, ein Spaziergang zum Tal der Monster oder Wanderungen durch die Macchia zum Krater eines schlafenden Vulkans: Vom explosiven Temperament des dampfenden Eilandes wußte bereits Aristoteles zu berichten.

Seefahrer können ihr Ziel selbst bei dichtestem Nebel kaum verfehlen, müssen sie doch lediglich ihre Nase in den Wind halten, denn Vulcano riecht man schon von weitem. Als betörend lassen sich die Düfte der »phantastischen Schwefelblume, die mitten aus dem Meer erblüht« (Guy de Maupassant) allerdings beim besten Willen nicht bezeichnen. Schlicht und einfach gesagt: Nahezu das gesamte Eiland stinkt nach faulen Eiern. Daß man mit dieser wenig einnehmenden Duftwolke durchaus leben kann, zeigt sich jedoch bereits wenige Minuten nach der Ankunft im Fähren- und Jachthafen Porto di Levante. Die schwefelige Luft besiegt den Geruchssinn, der gnädigerweise bald beleidigt streikt.

Wer nicht schnuppern will, muß um so mehr schauen, und das lohnt sich auf Vulcano allemal. Zum Glück blieb die drittgrößte Insel des Archipels von Hochhäusern sowie einer anderen Plage unserer Zeit – dem Verkehr – verschont. Autos darf nur mitbringen, wer länger als 30 Tage zu bleiben plant, und auch die Zahl der einheimischen Fahrzeuge hält sich in Grenzen. Was nicht heißen soll, daß man Verkehrsunfälle nur vom Hörensagen kennt, wie ein Beispiel drastisch beweist: Als Mitte der 60er Jahre die etwa 8 km lange Straße von Porto di Levante über Piano nach Gelso eröffnet wurde, stießen wenige Wochen später die zwei einzigen Autos prompt in einer Kurve frontal zusammen. Keiner hatte wohl mit dem anderen gerechnet.

Ein für den Süden erstaunliches Umweltbewußtsein zeigt man aber auch auf dem Energiesektor. Zukunftsweisend erhebt sich auf der Hochebene von Piano die von der ENEL, der italienischen Elektrizitätsgesellschaft erbaute Solar-Versuchsanlage, für die in einem zeltartigen Bungalow in Porto di Levante sogar eigens ein Informationszentrum eingerichtet wurde. Die Gaben der Natur nützt auch ein kleines Erdwärmekraftwerk unweit des Hafens.

So reich die Insel mit Sonne und vulkanischer Energie gesegnet ist, so sorgsam muß sie jedoch mit Wasser umgehen. Es gibt keine einzige Quelle, der nur spärlich fallende Regen wird in Zisternen gesammelt. Jeder weitere Tropfen muß mit Tankschiffen herantransportiert werden. Zwölf Hotels sowie nahezu alle Privathäuser, Restaurants und Trattorien hängen an einer einzigen Wasserleitung, aus der während der Hochsaison aus Sparsamkeitsgründen nur stundenweise ein dünner Strahl rinnt.

Leben auf dem Pulverfaß

»Sterben müssen wir alle. Ich ziehe den Vulkan der Straße vor, das ist wenigstens ein naturgewollter Tod.« Giovanni Fausto, der seit Anfang der 90er Jahre in der Ebene zwischen den Orten Porto di Levante und Porto di Ponente an seinem schmucken Einfamilienhäuschen baut, weiß, daß er sich auf gefährlichem Grund und Boden angesiedelt hat. Denn der Vulkan, der zuletzt vor 100 Jahren Tod und Zerstörung brachte, kennt keine Ruhe. Sein vermeintlicher Schlaf trügt und kann jede Minute zu Ende sein.

»Alle zwei Jahre gibt es eine Zivilschutzübung, das ist immer ein Riesenspaß«, scherzt Fausto, doch hinter der scheinbar heiteren Maske, hinter der so offensichtlich zur Schau getragenen Gelassenheit und Ruhe steckt die Sorge um die ungewisse Zukunft. In Porto di Ponente und in Gelso wurden Hubschrauber-Landeplätze und breite Bootsanlegestellen errichtet, um »im Falle des Falles« die Insel innerhalb kürzester Zeit evakuieren zu können. »Bei der Übung fahren

Steckbrief Vulcano

Name: In der Antike hieß die Insel *Hiera* (»Heilige«) und *Thermessa* (Heiße). Die heutige Bezeichnung leitet sich vom römischen Feuergott Vulcanus (bei den Griechen Hephaistos) ab.
Fläche: 21 km^2
Lage: 1 km südlich von Lipari.
Einwohner: 450, im Sommer mehr als 3000.
Besuchenswert: Zona delle Acque Calde mit Bad im heilkräftigen, schwefelhaltigen Schlamm; Ausflug auf den Gran Cratere, Valle dei Mostri mit bizarren Felsformationen.

wir ein bißchen mit dem Schiff aufs Meer, nachher findet dann eine lustige Feier statt.« Mit einem Scherz spielt der Mittdreißiger den Ernst der Lage herunter. Er denkt jedenfalls nicht daran, sich von drohenden Naturgewalten vertreiben zu lassen, schließlich sind die Faustos seit Generationen auf Vulcano ansässig und in Optimismus und Schicksalsergebenheit gleichermaßen geübt.

Daß eine Heimstatt auf der Insel des Feuergottes einem Schleudersitz gleicht, ist jenen am meisten bewußt, die sich ständig mit der Materie beschäftigen – den Vulkanologen. Sicherheitshalber haben sie ihre Beobachtungsstation erst gar nicht auf Vulcano erbaut, sondern respektvoll in einigem Abstand auf der Nachbarinsel Lipari. »Der nächste Ausbruch kommt bestimmt, und zwar voraussichtlich so gewaltig, daß er alles zerstören wird«, stellt Experte Wolfgang Müller, seit Jahren auf den Äolen zu Hause (s. S. 184), mit Nachdruck fest. »Verantwortungslos und verrückt« handeln seiner Meinung nach die Behörden, »die für Vulcano laufend neue Baugenehmigungen erteilen, obwohl sie sich doch darüber im klaren sein müßten, daß die Menschen hier auf einem Pulverfaß sitzen.« Von welcher Seite der Feuerzauber losgeht, ob vom Gran Cratere oder von dessen kleinem Bruder Vulcanello, darüber herrscht unter Fachleuten keine Einigkeit. Die Mehrheit tippt allerdings auf den Großen Krater.

Wie Patienten auf der Intensivstation hängen die beiden »Sorgenkinder« der Insel an den Meßgeräten der Vulkanologen. Rund um die Uhr werden die regelmäßig per Funksignal in das Observatorium nach Lipari übertragenen Daten überwacht. Daher rechnen die Wissenschaftler auch nicht mit einem überraschenden Ausbruch ohne jegliche Vorwarnung. Gebannt verfolgen sie die »Fieberkurve« des Vulkans, die sie an der Temperatur der Fumarolen, jener dampfend heißen, aus dem Erdinneren strömenden Gase, ablesen. Besonderes Augenmerk schenken diese »Meteorologen der Tiefe« auch den geodätischen Vermessungen: Meist ändert der Berg seine Gestalt, wenn Magma nach oben drängt. Lasergeräte und Neigungsmesser von höchster Präzision zeigen die geringsten Abweichungen von früheren Untersuchungsergebnissen an. Menschen sollten angesichts all dieser Maßnahmen bei einer künftigen Katastrophe nicht zu Schaden kommen, das Eiland kann innerhalb weniger Stunden geräumt werden. Touristen können also beruhigt schlafen.

In der Schmiede des Hephaistos

Blitze für Zeus, Schilder und Waffen für Achilles, Herkules und Hektor, Pfeile für Eros: Für das gesamte Arsenal der Götter und ihrer Günstlinge war in der griechischen Mythologie die Schmiede des Hephaistos, von den Römern Vulcanus genannt, zuständig. Ein im feurigen Dreieck Ätna-Stromboli-Vulcano im Dienste der Olympischen äußerst rege tätiger und bestens funktionierender Handwerksbetrieb mit mehreren tüchtigen Gesellen, den einäugigen Riesen oder Zyklopen. Die Werkstatt des Hephaistos – immerhin der einzige unter den Göttern, der einer soliden Beschäftigung nachging – wies eine Reihe von Schloten auf, von denen einer auf Vulcano in den Himmel ragte und dort seine nicht gerade umweltfreundlichen Abgase, von Zeit zu Zeit mit gröberen Brocken glühenden Gesteins durchsetzt, in die Luft blies.

Die Insel besteht aus fünf zusammengeschlossenen Vulkanen.

Die ältesten, schon in vorgeschichtlicher Zeit erloschen, bilden heute die Hochebene **Piano** sowie die Gipfel **Monte Saraceno** (481 m), **Monte Aria** (499 m) und **Monte Luccia** (188 m). Nördlich davon erhebt sich das Massiv des **Vulcano**, dem das Eiland seinen Namen verdankt: Es besteht aus zwei Kratern, »Fossa I« und – rund 400 m südöstlich – »Fossa II«, dem **Gran Cratere**. Er weist einen Durchmesser von etwa 500 m, eine Tiefe von 200 m und einen Umfang von 1500 m auf. Sein Rand erreicht eine Seehöhe von 391 m, seine – derzeit zwar eingeschränkte, aber nach wie vor ungebrochene – Aktivität ließ bereits die Griechen erschauern.

Im 5. Jh. v. Chr. berichtete der Athener Historiker Thukydides, Vulcano sei am Tage in Rauch und nachts in Feuer gehüllt. Auch Aristoteles beobachtete anläßlich einer seiner Studienreisen einen mit heftigen Erdbeben verbundenen Ausbruch und staunte über die gewaltige Aschenmenge, aus der nicht nur ein neuer Berg erwuchs, sondern die auch – durch Stürme verweht – die entlegensten Täler Süditaliens bedeckte. Der Philosoph wurde durch dieses Erlebnis in seiner Denkweise wesentlich beeinflußt: Seine Vorstellung vom Wesen des Vulkanismus gipfelte fortan in der Überzeugung, daß Luft, durch die Meeresbrandung in Erdhöhlen hineingetrieben, dort brennbare Stoffe wie Schwefel oder Pech entfache. Die Kraft der Flammen und Explosionen, so war er überzeugt, blähe den Boden auf und werfe Glut, Asche und Rauch hinaus. Weitere vorchristliche Berichte über Eruptionen auf Vulcano stammen von dem griechischen Geographen Strabon und dem sizilianisch-hellenistischen Historiker Diodorus Siculus. Der römische Natur- und Geschichtswissenschaftler Plinius der Ältere aber legte Zeugnis ab über ein ganz besonderes Ereignis: die Geburt eines Vulkans. Zwar war er erst 200 Jahre nach diesem Ereignis zur Welt gekommen, doch konnte er sich auf seinen Kollegen Polybios (200–120 v. Chr.) berufen, einen Augenzeugen der Geschehnisse.

Ungefähr um 183 v. Chr. erhob sich im Verlaufe einer gewaltigen Eruption in den Tiefen der See zwischen Vulcano und Lipari eine Insel aus dem Meer: Vulcanello. Weitere Unterwasser-Ausbrüche in den Jahren 126 und 21 v. Chr. stabilisierten den neuen Fleck auf der Landkarte. Es dauerte aber bis zur Mitte des 16. Jh., bis die beiden Eilande durch eine feste Brücke aus Schlacken und Asche zusammengewachsen waren. Das heutige Halbinselchen mit seinen drei Kratern ist der jüngste Vulkan Südeuropas.

Im Mittelalter galt die Insel als »Vorzimmer zur Hölle«, in dem Dämonen und verdammte Seelen aus- und eingingen. Einer christlichen Legende zufolge soll der wundertätige San Bartolomeo, Schutzheiliger von Lipari, seine

Schäfchen vor dem Vulkan beschützt haben, indem er einfach die beiden Inseln etwas auseinanderrückte. Kein Wunder, daß Vulcano bis ins 19. Jh. nur sporadisch von Fischern oder gar nicht besiedelt und damit die einsamste Insel der Äolen war, zumal sich in jedem Jahrhundert ein bis zwei längere, viele Monate dauernde Ausbrüche ereigneten. Während der Eruptionen des Jahres 1739 kam es zu einem Ausfluß von Obsidian (s. S. 14), im lokalen Dialekt *Pietre Cotte*, »gekochte Steine«, genannt, die noch an der Nordwestseite des Gran Cratere zu sehen sind.

Von 1888 bis 1890 fand die bisher letzte große Feuerperiode statt (s. S. 105), allerdings ohne einen Lavaausfluß. Seither befindet sich der Vulcano in der »solfatarischen Phase«, er produziert nur noch Dunst, Kohlendioxyd und Schwefelwasserstoff. Von Ruhe kann freilich keine Rede sein. Zwischen 1913 und 1923 sonderten die Fumarolen an der Außenseite des Kraterkegels flüssigen Schwefel ab, immer wieder brechen an verschiedenen Stellen der Insel Öffnungen auf, aus denen dann einige Jahre lang schwefeliges Gas austritt. Auch die drei Krater des Vulcanello waren bis Ende des 20. Jh. von Schwefeldämpfen erfüllt.

Seit 1980 registrieren die Vulkanologen eine starke Zunahme der Fumarolen-Aktivität sowohl im Inneren des Gran Cratere und an dessen Flanken als auch am »heißen« Strand von Porto di Levante. Begleitet wird die vulkanische Tätigkeit der Insel von häufigen leichten Erdbeben, die beim ruckartigen Aufreißen von Gesteinsspalten ausgelöst werden, in die dann Magma eindringt. Diese Erschütterungen sind zwar kaum merkbar, lassen aber die Zeiger der Aufzeichnungsgeräte im Observatorium von Lipari kräftig ausschlagen. Die Zentren der seismischen Bewegungen liegen nach Angaben der Wissenschaftler in einer Tiefe von 200 bis 350 km.

Porto di Levante: Ein Dorf bekennt Farbe

Kühn gemusterte Seidentücher und T-Shirts flattern im Wind, Ansichtskarten, Keramikarbeiten und allerlei Schnickschnack reihen sich in Souvenirläden aneinander, Boutiquen offerieren die Bademode der Saison, unter ausladenden Sonnenschirmen halten Obststände frische Früchte feil, während es aus Bars, Pizzerien und Trattorien verführerisch duftet: **Porto di Levante**, im Winter ausgestorben wie eine aufgelassene Goldgräbersiedlung, erwacht jedes Frühjahr erst mit dem Eintreffen der ersten Touristen zu neuem Leben. Dann aber kann es dem kleinen Städtchen, das den größten und bestausgebauten Hafen der Liparischen Inseln besitzt, nicht bunt genug zugehen. Als wollte es mit den Farben des durch

In Porto di Levante

intensive Fumarolen-Aktivitäten in Gelb und Rot getauchten 56 m hohen »Hausbergs« **Faraglione della Fabbrica** wetteifern, treiben allerorten Kitsch und Kunsthandwerk ihre üppigsten Blüten: Unglaubliche Muschelkreationen, offenbar Produkte der langen dunklen Tage, finden sich neben grellgefärbten Strohtaschen, Körben und Ponchos, ja sogar ein ausgestopfter Storch wartet in einem Schaufenster auf einen Käufer.

Inmitten dieses Sammelsuriums läßt sich freilich auch durchaus Geschmackvolles entdecken. So hat sich ein kleiner Laden im **Castello Inglese**, dem Schloß des Schotten Stevenson, auf originelle Handarbeiten aus Lava spezialisiert. Das britische Erbe hält hingegen ein Zeitungshändler auf eigenwillige Weise hoch: mit einer gut und gern 2 m langen Reihe von Taschenbüchern, dem gesammelten Œuvre der Krimi-Klassikerin Agatha Christie – allerdings durchweg auf italienisch. Ein Meister der äolischen Keramikkunst wiederum zeigt in seiner an den Fels des Faraglione gebauten Werk- und Heimstatt sein Können, das seinen – nicht billigen – Preis hat. Und nur wenige Schritte vom Aliscafo-Landesteg entfernt verführt ein exzellent sortiertes Juweliergeschäft so manchen vor dem Verlassen der Insel buchstäblich noch in letzter Minute zum Kauf eines hübschen Schmuckstücks aus Obsidian, Bernstein oder Korallen.

Schwefelbäder lindern Leiden

Wer in Porto di Levante von Bord geht, braucht nur seiner Nase zu folgen, um zu den Schwefelbädern

Stevensons Schatzinsel

Den Whisky ließ er sich aus seiner schottischen Heimat kommen, die Pflanzen vorwiegend aus Griechenland. Einem Despoten gleich herrschte der aus Glasgow gebürtige James Stevenson Ende des 19. Jh. über Vulcano, dessen Menschen und Bodenschätze er rücksichtslos ausbeutete. Das Eiland sollte zu seiner »Schatzinsel« werden, gleich derjenigen, von der sein berühmt gewordener Namensvetter, Landsmann und Zeitgenosse Robert Louis Stevenson geträumt hatte.

Mit Schwefel und Alaun ließ sich damals ein gutes Geschäft machen. Das war bereits dem Bourbonen-General Nunziante bewußt gewesen, der den industriellen Abbau auf Vulcano forcierte. 1860 – die Bourbonen mußten Garibaldis Italien-Kämpfern weichen – übernahm der Schotte das Unternehmen, wenige Jahre später erwarb er einen Großteil der in Staatsbesitz befindlichen Insel – um ganze 5450 Lire. Jetzt konnte Stevenson seine imperial-kolonialen Träume im Mittelmeer ausleben. Zwischen Porto di Levante und Porto di Ponente errichtete er für sich und seine Familie als erstes größeres Haus des Eilands eine zinnenbewehrte Prachtvilla, vor der auf einem hohen Fahnenmast der Union Jack wehte. Scharfe Hunde wachten darüber, daß kein ungebetener Gast des Briten Privatreich betrat. Nicht einmal Fischer durften ihren Fuß auf den Boden von Vulcano setzen. Bauern und von der Regierung zur Fronarbeit abgestellte Sträflinge mußten wie Sklaven für ihren Herrn schuften, nachts wurden diese Ärmsten der Armen in dunkle Grotten oder primitive Unterkünfte mitten im Krater eingesperrt.

Stevenson hingegen genoß sein Leben in vollen Zügen. Der Verkauf von jährlich 100 t Alaun und 50 t Schwefel, abgebaut aus den Faraglione della Fabbrica am Hafen, aus dem Großen Krater und jenem des Vulcanello, brachte ihm ein hübsches Sümmchen ein, mit dem er

zu gelangen. Der penetrante Gestank nach faulen Eiern verstärkt sich, je näher die nur wenige hundert Meter entfernte **Zona delle Acque Calde** rückt. Keine moderne Heilanstalt, kein Kurbetrieb erwarten den Gast, sondern eine unscheinbare Schlammpfütze inmitten kahler Hügel und dahinter ein ungepflegter, meist überfüllter Strand, auf dem lediglich die dampfenden Fumarolen-Öffnungen von Badetüchern frei bleiben. »Kuren à la nature« lautet daher die

sich jeglichen Luxus leisten konnte. Obwohl durch und durch menschenverachtend, gebärdete er sich als kultivierter Ästhet und ließ rund um seine Villa einen gepflegten Garten mit allerlei exotischen Pflanzen anlegen. Hoch zu Roß beaufsichtigte er seine Arbeiter, mit einer teuren Karosse fuhr er zum Hafen, um an Bord seines nicht minder aufwendig ausgestatteten Dampfers »Constanza«, benannt nach seiner Frau, zu gehen. Über Vulcano herrschte ein neuer Gott.

Die geschundenen Einheimischen wunderte es daher gar nicht, daß dieses blasphemische Treiben ein plötzliches Ende fand und der wahre Herrscher des Eilands, Feuergott Vulcanus, endlich zurückschlug. Am 3. August 1888, kurz nach Mittag, wurde die Insel von heftigen Erdbewegungen erschüttert. Aus dem Großen Krater schossen riesige glühende Gesteinsbrocken in den Himmel, manche so groß wie ein Haus, und stürzten, alles zertrümmernd und jedes Leben unter sich begrabend, kaum abgekühlt auf die Erde zurück. Den feurigen Torpedos folgte dichter heißer Aschenregen. Einige der wegen ihres Aussehens nach dem Erstarren »Brotkrusten-Bomben« genannten Auswürfe aus dem Vulkan landeten sogar auf der Nachbarinsel Lipari. Der Weltuntergang auf Vulcano dauerte bis 22. März 1890. Kein Stein blieb auf dem anderen.

James Stevenson hatte seine »Schatzinsel« fluchtartig verlassen und war in das neblig-graue Glasgow zurückgekehrt. 1903 verkauften die Erben seine liparischen Besitztümer an einheimische Fischer und Bauern, worauf sich der italienische Staat prompt auf seine älteren Rechte berief. Nach einer Reihe von Prozessen stand jedoch schließlich fest, daß die Insel niemand anderem als ihren Bewohnern gehören sollte. Um die verfallene Villa des Schotten, das »Castello Inglese«, machten die neuen Grundherren jedoch jahrzehntelang einen großen Bogen, zu viele böse Erinnerungen verbanden sich mit diesem Gebäude. Spät und eher halbherzig renoviert, blieb vom »Kolonialbesitz« des skrupellosen Ausbeuters kaum mehr als die Fassade.

Devise, und man ist bald recht dankbar dafür, daß hier nicht ein organisierter, nobler Badebetrieb mit Eintrittsgebühr, Sonnenterrassen und Erfrischungsständen aufgezogen wurde, sondern jeder nach eigener Lust und Laune die Linderung seiner Leiden suchen oder schlicht und einfach Spaß haben kann. Für Tagestouristen macht sich nur das Fehlen von Umkleidekabinen und Süßwasserduschen unangenehm bemerkbar, Schwefel und Salzwasser hinterlassen näm-

Erst in den schwefeligen Schlammpfuhl

lich auf der Haut eine Duftmischung, die erst nach vielen Stunden etwas schwächer wird, Handtücher, Badezeug und Kleidung verbreiten ebenso unverkennbar Beelzebubs Odeur.

Mit sichtlichem Vergnügen aalen sich die Menschen in dem nur etwa einen halben Meter tiefen Schlammpfuhl, dessen Temperatur konstant 34 Grad beträgt. Was auf den ersten Blick eher unappetitlich und wenig einladend aussieht, entpuppt sich als sauberer, sich ständig erneuernder Fangoteich, in den durch Tausende winziger Öffnungen im Boden durch den Druck der Gase aus dem Erdinneren pro Minute ein Liter biologisch reiner, schwefelhaltiger Schlamm gepreßt wird. Als Karikaturen venezianischer Masken ragen die Köpfe der Badenden aus dem milchigweißen Wasser, jeder nützt die Gelegenheit, Körper und Gesicht mit dem Heilschlamm einzucremen, der insbesondere bei Rheumatismus, Bandscheiben-, Gelenk- und Muskelschmerzen, aber auch bei Nieren-, Gallen- und Frauenleiden hohen therapeutischen Wert besitzt. Wen kein Wehwehchen zwickt, der testet das kostenlose Naturprodukt als Schönheitssalbe gegen Pickel und Falten – mit ein wenig Liebe und Phantasie läßt sich beim Partner bald ein unübersehbarer Erfolg attestieren. Ärzte empfehlen allerdings, sich nicht länger als 30 Minuten pro Tag im Schlamm zu suhlen, die heilbringende Wirkung des Schwefels könnte sonst ins Gegenteil kippen. Beim Eincremen ist darauf zu achten, daß kein Tropfen des scharfen Schwefelwassers ins Auge dringt. Spätestens am Abend macht sich das Fangobad durch eine angenehme Müdigkeit bemerkbar.

Gespenstisch anzusehende Gestalten umlagern den Tümpel. Der feuchte Schlamm verwandelt die Körper in lebende Marmorstatuen; trocknet er, dann gleicht der graue Anstrich einer rissigen, runzligen Elefantenhaut. Jetzt ist es an der Zeit, die Maskerade im nur wenige Schritte entfernten Meer wieder abzuwaschen. Aber Vorsicht: Strand und Meeresboden sind übersät mit Fumarolen, denen bis zu 100 Grad heiße Dämpfe zischend, gurgelnd, blubbernd und brodelnd entströmen.

...dann in den natürlichen Whirlpool

Für die Wissenschaftler stellen diese Phänomene einerseits Zeichen für ausklingende Aktivitäten oder – wie im Falle Vulcano wahrscheinlich – für Zwischenspiele der vulkanischen Tätigkeit dar. Niemand verfügt über eine sichere Methode, die Zukunft eines Magmaherdes vorauszubestimmen. Ob endgültige Auskühlung mit Restvulkanismus an der Erdoberfläche oder erneute Aufheizung und Eruption, das konnte bis heute niemand klären. Geologisch gesichert ist aber, woher die Fumarolen Gas und Dampf beziehen: Direkt im Magma, der glühend-flüssigen Gesteinsschmelze in der Erdkruste und im oberen Erdmantel, aber auch im porösen Vulkangestein sitzen die Lieferanten. Besonders dort, wo aufsteigende Wärme in Spalten und Rissen auf Grundwasser, Niederschläge oder Bodenluft trifft, stehen die Chancen auf fumarolische Betriebsamkeit günstig. Bei Temperaturen zwischen 1000 und 200 Grad setzen Fumarolen rings um ihre Austrittslöcher bevorzugt Chloride ab, bei 200 bis 100 Grad heißen Dämpfen mit Schwefelwasserstoff im Angebot, so am kochenden Strand von Vulcano, überwiegen die Sulfate. Für solche Erscheinungen ist allgemein auch der Name »Solfataren« – benannt nach Solfatara bei Neapel – gebräuchlich geworden. Sinkt die Austrittstemperatur vulkanischer Gasquellen unter 100 Grad – ein relativ sicherer Hinweis auf die fortgeschrittene Abkühlung des Magmas –, dann spricht man von Mofetten (*mofeta* = Ausdünstung). Sie geben vor allem Kohlensäure ab, jenes schwere Gas, das in Höhlen und Vertiefungen als tückische, unsichtbare »tötende Luft«

Lebewesen ersticken und Pflanzen verdorren läßt.

Die Bemühungen, in den Whirlpool der Natur zu gelangen, gleichen oft einem unbeholfenen Ballett. Um sich nicht die Fußsohlen zu verbrennen, hüpfen die meisten hektisch ins warme, seichte Naß. Dort aber lauern von Schwefel überzogene Steine und Felsen, glitschig und glatt. Mit wilden Verrenkungen und verbissenen Mienen wird der Kampf gegen die Materie aufgenommen, und so mancher Versuch endet mit spitzem Aufschrei unsanft rücklings oder bäuchlings im brodelnden Wasser. Solche Szenen eignen sich ideal zum amüsanten Charakterstudium: Da sind die Ängstlichen, die am liebsten auf allen Vieren ins Meer kriechen würden, und die Schüchternen, die warten, bis sich der Strand einigermaßen geleert hat. Oder die betont Gelassenen, denen keine Fumarole zu heiß und kein Stein zu rutschig ist, die bisweilen aber blitzschnell ihren Heldennimbus verlieren. Dann die Akrobaten, die scheinbar mühelos und ohne zu schwanken den einige Meter vom Ufer entfernten, durch aufgeschichtete Steine markierten Becken zustreben, wobei sie allerdings applausheischend ihr Publikum nie aus den Augenwinkeln verlieren. Und schließlich die unbekümmert Humorvollen, denen ihre eigene Ungeschicklichkeit sogar noch Spaß macht. Für Unterhaltung ist also reichlich gesorgt, am mühsam erreichten Ziel blüht die Kommunikation. Zwischen unentwegt aufsteigenden Gasblasen und Schwefelabsonderungen, die in Form von dünnen, flockigen Fäden dem Meer ein milchiges Aussehen verleihen, bildet sich so etwas wie eine heitere, verschworene Schicksalsgemeinschaft. Bald fallen Sprachbarrieren, man plaudert, flirtet und lacht. Keine Frage, die therapeutische Wirkung dieses Bades schließt auch die Seele ein.

Wenn sich die Gäste in ihre Hotels und Pensionen zurückgezogen haben oder zum letzten Fährschiff des Tages eilen, herrscht am Fumarolen-Strand Endzeitstimmung. Die dampfenden Öffnungen zur Unterwelt muten wie rauchende Lagerfeuer an, die in aller Eile verlassen wurden, Plastiktüten, Getränkedosen und anderer Wohlstandsmüll liegen als traurige Hinterlassenschaften einer naturverachtenden Zivilisationsgesellschaft im Kies verstreut. Zumindest in der Hauptsaison wird dieser Küstenabschnitt jedoch täglich morgens gesäubert, ebenso wie der benachbarte schwarze Sandstrand von **Porto di Ponente**, ein auch für Kinder ideales Badeparadies, das allerdings keine heißen Quellen aufweist.

Im Valle dei Mostri

Ungeheuer schuf auf Vulcano nicht nur die Natur, sondern leider auch der Mensch. Im **Valle dei Mostri**,

Ungetüm im »Tal der Monster«

dem »Tal der Monster« auf **Vulcanello**, eine gute Dreiviertelstunde zu Fuß vom Hafen entfernt, ragen seltsame Lavagebilde wie urzeitliche Geschöpfe aus dem feinen schwarzen Sand des steil zum Meer abfallenden Küstenstreifens in den Himmel. Unheimlich umfängt einen die von keinem Vogelgezwitscher durchbrochene Stille, schaudervoll erinnern die von Wind und Regen ausgewaschenen, bizarren Felsen an ein Horrorkabinett aus der Werkstatt eines Hollywood-Ausstatters. Anklagend erhebt hier ein drohend aufgerichtetes Riesenreptil die grotesken Stümpfe seiner Pranken in die Luft, sprungbereit lauert dort King Kong auf seine Opfer. Ein Einhorn senkt kampflüstern sein Haupt, assistiert von furchterregenden Drachen.

Weniger phantasievoll zeigen sich die Monsterbauten, die der Tourismusboom dem Eiland beschert hat: langweilige Reihenhäuser, öde Hotelanlagen, hilflose Imitationsversuche des Inselstils. Alles mutet ein wenig vorläufig an, als ob die Bauherren wüßten, daß sie nur auf geborgtem Land sitzen und die Uhr abläuft. Nur wenige Gebäude vermitteln einen leisen Eindruck von Eleganz und Gediegenheit, das von einer Gesellschaft aus Parma betriebene Feriendorf Lentia etwa, das hübsche Hotel Archipelago an der Meerenge zwischen

Vulcanello und Lipari oder die noble Herberge »Les Sables Noirs« in Porto di Ponente.

Trotz häßlicher Bauten lohnt sich ein kurzer Besuch auf der Halbinsel Vulcanello, die mit Rosenblüten- und Ginsterduft ihre Schwefelausdünstung zu kaschieren versucht. Umschwebt von dieser herb-süßen Wolke hüllt sich der nur 123 m hohe Vulkan in ein berauschendes Farbenkleid in allen Nuancen von zartem Rosa bis Purpurrot. Am Fuße des Kegels finden sich Alaungrotten, seinerzeit von Menschenhand bei der Ausbeutung des Minerals geschaffen.

Ausflug ins »Vorzimmer der Hölle«: Auf den Gran Cratere

Eine Wanderung auf den Gran Cratere stellt zwar keine Alpintour wie auf den Stromboli dar (s. S. 189), ihre Mühen und Gefahren sollten aber dennoch nicht unterschätzt werden. Für die Überwindung des Höhenunterschieds von knapp 400 m benötigt man eine gute Stunde, einigermaßen Kondition und unbedingt festes Schuhwerk. Der Weg zum Kraterrand, seit kurzem durch eine Planierung etwas entschärft, ist dennoch kein unproblematisches Unternehmen. Stellenweise artet der Pfad nämlich nach wie vor zu einer Rutschpartie aus, für Kleinkinder ist dieser interessante Ausflug ins »Vorzimmer der Hölle« nicht empfehlenswert. Die Behandlung lädierter Knöchel und – bei Aufstieg in der Mittagszeit – von Sonnenstichen gehören zum Alltag der Ärzte und Sanitäter in der kleinen Erste-Hilfe-Station von Vulcano.

Anfangs sieht alles noch ganz harmlos aus. Eine gepflegte Straße führt vom Hafen Porto di Levante in Richtung Vulkankegel, dann geht es in sanften Serpentinen bergauf. Typische Macchiagewächse wie die Zistrose, eine bunte, schmalblättrige Pflanze, sowie der baumförmige *Genista ephedroides,* eine seltene Ginsterart, blühen am Wegesrand. Nach etwa 20 Minuten ändert sich das Bild, der Boden wird zunehmend kahler, der Pfad steiler. Entschädigung bieten jetzt freilich, so man bei der Suche nach einem festen Tritt noch einen Blick dafür aufbringen kann, die in den Berg eingebrannten vielfarbigen Zeichen vulkanischer Tätigkeit: das Gelb des Schwefels, das Schwarz der Lava, das Hellgrau bis Rötliche des Tuffsteins, das wie mit einer Patina überzogene Dunkelgrün der nur spärlich bewachsenen Erdschicht. Pechschwarzer, manchmal bräunlich gefleckter Obsidian liegt beim Überqueren des Pietre-Cotte-Stromes zu Füßen. Unzählige winzige Höhlen erinnern an Pockennarben, die Formationen anderer Felsen wieder an versteinerte Meereswellen. Gigantischen Kuhfladen gleichen die »Brotkrusten-Bomben«, tonnenschwere La-

Alaun

Schwefelhaltiges Mineral in komplizierter chemischer Zusammensetzung. Alaun ist in verschiedenen Formen als mildes Ätzmittel in Gebrauch; als »Alumen« wird er zu therapeutischen Zwecken verwendet, zum Blutstillen, als Augenwasser, Zahn- und Streupulver. Alaun wird ferner in der Papierfabrikation zum Leimen sowie in der Färberei und Gerberei als Beize eingesetzt (»Weißgerberei«); hier spielt allerdings nur sein Aluminiumgehalt eine Rolle. Gewonnen wurde das Mineral früher aus Alaunschiefer, durch organische Stoffe und fein verteilten Schwefelkies dunkelgraue bis schwarze, feinkörnige Sedimentgesteine. Wegen seiner leichten Löslichkeit ist Alaun leicht zu gewinnen und zu reinigen; heute wird allerdings meist an seiner Stelle Aluminiumsulfat angewendet.

vabrocken, die nach ihrem Auswurf durch den Vulkan Hunderte Meter durch die Luft flogen, beim Abkühlen an der Oberfläche Risse bekamen und nun wie urzeitliche Ungetüme den Boden bedecken.

Am Kraterrand öffnet sich ein grandioses Amphitheater mit der Natur als Darstellerin, Regisseurin und Bühnenbildnerin. Ebenmäßig, wie mit einem Zirkel ausgemessen, breitet sich das einen halben Kilometer weite Rund vor dem Auge aus. Von den Hängen des Kraterbodens – Durchmesser an die 200 m – und vom nördlichen Rand steigt der brennend heiße Dampf der Fumarolen auf, beißender Schwefelgeruch liegt in der Luft. In unmittelbarer Umgebung der Gaslöcher setzen sich große Mengen Schwefel in hübschen, zarten Kristallen ab, eine wahre Fundgrube für Mineraliensammler, die geeignete Behälter mit Watte mitnehmen sollten, um einige dieser leicht zerbrechlichen Gebilde unbeschädigt nach Hause bringen zu können. Neben Schwefel finden sich weiße Salmiak-Skelettkristalle, schuppige Täfelchen von Sassolin (einem Borsäure-Mineral) und roter, diamantglänzender Realgar (Rauschrot).

Eine Kraterumrundung (höchster Punkt: 391 m) nimmt etwa eine halbe Stunde in Anspruch. Allerdings bleibt es einem dabei – je nach Windrichtung und -stärke – meist nicht erspart, die giftigen, ätzenden Schwefeldampfwolken zu durchqueren. Ein Taschentuch vor dem Mund bewahrt vor Husten und Atemschwierigkeiten. Sollten einmal, was freilich seit längerem

Guy de Maupassant über Vulcano

Der französische Schriftsteller Guy de Maupassant (1850–1893) besuchte 1885, drei Jahre vor dem letzten verheerenden Ausbruch des Vulcano, Sizilien und die Liparischen Inseln.

Wir befinden uns in einer flachen Bucht dem rauchenden Krater gegenüber. An seinem Fuß steht das Haus eines Engländers, der offenbar gerade schläft. So durchquere ich einen großen Gemüsegarten, sodann einige Rebstöcke und ein wahres Feld von blühendem Spanischem Ginster: ein riesiger gelber Schal, der um einen spitzen Kegel liegt, dessen Kopf auch gelb ist, von einem blendenden Gelb unter der strahlenden Sonne. Und ich beginne den Aufstieg auf einem schmalen Pfad, der sich durch Asche und Lava windet, sich glatt und hart hin und herschlängelt. So wie man in der Schweiz Sturzbäche von den Gipfeln herabstürzen sieht, so bemerkt man hier eine unbewegliche Kaskade von Schwefel, die sich in eine Schlucht ergießt. Bäche wie aus dem Märchen, geronnenes Licht, herniedertropfende Sonne.

Endlich erreiche ich auf dem Gipfel eine weite Plattform, die um den Krater läuft. Der Boden zittert, und vor mir entweicht durch ein mannskopfgroßes Loch ein enormer Strahl aus Flammen und Dampf, während sich von den Rändern des Loches aus der flüssige, vom Feuer vergoldete Schwefel ausbreitet. Er bildet um diese phantastische Quelle herum einen gelben, schnell trocknenden See.

Weiter weg speien weitere Einschnitte ebenfalls weißen Dampf, der schwerfällig in die blaue Luft aufsteigt.

Vorsichtig bewege ich mich auf der heißen Asche und der Lava bis hin zum Rand des Kraters. Nichts könnte für das menschliche Auge frappierender sein!

Am Boden dieses riesigen Bottichs, der »la Fossa« genannt wird und 500 m breit und etwa 200 m tief ist, speien große Einschnitte und breite Löcher Feuer, Rauch und Schwefel unter dem Lärm von großen Kes-

nicht der Fall war, die Fumarolen nur schwach blasen, so kann man ihnen mit Hilfe von brennenden Zigaretten »nachhelfen«, ein alter Trick, den geschäftstüchtige Neapolitaner schon dem Dichterfürsten Johann Wolfgang von Goethe bei dessen Vesuvbesteigung vorgeführt hatten. Rauch, besonders jedoch die glimmende Zigarette, er-

seln. Man kann die Wände dieses Abgrunds hinabsteigen und bis zum Rand dieser wütenden Münder des Vulkans gehen. Um mich herum ist alles gelb, auch unter meinen Füßen und über mir, von einem blendenden, betörenden Gelb. Alles ist gelb: der Boden, die hohen Bergwände und auch der Himmel selbst. Die gelbe Sonne ergießt ihr blendendes Licht in diesen brüllenden Schlund; ein Licht, das durch die

Im Vulcano-Krater, um 1782

Hitze in diesem Schwefelkessel schmerzhaft wie eine Verbrennung wird. Und man sieht, wie die gelbe, rinnende Flüssigkeit kocht, man sieht seltsame Kristalle aufblühen, glitzernde, bizarre Säulen am Rande der roten Ränder der Öffnungen schäumen. Der Engländer, der da am Fuße des Berges schläft, sammelt und verkauft diese Säuren, diese Flüssigkeiten, alles, was der Krater ausspeit, und es scheint, als ob all das Geld, viel Geld sogar, brächte.

Langsam kehre ich zurück, außer Atem, erstickt von dem nicht atembaren Hauch des Vulkans, und bald sehe ich vom Gipfel des Kegels aus die Liparischen Inseln über das Wasser verstreut daliegen.

Dort hinten erhebt sich mir gegenüber der Stromboli, während hinter mir der riesige Ätna aus der Ferne seine Kinder und Kindeskinder zu betrachten scheint.

zeugt Kondensationskerne, an die sich winzige Wassertröpfchen anlagern. Zaghaft entwickelt sich nebeliger Dunst. Dann folgt rasch eine Kettenreaktion: Feuchte Luft und Schwefelwasserstoff bilden ein Gemisch, das sich unter Dampfentwicklung ausdehnt, und bald ist das Gelände »verräuchert«. Doch die Energie der Erscheinung klingt schnell ab, der Nebelschleier löst sich auf, nach 1 bis 2 Minuten ist der Spuk vorbei.

Immer wieder schweift der Blick über die überwältigende Szenerie: Hier die runde Halbinsel Vulcanello mit der schmalen, nur 1 m über dem Meeresspiegel liegenden Landverbindung zum »großen Bruder«, die bei stürmischer See bisweilen von den Wellen überspült wird, dahinter Lipari und die beiden charakteristischen Faraglione-Felsen inmitten der knapp 1 km breiten Meerenge, die diese Insel von Vulcano trennt, linker Hand die längst erloschenen Zwillingsvulkane von Salina, in weiterer Entfernung Richtung Norden Panarea und Stromboli, im Westen die Umrisse von Alicudi und Filicudi.

Achtung: Wenn die Fieberkurve des Vulcano steigt und die Schwefelgase nicht nur heißer, sondern auch aggressiver werden, wenn die Intensität der Erdbeben zunimmt, dann verfügen die von den Vulkanologen alarmierten Behörden manchmal eine temporäre Sperre des Berges und untersagen die Besteigung. Nur Selbstmörder würden sich über dieses Verbot hinwegsetzen.

Nicht versäumen sollte man einen Ausflug auf den von reicher Buschvegetation bedeckten **Piano,** der auf einer Seehöhe von etwa 350 m liegt, und weiter über eine abenteuerlich steile Straße zu dem winzigen Fischerhafen von **Gelso** mit seinem malerischen Leuchtturm, Wahrzeichen der Einsamkeit, und seinem kleinen, intimen Sandstrand.

Information: Ufficio Informazioni A. A. S. T., Porto Ponente, ✆ 09 09 85 20 28. Nur zur Hochsaison.

Hotels: ****Les Sables Noirs: Porto di Ponente, ✆ 090 98 50, Fax 09 09 85 24 54; ***Arcipelago: Ruhige, traumhafte Lage auf Vulcanello, ✆ 09 09 85 20 02, Fax 09 09 85 21 54; ***Eolian Hotel: Porto di Ponente, ✆ 09 09 85 21 52, Fax 09 09 85 21 53; ***Garden Vulcano: Porto di Ponente, ✆ 09 09 85 20 25, Fax 09 09 85 23 59; **Conti: Porto di Ponente, ✆ 09 09 85 20 12, Fax 09 09 85 20 64; **Faraglione: Porto di Levante, ✆ 09 09 85 20 54, Fax 09 09 85 21 80; **Orsa Maggiore: Porto di Ponente, ✆ 09 09 85 20 18, Fax 09 09 85 24 15; **Rojas Bahia Hotel: Porto di Levante, ✆ 09 09 85 20 80; *Agostino: Porto di Levante, ✆ 09 09 85 23 42.

Empfehlenswerte Apartmentanlagen: Sea Houses Residence, Porto di Ponente, ✆ 09 09 85 22 19, Fax 09 09 85 21 43; Residence Lanterna Blue, Porto di Ponente, ✆ 09 09 85 21 78; La Giara, Via Provinciale 18, ✆ 09 09 85 22 29; Rosario Muscará, Via Sabbie Nere, ✆ 09 09 85 20 66; Carmelo Natoli, Porto Levante 4/6, ✆ 09 09 85 20 59, Sipione Holiday House, Porto Levante 55, ✆ 09 09 85 20 34.

Restaurants: Neben gemütlichen Restaurants und Trattorien gibt es auf dieser Insel zwischen Porto di Levante und Porto di Ponente auch einige Selbstbedienungslokale. Wer auf die Fähre wartet, kann sich auf der Terrasse der Bar-Pasticceria Remigio im Hafen (✆ 09 09 85 20 85) mit einer Auswahl an süßen und herzhaften Snacks stär-

ken. In den Hotels der Insel ißt man recht gut, aber auch relativ teuer.
Beim Hafen: Da Vincenzino: Die Spezialitäten des Tages munden stets. ✆ 09 09 85 20 16; Il Cratere: Alles, was das Meer zu bieten hat. ✆ 09 09 85 20 45. **Piano**: Belvedere: Abseits vom Touristenrummel, schöner Garten. ✆ 09 09 85 30 47; Diavolo dei polli: Köstlichkeiten vom Huhn – einmal etwas anderes. ✆ 09 09 85 30 34; Da Maria Tindara: Solide Hausmannskost. ✆ 09 09 85 30 04. **Gelso**: Tony Maniaci: Der originelle Wirt bezeichnet sich auf seinen Visitenkarten als »Gabel-Doktor« und »Fisch-Spezialist«. Man kann ihm blind vertrauen. ✆ 0337/95 31 76 (Handy).

Strände: Kiesstrand mit heißen Fumarolen und dahinterliegender heilkräftiger Schwefelschlammgrube in der Zona delle Acque Calde in Porto di Levante, feiner Lavasand in der Bucht von Porto di Ponente, schöner Sandstrand in Gelso.

Ausflüge mit dem Boot: Mit Fähre oder Tragflügelboot nach Lipari und Salina, mit Fischerkähnen Inselrundfahrt zur Grotta del Cavallo beim Capo Testa Grossa und nach Gelso.

Ausflüge per Bus, Auto oder Taxi: Auf die Hochebene Piano und zum Capo Grillo mit traumhaftem Blick auf fast den gesamten Archipel und die sizilianische Küste (manchmal sogar auf den Ätna).

Ausflüge zu Fuß: Der Aufstieg auf den Gran Cratere (391 m) dauert etwa 90 Min., ist aber wegen des Zustands des Weges recht mühsam und nicht ungefährlich. Bequemer und vom Hafen Porto di Levante in 45 Min. zu erreichen ist das Tal der Monster (Valle dei Mostri) auf Vulcanello, wo sich originelle Fotomotive in Form bizarrer Lavafelsen finden. Zahlreiche Wandermöglichkeiten auf der Hochebene.

Salina: Die Ehrliche

»Didyme« – Zwilling – nannten die Griechen die Insel mit ihrem Doppelgipfel, ein Wort von herbsüßem Charme: Herb wie die Kapern, süß wie die Malvasia-Trauben, die hier besser gedeihen als sonst irgendwo.

Blick vom Monte Fossa delle Felci zum Monte dei Porri

Salina: Die Ehrliche

Kenner lieben die eigenwillige »grüne Perle« der Äolen am meisten, weil inmitten von Kapernfeldern und Weingärten der Tourismus für die Bauerninsel stets nur eine Nebenrolle spielt.

Das Profil ist unverkennbar, eine Verwechslung so gut wie ausgeschlossen: Wie ein Kamel, das vor einer Tränke kniet, recken Salinas zwei Vulkangipfel ihre tiefgrünen Kegel ins Blau des Himmels. Mit Gleichmut quittieren die Bewohner des zweitgrößten Liparen-Eilands den Vergleich ihrer Heimat mit einem Trampeltier, denn was sagt das schon. Ebensowenig wie das prosaische »Salina«, das die Römer wegen der kleinen Salzlagune als Bezeichnung wählten. Einzig und allein die Griechen fanden das richtige Wort: *Didyme*. Klingt das nicht wie eine Melodie von herbsüßem Charme? Herb wie die würzigen Kapern, süß wie die Malvasia-Weintrauben, die auf der Vulkanerde schmackhafter gedeihen als sonst irgendwo auf der Welt.

Steckbrief Salina

Name: Der griechische Name *Didyme* – Zwilling – leitet sich von den zwei nahezu gleichhohen Vulkankegeln ab, die der zweitgrößten Insel der Liparen ihr unverwechselbares Aussehen verleihen; seit der Römerzeit nach dem Salzsee an der östlichen Landzunge Punta Lingua Salina genannt.
Fläche: 7 km lang, 5 km breit, 26,8 km^2.
Lage: 4 km nordwestlich von Lipari.
Einwohner: Rund 2300, im August 3600; als einzige Insel nicht unter der Administration von Lipari, sondern seit 1867 selbständig von gleich drei Gemeinden verwaltet: Santa Marina Salina (750 Ew.), Malfa (850 Ew.) und Leni (700 Ew.).
Besuchenswert: Alte Saline in Punta Lingua; Wallfahrtskirche der Madonna del Terzito; Kapernfest in Pollara.

Außer dem schönen Namen hinterließen die griechischen Siedler auf der nachweislich seit der zweiten Hälfte des 3. Jt. v. Chr. bereits bewohnten Insel freilich nichts. Aus archäologischer Sicht befindet sich überhaupt kaum etwas Bemerkenswertes auf dem »Bauernland«, wie die »Städter« von Lipari abschätzig über ihre ungeliebte Nachbarin erzählen. Tatsächlich sind die spärlichen Keramikfunde aus der Bronzezeit, die sich nunmehr im Museum von Lipari befinden, ebensowenig der Rede wert wie die Überreste einer römischen Mauer in Punta Lingua oder der ausgewaschene Felsaltar in einer Grotte bei Santa Marina, den nur Fachleute identifizieren können.

Salinas Kapital fußt nicht in der Vergangenheit, sondern in der Gegenwart und Zukunft. Nahezu die gesamte trapezförmige Insel ist heute ein Nationalpark, dessen sich engagierte Umweltschützer angenommen haben. Ein gut ausgebautes Straßennetz verbindet die kleinen Ortschaften im Osten, eine Rundfahrt zu Lande ist wegen des gänzlich unberührten Westteils der Insel jedoch nicht möglich.

Alleingang in die Unabhängigkeit

Mitunter erweist es sich als Glücksfall, einfach ignoriert zu werden: Als Alexandre Dumas (Vater) vor bald 150 Jahren die Äolen heimsuchte, verzichtete er auf einen Besuch des antiken *Didyme*, von dem bereits der griechische Geograph und Historiker Strabon (64 v.–20 n. Chr.) Kunde besaß. Dementsprechend findet sich in dem 1854 erstmals publizierten Reisetagebuch des damaligen Modedichters das immerhin zweitgrößte Eiland des Archipels lediglich in einem Nebensatz erwähnt. Salina blieb somit das Schicksal erspart, von dem stets in Geldnöten steckenden Franzosen auf höchst fragwürdige Weise verewigt zu werden. Im Gegensatz zu den Abenteuerromanen und Bühnenstücken des Vielschreibers ist dieses Bändchen literarisch völlig bedeutungslos und wäre gewiß gnädigem Vergessen anheimgefallen, würden nicht Autoren von Reiseführern und Prospekten immer wieder gern daraus zitieren.

Tatsächlich bekundeten die Liparoten um die Mitte des 19. Jh. aus gutem Grund wenig Interesse, einem Fremden ausgerechnet das aufmüpfige Nachbareiland zu zeigen. Zwischen den beiden Inseln tobte damals nämlich ein erbitterter Machtkampf, der 1867 in der politischen und wirtschaftlichen Unabhängigkeit Salinas gipfelte. Dies war angesichts des eben erst durch Garibaldi (1860) beendeten italienischen Freiheitskriegs nicht nur ein eklatanter Widerspruch zum Zeitgeist der nationalen Einigung, sondern besaß für das kleine Eiland weitreichende Bedeutung. Von Stund an konnte nämlich Sali-

na Handel treiben, mit wem es wollte – und zwar einen weit lukrativeren mit Kampaniens Costa Amalfitana als mit dem »Festland« Sizilien. Überdies entfielen die Abgaben an das Verwaltungszentrum Lipari, das sich nicht mehr länger am größten seiner »Untertanen« bereichern konnte.

Für die einstige Ausbeutung revanchierte sich Salina auf perfide Weise: Indem es nicht nur eine, sondern gleich drei selbständige Gemeinden gründete, stehen Liparis *sindaco*, dem Oberhaupt von insgesamt sechs Inseln, bis zum heutigen Tag drei Bürgermeister Salinas gleichrangig gegenüber. Diese erstaunliche Konstellation amüsiert freilich bloß Außenstehende, die Bewohner der Hauptinsel selbst finden daran nichts Komisches, wie ihr nach wie vor merkbar kühles Verhältnis zu den »Dissidenten« beweist.

Von den Abtrünnigen hingegen schert sich niemand um die beleidigten Liparoten, solange sie sich auf Distanz halten. Knappe 3 km Meer trennen die Nachbarn, doch seit das Inselzentrum auf den Fremdenverkehr als Haupteinnahmequelle setzt, liegen Welten zwischen den beiden. Um keinen Preis möchte das freiheitsliebende Salina zum Tummelplatz für Touristen werden. »Äsops saure Trauben«, macht sich Lipari über die Bauerninsel lustig, der in Ermangelung entsprechender Attraktionen ja gar nichts anderes übrigbleibe, als vom schwerverdienten Geld aus der Landwirtschaft zu leben. Doch gerade darin liegt der unvergleichliche Zauber dieses ungeschminkten Naturkindes, das seine herausgeputzten Schwestern Lipari, Stromboli und Panarea an Liebreiz bei weitem übertrifft.

Meisterhaftes »Chaos« im Nationalpark

Als sich die Brüder Taviani, durch ihren Film »Padre Padrone« weltberühmt geworden, Mitte der 80er Jahre an die Verfilmung von fünf Pirandello-Novellen wagten, mußten sie nach einem idealen Drehort nicht lange suchen: Auf Salina, wo noch das Herz des wahren, des ewigen Siziliens schlägt, fing Italiens geniales Regie-Duo wie niemand zuvor die Seele dieses Landes ein. Ohne Pathos erzählt der cineastische Welterfolg »Chaos« von der unbarmherzigen Grausamkeit, aber auch von der wilden Zärtlichkeit der sonnendurchglühten Erde, die Leben und Tod mit archaischer Urgewalt schenkt. Vertraut mit jedem Quadratmeter »ihrer« Insel, auf der sie ein verstecktes Refugium besitzen, schufen die Tavianis mit der Kamera Gemälde von zeitloser Schönheit. Flirrende Hitze, die aus dem Blau des Himmels jeden Farbtropfen saugt, Mädchen mit züchtig niedergeschlagenen Augen auf einer staubigen Piazza, von silbernem Mondlicht übergossene Olivenhaine, in denen verbotene Sehnsüchte erwachen – eine Liebeserklärung der Meisterregisseure an das kleine Salina. Unbedeutend und von keinem Mächtigen jemals begehrt, durfte es zum Symbol des schicksalhaften, großen Siziliens werden.

So unvorstellbar es angesichts des fruchtbaren Bodens heute erscheinen mag, Hunger und bittere Armut zwangen auch auf dieser grünen Perle der Äolen Abertausende in die Emigration. Doch die meisten von ihnen hielten das Band zur Heimat fest in ihren Händen, viele kehrten zurück, sobald sich die Zeiten besserten. Weit wertvoller aber als jeder ersparte Dollar war ihnen die Erkenntnis, daß sie sich nur auf eines verlassen konnten: die eigene Scholle. Kaum einer erlag der Versuchung, sein Stückchen Land an Fremde zu verkaufen.

So ist es auch nicht verwunderlich, daß nahezu alle Bewohner Salinas dafür stimmten, als es um die Frage einer Nationalparkgründung auf ihrer Insel ging. Als der damals 34jährige Apotheker Sergio Giani 1980 ein diesbezügliches Komitee ins Leben rief, stieß er in der Bevölkerung auf ungewöhnlich breites Verständnis. Wer sich die oft jahrzehntelangen Kämpfe um Nationalparks andernorts vor Augen hält, muß geradezu an ein sizilianisches Wunder glauben. Bereits 1983 zeichnete der World Wildlife Fund Sergio Giani, mittlerweile Koordinator der WWF-Gruppe der »Isole Minori« Italiens, für seine Initiative mit dem Preis »Ein Leben für die Natur« aus. Seither steht bis auf die unmittelbare Umgebung der Ortschaften und einen schmalen Küstenstreifen im Osten und Norden die gesamte Insel mit allem, was darauf kreucht und fleucht, unter Naturschutz.

Gottvertrauen in Land und Meer: Santa Marina

Santa Marina, der Fährhafen von Salina, ist nicht mehr als ein verschlafenes Örtchen. Harmonisch der Landschaft angepaßt, gruppieren sich ockerfarbene Häuser Ton in Ton um das behäbige Kirchlein der hl. Marina, um die sich eine recht ungewöhnliche Legende rankt. Als Kind von der Mutter verlassen, verheimlichte das Mädchen ihrem ins Kloster eingetretenen Vater ihr Geschlecht. Ahnungslos nahm dieser seine Tochter unter dem Namen Marianus als Mönch in den Orden auf. Wenig später wurde ausgerechnet Marina/Marianus unterstellt, ein uneheliches Kind gezeugt zu haben. Ohne Widerspruch nahm sie die vom Abt auferlegte Buße demütig auf sich, erst nach ihrem Tod kam die Wahrheit ans Tageslicht. Keiner der Ortsbewohner weiß zwar heute noch zu sagen, weshalb ihre Vorfahren die verfolgte Unschuld zur Patronin erkoren hatten, aber nach wie vor gefällt den Gläubigen die bittersüße Geschichte von Täuschung, Verleumdung und dramatischer Rehabilitierung ihrer Heiligen ganz außerordentlich.

Salzige Enklave: Lingua

Nur eine schmale, wenig befahrene Stichstraße entlang der Küste führt vom Haupthafen Santa Maria Salina zu dem Weiler **Lingua** mit dem einstmals bedeutenden Salzsee, von dem der Äolen-Chronist Erzherzog Ludwig Salvator Ende des 19. Jh. noch zu berichten wußte: »Die Salinen, von einem sandigen Rand umgeben, nehmen bloss den rückwärtigen Theil der Punta d' 'a Lingua ein. Aus dem mehr nach aussen liegenden Pantanu (Anm.: Morast, Sumpf), in welchen das Meerwasser von unten eindringt, leitet man dasselbe einmal im Jahre in die rund herum von einer ziemlich starken Mauer geschützten und durch niedrige Mauern in Quadrate eingetheilte Beete. Aus dem Pantanu führen vier Wasserdurchlässe ohne Schleusen, welche bloß mit einem Steine und

Santa Marina Salina

Erde verschlossen werden. Zur Winterszeit wird die ganze Saline mit Meerwasser gefüllt. Das gewonnene Salz wird nach Lipari geschafft und man deckt daher die Salzberge nicht ein; die Hälfte der Ausbeute gehört demjenigen, der das Salz bearbeitet und der den Halbpacht besitzt. Auf den Inseln wird das Salz von diesem Halbpächter verkauft. Weiterhin am Strand sind einige Tennen zum Getreidedreschen.«

Schon längst gleißen keine weißen Hügel mehr im Sonnenlicht, das auf dem von einem einsamen Leuchtturm flankierten dunkelgrünen Wasser der verlassenen Lagune spielt. Die mühselige Salzgewinnung auf einer Fläche von bloß 2 ha lohnt sich nicht, die großen Salinen von Trapani in Westsizilien produzieren mittlerweile weit billiger. Mit leisem Rascheln wiegt sich meterhohes Röhricht im Wind, nur ab und zu zerreißt ein Möwenschrei die Stille dieses verwunschenen Winkels. Hier steht das Landhaus der Brüder Taviani. Bei ihnen ist nicht selten eine Frau zu Gast, die eine ganz besondere Beziehung mit den Äolen verbindet: Isabella Rossellini, eines der höchstbezahlten Fotomodelle der Welt. Auf Stromboli, Schauplatz der Liebesaffäre ihrer Eltern (s. S. 194), wäre sie wohl kaum vor neugierigen Blicken sicher, auf Salina hingegen beachtet niemand die international gefragte Schönheit. Nur die Einheimischen wissen um die Berühmtheit der unauffälligen Spaziergängerin, die sich auf ihrer Insel voll Vergnügen die salzige Luft ins ungeschminkte Gesicht wehen läßt. Doch keinem fällt es ein, sich gegenüber Fremden mit dem prominenten Gast zu brüsten, das wäre ein unentschuldbarer Vertrauensbruch.

Hommage an Kampaniens schönste Küste: Malfa

Flankiert von beeindruckenden Felsformationen windet sich die Straße in ansteigenden Serpentinen zum Leuchtturm von **Capo Faro** und der fruchtbaren Ebene der Gemeinde **Malfa** im Norden. Das in Weingärten, Kapernfelder und Olivenhaine eingebettete Städtchen leitet seinen Namen nicht etwa von den mannshohen wilden Malven ab, die stummen Wächtern gleich mit einem Mal den Wegesrand säumen. Und auch nicht von der ringsum reifenden Malvasiertraube, sondern von den uralten Handelsbeziehungen zum ehemals unermeßlich reichen Amalfi an der Küste der italienischen Region Kampanien. Nur schwer lassen sich in dem bescheidenen Hafen von Malfa Erinnerungen an den einst regen Warenaustausch heraufbeschwören. Buntbemalte Boote dümpeln neben hochaufgetürmten Wellenbrechern oder harren an Land eines neuen Farbanstrichs, an der Mole liegen Netze zum Trocknen ausgebreitet, weder schwere Lastenkähne noch schnittige Jachten oder gar lärmende Motorboote stören den Frieden der Fischer. Wie seit jeher kehren diese jeden Morgen mit guter Beute von ihren nächtlichen Fahrten heim, das Meer vor ihrer Haustüre läßt sie nicht im Stich und sorgt ebenso wie ihr Land tagtäglich für gedeckte Tische.

Was sollen also Träumereien von alten Zeiten, die keineswegs immer gut waren? Zumindest nicht für die kleinen Leute, sondern nur für einige wenige, das weiß Luciano Sangiolo ganz genau. Kapern, Oliven, Rosinen und Wein sichern in unseren Tagen dem einfachen Bauern einen Wohlstand, von dem sein um die Wende zum 20. Jh. geborener Vater nicht einmal zu träumen gewagt hätte. Von den Urlaubern in seinem Heimatstädtchen Malfa, das als Hauptquartiergeber der Insel bloß mit ein paar Dutzend Hotelbetten aufwarten kann, profitiert Signor Sangiolo nur nebenbei, wenn er seine Agrarprodukte ab Hof an die Sommergäste verkauft. Auf den Fremdenverkehr angewiesen ist er jedoch ebensowenig wie die anderen Landwirte von Salina. »Die Politiker reden immer nur von sanftem Tourismus, wir Bauern garantieren ihn«, sagt er selbstbewußt. »Solange unsere Felder blühen und gedeihen, bleibt alles, wie es ist. Dafür beten wir nicht nur zu San Giuseppe, dem Schutzpatron von Malfa, sondern vor allem zur Muttergottes von Terzito, die uns alle beschützt.«

Heiligtum seit Anbeginn: Madonna del Terzito

Die Wallfahrtskirche **Madonna del Terzito** im Hochtal von Valdichiesa gehört bereits zur Gemeinde Leni, doch wenn es um himmlische Belange geht, spielen kommunalpolitische Rivalitäten offenbar keine Rolle. Aus allen Teilen der Insel stellen sich Pilger zu hohen Festtagen der Madonna in dem ältesten Marienheiligtum des gesamten Archipels ein. Wie in Süditalien nicht selten, ruht auch dieses Gotteshaus auf den Fundamenten eines antiken Heiligtums. Als man im Juli 1622 mit dem bereits acht Jahre später fertiggestellten Bau begann, fanden sich Überreste eines römischen Tempels, in dem mit Sicherheit eine Göttin – vermutlich sogar Juno selbst – einstmals verehrt wurde. 400 Jahre später legten Christen an der seit Menschengedenken heiligen Stätte erneut ein Bekenntnis tiefer Gläubigkeit ab. Denn ausgerechnet in den Jahren 1901 bis 1924, in den Jahrzehnten bitterster Not, trugen die wenigen nicht emigrierten Inselbewohner genügend Geld für eine Generalsanierung der Kirche und des angeschlossenen Klosters zusammen. Daß die Restauratoren damals recht behutsam mit der Bausubstanz umgegangen sind, beweisen die 1893 publizierten Aufzeichnungen von Erzherzog Ludwig Salvator, die mit kleinen Einschränkungen durchaus das heutige Erscheinungsbild wiedergeben:

»Die Kirche, Madonna d' 'u Trizzitu genannt, ist ein einfacher, weissgetünchter Bau mit rothen Türen und Fenstern. Vor der Kirche ist eine doppelte Terrasse, von Bänken umgeben, zur Linken ist ein Glockenturm angebaut. Nach aussen ist sie ganz schmucklos, das Innere bietet einen dreischiffigen Bau mit nischenartiger Hochaltarcapelle, zu der zwei Stufen führen, und drei Rundbögen mit starken viereckigen Pfeilern, welche das oben auf jeder Seite von zwei Fenstern in Zwickelkappen beleuchtete Mittelschiff von den Seitenschiffen trennen. Eine Balustrade aus Marmor ist vor dem Presbyterium. Der Boden ist von glasirten Ziegelquadern. Am Hochaltar ist ein modernes Bild angebracht mit Exvotos von Schiffern. Die verehrte heilige Jungfrau befindet sich in einer Nische zur Linken des Hochaltars, sie ist eine moderne hölzerne Figur, von Sternen umgeben, mit einer Klingel in der Hand und rosa Kleid. Links von der Kirche steht ein dreifenstriges Haus mit Doggenaufsatz und neben der Kirche zur Rechten das Kloster. Dieses ist ein schmuckloses, weiss getünchtes Gebäude mit acht Fensterchen im oberen Stockwerke, wo sich die Zellen befinden. Es wohnen darin seit einigen Jahren zehn Nonnen. Dieselben gehen schwarz gekleidet, mit einem weissen Tuch unter dem Kinn gebunden, beim Ausgang tragen sie auch einen schwarzen Rad-

Kapern für Küche und Kosmetik

»Orchideen der Äolen« nennt man die hellvioletten oder auch rosafarbenen Blüten des Kapernstrauches. In diesem Stadium erfreut er aber nur mehr das Auge und nicht den Gaumen von Feinschmeckern, denn das begehrte Produkt sind nicht die Früchte, sondern die Blütenknospen dieser schon seit Jahrtausenden genutzten Pflanze. Fossile Körner der *Capparis spinosa* wurden von Archäologen im Irak entdeckt und in das Jahr 5800 v. Chr. datiert. Die erste schriftliche Erwähnung der Kapern stammt aus der Bibel (Buch der Prediger 12:5): »Der Mandelbaum blüht, die Heuschrecke ist geschäftig und die Kapernuß bricht auf.« Auch in der griechischen Literatur finden sich zahlreiche Hinweise. So schildern Hippokrates, Aristoteles und Theophrastos die heilkräftigen Eigenschaften der Kapern, während der römische Geschichtsschreiber Plinius d. Ä. und der als Schlemmer bekannte Apicius aus der Zeit des Kaisers Tiberius von deren Schmackhaftigkeit als Gewürz schwärmen.

Die Gattung der Capparis gehört zur Familie der Capparidaceen und umfaßt mehr als 350 dornige, strauchige oder kletternde Arten, die vor allem in tropischen und subtropischen Trockengebieten, im südlichen Mittelmeerraum und hier vor allem entlang von Felsen und Mauern gedeihen. Weltweit werden sie in der Medizin (gegen Hauterkrankungen und Rheuma) und für kosmetische Produkte (Cremes, Lotions, Haarwaschmittel, Gel) eingesetzt. Der bedeutendste wirtschaftliche Nutzen kommt jedoch dem Handel mit den Blütenknospen zu,

mantel auf dem Kopfe, der ihnen bis an die Ellenbogen reicht. Das Innere des Klostergebäudes enthält im Erdgeschosse die Küche und das einfache Refectorium.«

Essensgerüche umgeben nach wie vor Kloster und Nebengebäude, wie jeder Kirchenbesucher feststellen kann, denn nur selten findet sich das Hauptportal des Gotteshauses unversperrt. Man betritt es durch eine Seitentüre eines von den frommen Frauen geführten Altersheims. Institutionen wie diese gibt es im Süden selten, so lange nur irgendwie möglich bleiben betagte Menschen in den Familienverband integriert. Auch die Senioren von Salina wurden von ihren Angehörigen nicht etwa abgeschoben, sie sind vielmehr die letzten Opfer der Emigrationswelle nach dem Zweiten Weltkrieg. Ihre Söhne und Töchter wanderten nach Amerika und Australien aus und kehrten, im Gegensatz zu anderen, be-

die uns unter dem Namen Kapern bekannt sind. Die Sträucher der *Capparis spinosa,* der am weitesten verbreiteten Art, können eine Höhe von mehr als 2 m erreichen, ein Zweig trägt bis zu 95 Blütenknospen, ein Strauch ergibt durchschnittlich 4 bis 5 kg Kapern.

Ende Mai beginnt auf Salina und auf der südöstlich von Sizilien liegenden Insel Pantelleria – von diesen beiden Hauptanbaugebieten stammen 95 % der italienischen Kapernproduktion – die bis Ende August dauernde Ernte. Da die Pflanze während dieser Zeit immer wieder neue Blütenknospen hervorbringt, kann praktisch einmal pro Woche geerntet werden. Die *Capparis spinosa* ist äußerst genügsam und sehr pflegeleicht, kommt mit einer jährlichen Regenmenge von 200 mm aus und nimmt weder bei lang anhaltender Trockenheit und Temperaturen über 40 Grad noch bei winterlicher Kälte Schaden. Aufgrund ihrer bis zu 1,50 m langen Wurzeln besitzt sie auch eine optimale Widerstandskraft gegen Wind und Wetter.

Kapern werden in neun Größen unterteilt, wobei die kleinen die wertvollsten sind. Genießbar sind sie allerdings erst nach einer Behandlung mit Salz oder Essig, wodurch der bittere Geschmack gemindert und eine zwei- bis dreijährige Haltbarkeit erreicht wird. Als pikante Ingredienzien bei Antipasti, Fleisch- und Fischspeisen, Eiergerichten, in Saucen und Beilagen, aber sogar als Salat erfreuen sich Kapern zunehmender Beliebtheit, der Verbrauch ist daher stark steigend. Salina hat, als man die Kulturen zu Beginn der 60er Jahre auf Kosten des immer weniger lukrativen Weinbaus wesentlich ausweitete, die richtige Wahl getroffen. Kenner wissen die Qualität der Kapern von dieser Insel – sie gelten zu Recht als beste der Welt – zu schätzen.

stenfalls zu Kurzbesuchen ins Elternhaus zurück.

Rotkäppchens Märchenwald: Auf den Monte Fossa delle Felci

Unmittelbar hinter der Wallfahrtsstätte beginnt einer der Wanderwege auf den **Monte Fossa delle Felci**, der mit 962 m Höhe seinen gegenüberliegenden Zwillingsbruder Monte dei Porri exakt um 102 m überragt. In kühn angelegten Serpentinen windet sich eine Forststraße bis zum Gipfel des erloschenen Vulkans, der seinem Namen, »Berg der Farne«, alle Ehre macht. Im Schatten hoher Föhren sprießen im Spätherbst nicht nur die köstlichsten Speisepilze – *Porcini* – aus dem Boden, auch im Hochsommer grünt, blüht und duftet es zwischen

den hüfthohen Farnkräutern verheißungsvoll wie in Rotkäppchens Märchenwald. Und tatsächlich erstreckt sich an der unbewohnten Südflanke eine enge, aus Lava gebildete Schlucht mit dem Namen »Vallone del Lupo«, in der vor langer, langer Zeit ein großer, böser Wolf sein Unwesen getrieben haben soll. Von ihm erzählen die Großmütter jedoch nur, wenn die Winterstürme ums Haus heulen. Sobald jedoch ein warmer Wind über Berg und Tal streicht, verlieren die Schauergeschichten ihre Magie und machen dafür dem blühenden Leben Platz. Wildrosen strecken ihre stacheligen Arme der Sonne entgegen, die nur spärlich durch ein Dickicht aus Brombeersträuchern und Lianen dringt, Vögel aller Art tirilieren in den Wipfeln, ab und zu raschelt eine Igelfamilie auf der Jagd nach Mäusen im Gebüsch. Ein dicker Nadelteppich verschluckt jedes Geräusch der Eindringlinge, selbst in den derbsten Bergschuhen wandeln sie auf leisen Sohlen durch ein gerettetes Paradies. Wem im Herzen dieses Naturschutzparks nicht sein eigenes überzugehen droht, der sollte spornstreichs umkehren, seine Koffer packen und sein Glück unter einem anderen Firmament suchen. Denn er verdient den im wahrsten Sinne des Wortes atemberaubenden Anblick nicht, der sich vom höchstplazierten Gipfelkreuz der Äolen bietet: Wie eine zarte Stickerei liegen Lipari und Vulcano auf dem glitzernden Meeresspiegel ausgebreitet, Filicudi und Alicudi grüßen als ferne Nachbarn, während am Horizont, einer Fata Morgana gleich, der schneebedeckte Krater des Ätna im Himmelsblau schimmert.

Charme der Belle Epoque: Rinella

Selbstverständlich hält Salina auch für Autofahrer ein »Belvedere« mit einer Aussicht bereit, die in die Kategorie »unvergeßlich« fällt. Nach den letzten Kehren von Leni und kurz vor den ersten von Rinella klicken die Kameraverschlüsse, um einen hinreißenden Panoramablick auf Inseln und Meer festzuhalten. Nur noch wenige Kurven, dann ist in dem Fährhafen an der Südküste Endstation. Mit Attraktionen kann das kleine **Rinella** freilich ebensowenig aufwarten wie alle anderen Ortschaften, doch umgibt die Handvoll Häuser rund um die geschützte Bucht ein eigentümlicher Reiz. Daß bereits in der Belle Epoque ein »Baron von Salina« dem Charme dieses Ortes erlegen ist, zeigt eine stilvolle Villa, die jetzt als »Hotel L'Ariana« auch Gästen mit dünner Brieftasche offensteht. Die zu Schlafzimmern umgebauten Salons laden noch heute zum Walzertanzen ein, beließ man ihnen doch ihre großzügigen Dimensionen. Auch die rundum mit steinernen Häuptern geschmückte Dachterrasse blieb, wie sie die Architekten als eigenwillige Kulisse für Träumereien zur Abendstunde erdacht hatten. Unmittelbar neben der Mole liegt ein winziger, nahezu ausschließlich von Einheimischen genutzter Strand, dessen Wasser an Qualität nichts zu wünschen übrig läßt. Vor allem Kinder lieben den Badeplatz zu Füßen einer steil aufragenden, hellgelben Felswand, die das Meer wie einen Emmentaler durchlöchert und mit abenteuerverheißenden Höhlen geschmückt hat. Erwachsene wiederum schätzen die nahe Bar nicht nur des ausgezeichneten Kaffees und des reichlichen Süßigkeitenangebots wegen, sondern finden unter allerlei Kitsch und Ramsch im dazugehörigen Souvenirgeschäft auch wirklich hübsche Keramikarbeiten zu durchaus vernünftigen Preisen. Daß diese samt und sonders nicht aus äolischen Werkstätten, sondern aus Santo Stefano di Camastra auf Sizilien stammen, soll das Einkaufsvergnügen keineswegs trüben. Das Städtchen zwischen Messina und Palermo kann nämlich auf eine Handwerkstradition verweisen, die auf das 15. Jh. zurückreicht, und seine Keramiken sind weit über die Grenzen Italiens hinaus begehrt.

Volksfest statt Folklore: Pollara

Zwischen Malfa und dem etwa 300 m hohen Sattel Valdichiesa biegt ein Stichsträßchen zu einem von der Natur vor 13 000 Jahren ge-

Clara setzt im Signum Zeichen

Jeder Winkel strahlt unauffällig Geschmack, Gediegenheit und Qualität aus. Alles an diesem Haus hat Stil: der leicht patinierte lachsrosa Anstrich, abgesetzt mit weißen Tür- und Fensterumrahmungen, die dunkelblauen Holztüren und Fensterläden, der alte Terrakottaboden, die Tonvasen mit Rosen und Geranien, der noch junge Hibiskushain zwischen den Zimmern und Terrassen, der elegante Schwung der dicken Stützmauern, die Proportionen der steinernen Treppenaufgänge. Vom Aufwachen bis zum Sonnenuntergang begleitet den Gast in diesem Paradies auf Erden vielstimmiges Vogelgezwitscher. Motorengeräusche erklingen gedämpft und nur aus der Ferne, statt dessen erfüllen Kinderlachen und Klavierspiel das Haus, das viel mehr einem Landsitz als einem Hotel gleicht. Betont einfach ist jedes der 23 Zimmer gehalten, die aber keinen Komfort – vom gekachelten Bad bis zu Zentralheizung, Telefon und Kühlschrank – missen lassen. Bettüberwürfe und Vorhänge zieren Hibiskusblüten, die verspielten Schnörkel der schmiedeeisernen Betten in altneapolitanischem Stil kontrastieren reizvoll zu den schmucklosen, weißen Wänden.

Herrin über dieses Refugium ist eine ungewöhnliche Frau: Clara Rametta, auf Salina geboren, Absolventin der Universitäten Rom und – dank eines von Amerika-Emigranten aus Malfa gestifteten Stipendiums – Bridgeport (USA), promovierte Psychologin an den Kliniken von Rom und Messina, seit 1978 mit ihrer Jugendliebe Michele auf Salina verheiratet und seit 1988 Besitzerin des kleinen, aber feinen »Hotel Signum« inmitten von Wein- und Kaperngärten in der Ortschaft Malfa. »Einfach war es nicht, das alles hier aufzubauen«, berichtet Clara von ihrem ein Jahrzehnt dauernden Kampf mit den Behörden, die sie als Frau einfach nicht ernst nehmen wollten. Schließlich siegte aber doch die resolute Psychologin, die den trägen, mißtrauischen Gemeindevätern nicht nur den behutsamen Um- und Ausbau einer 200 Jahre alten Ruine abtrotzte, sondern auch so manche kulturelle Aktivität auf der Insel: Klavierstunden für Kinder mit Abschlußkonzerten vor Publikum, Gastspiele von Musikern und Musikgruppen, Vorträge, Ausstellungen und eine 1991 erstmals und seither jährlich veranstaltete *Sagra del cappero,* ein Kapern-Erntedankfest mit wissenschaftlichem Begleitprogramm (s. S. 134). Die »Signum«-Chefin, ständig voll neuer Ideen und Initiativen, setzt auf Salina deutliche Zeichen. Nicht das schnelle Geld mit dem Massentourismus hat sie im Sinn, sondern den »sanften« Indi-

vidualtourismus und die Bewahrung von Natur und Traditionen, »unseren größten Schätzen, die wir hegen und pflegen müssen«, wie sie immerzu betont. Anfang der 1990er Jahre entstanden große Teile des zum Kultfilm avancierten Streifens »Il Postino« (Der Postmann) auf Salina – auch hier hatte Clara ihre Hand im Spiel.

Michele Rametta, im Hauptberuf Gemeindeangestellter, sorgt im »Signum« für das leibliche Wohl der Gäste: ein wahrer Meisterkoch, der – wie viele sizilianische Männer – die Geheimnisse der Küche von seiner Mutter gelernt hat. Auf der schilfgedeckten, großzügigen Terrasse mit Blick auf Panarea und Stromboli serviert er Köstlichkeiten wie *Pollini di carne in brodo di pollo* (Fleischbällchen in Hühnersuppe), *Risotto con nero di seppia* (Schwarzen Tintenfisch-Reis), *Pesce di spada* (Schwertfisch) oder *Insalata di capperi* (Kapernsalat mit Knoblauch, frischer Minze, Essig, Senf und Öl). Sohn Luca und Tochter Martina lernen mit ihren Eltern das Hotelfach von der Pike auf, in einem Betrieb, in dem man sich als Freund der Familie fühlen darf.

◁ Küste bei Malfa

schaffenen Amphitheater ab. Mit unvorstellbarer Gewalt explodierte damals ein Krater des **Monte dei Porri** und blieb als weithin geöffnetes Oval erhalten. Flankiert von steil abfallenden Hängen, auf einer schiefen Ebene in 100 m Höhe, krallt sich dort **Pollara** fest, ein Dörfchen, das es weder zu eigenen Läden noch einer Bar, geschweige denn zu einer Fremdenherberge gebracht hat. Dafür hat es den eindrucksvollsten Sonnenuntergang im gesamten Archipel zu bieten: Wenn die Sonne mit ihren letzten feurigen Strahlen im Meer verloschen ist, nimmt sie nämlich noch keineswegs Abschied vom Tag. Für eine Stunde oder sogar noch länger spiegelt sich ihr blutrotes Licht noch auf dem Wasser. Erst wenn sich endgültig die Dunkelheit über Berge und Tal senkt, sagen die Füchse einander in diesem weltvergessenen Winkel gute Nacht, ebenso wie die paar Bauernfamilien von Pollara, die mit Ausnahme von hohen kirchlichen Festtagen ebenfalls mit den Hühnern schlafen gehen oder bestenfalls noch eine Weile leise flüsternd vor ihren Haustüren sitzen bleiben.

Seit 1991 aber geht es zumindest einmal im Jahr auch in Pollara bis weit nach Mitternacht laut und fröhlich zu – dank Clara Rametta aus Malfa. Warum, so fragte sich diese stets vor Ideen sprühende Frau, veranstalten wir nicht eine *Sagra del cappero,* ein Kapern-Erntedankfest? Gesagt, getan! Weil sich aber Clara niemals mit halben Sachen zufriedengibt, übertrifft die stets um die Junimitte stattfindende Feier jede andere *Sagra* der Inselgruppe. Von den Universitäten Rom und Palermo reisen Professoren der Agrarinstitute zum Erfahrungsaustausch an, denn die Zucht von Kapern höchster Qualität ist tatsächlich eine Wissenschaft. Der kleine Kongreß vor dem Volksfest, bei dem am grünen Tisch vor dem Hauptaltar der Kirche von Pollara auch Export- und Kostenfragen diskutiert werden, entwickelte sich mittlerweile zu einem ernstzunehmenden Forum für Fachleute. Nach der Arbeit folgt schließlich das Vergnügen – und das sollte sich kein Urlauber entgehen lassen, der die schon Wochen zuvor auf allen Inseln plakatierte Ankündigung entdeckt. Denn im Gegensatz zu folkloristischen Darbietungen, die in Ferienzentren primär für Touristen veranstaltet werden, feiert Pollara ein echtes Volksfest. Fremde sind dank der Gastfreundschaft des Südens zwar herzlich willkommen, doch keiner läßt sich von den wenigen Zaungästen stören. Dazu ist die Sache viel zu aufregend, gilt es doch zu beurteilen, welche der drei Gemeinden in diesem Jahr die besten Kapern zu bieten hat.

Zuvor aber zittern noch stolze Mütter dem Auftritt ihrer mit alten Trachten herausgeputzten Kinder entgegen, Burschen und Mädchen

Tarantella beim Kapernfest in Pollara

singen und tanzen vor dem Kirchenportal Tarantella zur Begleitung von Gitarren, Ziehharmonika und Maultrommel. Die Kapelle spielt Gassenhauer wie »Turi, Turi«, sizilianische Weisen mischen sich mit neapolitanischen zum eigenwilligen Inselklang der Äolen. Jung und Alt ist auf den Beinen, um den aufgeregten Tänzern zu applaudieren, die nach ihrem Auftritt als erste das Buffett stürmen dürfen. Was haben die Frauen von Salina nicht alles aus ihren Küchen herbeigeschleppt! Waschtrögeweise stehen auf liebevoll mit Blumen und Früchten geschmückten Tischen Spaghetti und Makkaroni für 300 Hungrige bereit, neben meterlangen Broten brutzeln Würste, Koteletts und Fische am Grill, Berge von Kuchen und anderen selbstgebackenen Naschereien garantieren, daß auch jeder satt wird. Den kulinarischen Höhepunkt der Tafel aber stellen zweifellos die sorgfältig nach der Herkunft ausgeschilderten Schüsseln voll Kapernsalat aus Santa Marina, Malfa und Leni dar. Während die Erwachsenen mit vollgehäuften Tellern in den Händen enggedrängt wie die Sperlinge auf dem niedrigen Mäuerchen des Kirchplatzes sitzen und mit Kennermienen die würzigsten Blütenknospen verkosten, vergnügt sich das Jungvolk bereits wieder beim Tanz. Jetzt ist freilich Popmusik angesagt, mit Hingabe gibt die Band sämtliche Hits des Sommers zum

Kapernstrauch

Besten, während sich Paare in Tracht und Jeans im Scheinwerferlicht drehen.

Vor dem Gotteshaus steigt noch lange Rauch von den Bratrosten zum Sternenhimmel, von den Serpentinen in der Höhe blitzt ab und zu der Scheinwerfer eines Autos auf. Späte Gäste oder erste Heimkehrer, niemand weiß es zu sagen, denn das Fest währt bis in die frühen Morgenstunden. Ein langer und vor allem langweiliger Arbeitstag für die beiden Carabinieri, deren Dienste niemand benötigt. Denn bei all dem Jubel und Trubel, bei aller Heiterkeit trinkt nicht ein einziger über den Durst. Kirchtagsraufereien nach Alkoholexzessen mögen im Norden unvermeidliche Erscheinungen sein, im Süden ist man lieber trunken vor Lebensfreude.

Information: A.A.S.T. Santa Marina Salina, ✆ 09 09 88 00 95 ; Leni (Loc. Rinella), ✆ 09 09 80 92 25; Malfa, ✆ 09 09 84 43 26
Die Büros sind nur im Sommer geöffnet.

Hotels: *La Marinara: S. Marina Salina/Lingua, Via Alfieri, ✆ 09 09 84 30 22, Fax 09 09 84 33 43; *Mamma Santina: S. Marina Salina, Via Sanita 40, ✆ 09 09 84 30 54, Fax 09 09 84 30 51; *Punta Barone: S. Marina Salina, Via Lungomare Notar Giuffre, ✆ 09 09 84 31 72, Fax 09 09 84 31 61; *Pensione Delfino: S. Marina Salina/Lingua, Via Garibaldi, ✆ 09 09 84 30 24; ***Signum: Gemütliches, kleines Haus inmitten von Weingärten mit schönem Meerblick, perfekte Gastlichkeit, exzellente Küche, Malfa. Via Scalo 11/b, ✆ 09 09 84 42 22, Fax 09 09 84 41 02; **Punta Scario: Malfa, Via Scalo 4, ✆ 09 09 84 41 39, Fax 09 09 84 40 77; **L'Ariana: Wohnen mit Stil in einer alten Patriziervilla am Meer. Leni/Rinella, Via Rotabile 11, ✆ 09 09 80 90 75, Fax 09 09 80 92 50; ***Bellavista, S. Marina Salina, Via Risorgimento 8, ✆ 090 98 43 009, Fax 09 09 28 15 58.

Camping: Campeggio Tre Pini: Gute Ausstattung. Leni/Rinella,

✆ 09 09 80 91 55, geöffnet von Mai bis September.

Restaurants: Die Gastronomie auf dieser Insel bleibt einfach und bodenständig. Kulinarische Überraschungen sind ebensowenig zu erwarten wie herbe Enttäuschungen. Kapernfreunde kommen voll auf ihre Kosten, die schmackhaften Knospen werden in allen möglichen Varianten serviert.

Santa Marina Salina:
Da Franco (✆ 09 09 84 32 87),
La Cambusa (✆ 09 09 84 31 40),
Mamma Santina (✆ 09 09 84 30 54),
Portobello (✆ 09 09 84 31 25).

Lingua:
A Cannata (✆ 09 09 84 31 61),
Il Delfino (✆ 09 09 84 30 24),
Il Gambero (✆ 09 09 84 30 49).

Leni/Rinella:
Da Marco (✆ 09 09 80 91 20).

Malfa:
A Lumeredda (✆ 09 09 84 41 30).

Einkaufstips: Kapern und Malvasier-Wein ab Hof: Luciano Sangiolo, Via Nilo 2, Malfa; Azienda agricola Carlo Hauner, Lingua, ✆/Fax 09 09 84 31 41.

Schwimmen und Tauchen: Sand nur sporadisch, Bademöglichkeiten für Kleinkinder eingeschränkt; Sand- und Kiesbucht bei Rinella, nach Santa Marina der zweite von Fähren und Aliscafi angelaufene Hafen im Südwesten (Tauchertreffpunkt, Flaschenverleih und Nachfüllung); weitere Tauchparadiese im Süden bei der Punta delle tre Pietre, im Westen Praiola (nur per Boot erreichbar) und beim Scoglio Faraglione vor Pollara, auch für Schnorchler ideale Bedingungen; anthrazitfarbener Schotter- bzw. Kiesstrand bei Malfa.

Ausflüge mit dem Boot: Eine Rundfahrt um die 24 km lange Küste von Salina ist bedingt zu empfehlen; besonders interessant ist die Landschaft zwischen Punta Lingua und Punta delle tre Pietre sowie der wildzerklüftete, unberührte Westen.

Ausflüge mit dem Auto: Zur mittlerweile stillgelegten Saline von Lingua (Villen von dezenter Eleganz, originalgetreu im Inselstil restauriert oder ausgebaut); entlang der Küstenstraße bis Malfa mit einem kleinen Fischerhafen; Abstecher nach Pollara (besonders reizvoll bei Sonnenuntergang); von dort zurück zur Hauptstraße und weiter Richtung Leni durch die fruchtbare Hochebene von Valdichiesa und schließlich über die kurvenreiche Panoramastraße (mit Belvedere) in das Dörfchen Rinella.

Ausflüge zu Fuß: Auf den Monte Fossa delle Felci, mit 962 m der höchste Berg des gesamten Archipels (von Santa Marina steiler Aufstieg durch Hohlwege, von Lingua sanfter und bequemer, von Valdichiesa ideal; jeweils etwa 3 Stunden bis zum Gipfel); von Malfa zum 860 m hohen Zwillingsgipfel Monte dei Porri (ebenfalls ca. 3 Stunden); wer den sportlichen Ehrgeiz nicht unbedingt auf die Spitze treiben will, kann unter genügend bequemen Wander- und Spazierwegen quer durch die Insel wählen.

Filicudi: Die Intime

Einst ein berüchtigter Verbannungsort, heute Fluchtpunkt für ruhesuchende Urlauber, die hier zu Wasser und zu Lande Spuren der fast viertausendjährigen Geschichte der Insel finden können.

Blick auf Filicudi Porto, im Hintergrund Salina

Filicudi: Die Intime

Höhlen, Grotten und eine Nadelspitze mitten im Meer: Während sich Taucher auf Spurensuche nach antiken Schiffstragödien begeben, erklimmen Extrembergsteiger den »Spazierstock der Äolen«.

Sollte Julia, die einzige Tochter des römischen Kaisers Augustus, vom Vater aus Staatsraison hintereinander an drei Ehemänner verschachert und schließlich ihres ausschweifenden Lebenswandels wegen im Jahre 2 v. Chr. in die Verbannung geschickt, tatsächlich auch auf Filicudi gelandet sein? Lokale Reiseführer behaupten es jedenfalls hartnäckig, auch wenn sie einen Beweis dafür schuldig bleiben müssen. Neue Nahrung erhielt diese bloß auf Überlieferung beruhende Historie, als sich der italienische Wissenschaftsjournalist Gianni Roghi in den späten 50er Jahren auf Spurensuche unter dem Meeresspiegel machte und 1960 tatsächlich fündig wurde. Mit fundiertem Fachwissen ausgerüstet, entdeckte der Hobbytaucher in der Untiefe vor dem Kap Graziano ein römisches Schiffswrack aus dem 2. Jh. v. Chr. Damit begann die systematische Unterwasserforschung im gesamten Archipel. Sie brachte nicht nur Licht ins Dunkel der prähistorischen Mittelmeerkulturen, sondern stattete auch das Museum von Lipari mit Europas wohl bedeutendster nautischer Sammlung aus dem Altertum aus (s. S. 72). Vom Beginn der Bronzezeit bis in unser Jahrhundert erzählen die Amphoren und Anker, Keramiken, Werkzeuge und Waffen von 4000 Jahren tollkühner Seefahrt in diesen Gewässern.

Wie viele Kapitäne den Kampf gegen die Elemente im stürmischen Reich des Aiolos verloren haben, läßt sich angesichts der bisherigen Funde vor jeder einzelnen der sieben Inseln nur erahnen. Denn nicht nur liegen vermutlich noch unzählige Schiffe in bisher unerreichten Tiefen, so manches wurde von zersetzenden Gasen buchstäblich zerfressen. Von einer zwischen Panarea und dem Inselchen Datillo versunkenen griechischen Barke samt ihrer im Umkreis von 35 m verstreuten Ladung ließ die brisante Mischung aus Salzwasser und blasenförmig vom Boden aufsteigendem Schwefel- und Kohlendioxyd kaum etwas übrig. Bemerkenswert gut erhalten sind hingegen die Wracks vor Filicudi, die sich seit dem 5. Jh. v. Chr. zu einem wahren Schiffsfriedhof zusam-

Steckbrief Filicudi

Name: In der Antike als *Phenicusa* oder *Phoinikodes,* die »Palmenreiche« respektive »Farnenreiche« (Isola delle felci) bezeichnet.
Fläche: 9,5 km^2, davon drei Viertel Naturschutzgebiet (seit 1997).
Lage: 30 km westlich von Lipari
Einwohner: Etwa 250, im August bis zu 1200
Sehenswürdigkeiten: Prähistorisches Dorf am 174 m hohen Capo Graziano, Gehzeit etwa eine halbe Stunde; Kirche S. Stefano aus dem Jahr 1650 in dem auf einer Hochebene liegenden Dorf Valdichiesa (auch Valle Chiesa), Gehzeit etwa 45 Minuten (jeweils vom Hafen).

menfanden. Handelskähne der Griechen und Römer liefen vor den schroffen Gestaden des Kaps ebenso auf Grund wie ein spanisches Kanonenboot aus dem nachchristlichen 18. Jh. Zur besonderen Freude der Archäologen leistete jede Epoche des Römischen Reichs bis in die späte Kaiserzeit des 4. und 5. Jh. n. Chr. mit schöner Regelmäßigkeit ihren Tribut, auch die Ära des Augustus machte da keine Ausnahme. Womit bewiesen wäre, daß die Herren vom Tiber recht genau Bescheid wußten, wie riskant eine Reise zu dem entlegenen Eiland sein konnte. Ein idealer Verbannungsort also, denn man konnte insgeheim hoffen, daß ein Deportierter sein Ziel erst gar nicht erreichte. Ein Wunsch, der im Fall der berühmt-berüchtigten Julia, die offen umzubringen doch niemand gewagt hätte, nahe lag. Vielleicht stimmt es also doch, was man sich auf Filicudi erzählt: Einst war hier eine Kaisertochter zu Gast.

Heutzutage landen Besucher freiwillig – und ohne Risiko – in der Bucht von **Filicudi Porto,** wo die ersten Schritte geradewegs in die »Bar da Nino«, zur grauen Eminenz des Eilands, führen sollten: Nino Santamaria, Padrone des Lokals, Tourismuschef, Quartiervermittler und Auskunftsbüro für jegliche Angelegenheit in Personalunion. Was auch immer ein Urlauber sucht, sei es ein Fischerboot für eine Rundfahrt, sei es einen Chauffeur zur Inselerkundung – der freundliche ältere Herr kümmert sich darum. Prompt und effektiv, wie er es in seiner langjährigen Funktion als Delegierter im Gemeinderat von Lipari gewohnt war. 1991 ging er in Pension, doch nach wie vor gilt er im gesamten Archipel als der »kleine Bürgermeister« von Filicudi, an dem sich schon viele Grundstücksspekulanten die Zähne ausgebissen haben. Erbittert kämpfte er gegen den Ausverkauf seiner Heimat als Zweitwohnsitz

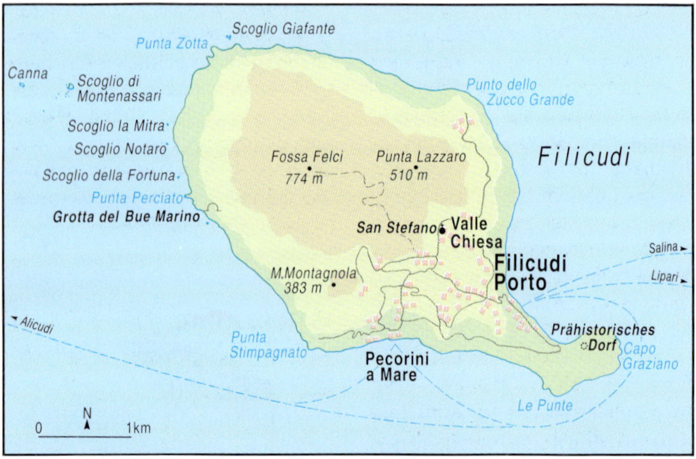

reicher Norditaliener, die astronomische Summen für ein Stück Land zu zahlen bereit gewesen waren, bis endlich rigorose Gesetze und ebensolche Kontrollen dem illegalen Baugeschäft einen Riegel vorschoben. Noch heute leidet Filicudi unter der überhitzten Preistreiberei der 80er, und für junge Einheimische sind eigene vier Wände nahezu unerschwinglich. »Ist es nicht verrückt, daß ausgerechnet wir selbst die neue Generation in die Emigration treiben, weil wir eine hausgemachte Wohnungsnot zuließen«, ereifert sich der Ex-Politiker, dem die bittere Zeit der Auswanderungswelle nach 1945 nur allzu gut in Erinnerung ist.

Von einem Extrem ins andere fallen will Filicudi jedoch auch nicht. Dementsprechend hält man wenig vom »schnellen Geld«, seitdem der Fremdenverkehr zu Beginn der 70er Jahre mit etwas Verspätung auch hier zu florieren begonnen hat. »Massentourismus ist für uns eine Horrorvision«, erklärt der engagierte Umweltschützer Pippo Santamaria, der in jeder Hinsicht in die politischen Fußstapfen seines Vaters Nino tritt. »Man muß sich ja nur ansehen, was anderswo geschieht. Wir wollen keine verschmutzten Strände, Müllberge und Lärm auf unserer Insel.« Bisher konnte Pippo nach dem Motto »Wehret den Anfängen« durchsetzen, daß die Anzahl der Fremdenbetten auf ein Feriendorf, ein kleines Hotel sowie auf einige Privatquartiere beschränkt blieb und bloß ein einziges weiteres Hotelprojekt im Gespräch ist. Ganz ohne Konzessionen an den Fortschritt kam Filicudi dennoch nicht davon, wie die erst vor wenigen Jahren fertiggestellte Straßenverbindung zwischen den einzigen drei Ortschaften beweist. Dank einer rigorosen Fahrzeug-Limitierung – pro Haushalt ist nur ein Auto erlaubt – hält sich die Verkehrsbelästigung trotz der beliebten Vespas durchaus in Grenzen. Touristen müssen sich also, sofern sich nicht ein motorisierter Einheimischer erbarmt, in Ermangelung eines Fahrzeugverleihs nach wie vor auf ihre Beine verlassen, und sei es nur, um der Mitte des 17. Jh. errichteten Kirche **San Stefano** in **Valdichiesa** einen Besuch abzustatten, der nicht zuletzt wegen der hübschen Lage des oftmals restaurierten Gotteshauses lohnt.

Verfallene Terrassenkulturen an macchiaüberwucherten Hängen, an denen vereinzelt Gehöfte oder kleine Häusergruppen kleben – Filicudis herbe Schönheit trug allem Profitdenken zum Trotz nur wenige Narben davon: Hier und da ein neues Apartmenthaus, das sich zwischen liebevoll restaurierte Bauernhöfe drängen durfte, oder der hohe, in seiner Häßlichkeit kaum überbietbare schmutziggelbe Schlot einer Zementfabrik. Doch die Sünden an der Natur halten sich in Grenzen, dafür sorgt inzwischen nicht nur der »kleine Bürgermeister«, auch die Besitzer der Sommerresidenzen wachen eifersüchtig über »ihre« Inseln. Keine neureiche Schickeria, sondern hauptsächlich Schauspieler, Journalisten und Schriftsteller aus ganz Italien haben sich hier niedergelassen, ein buntes, intellektuelles Völkchen, das sich als eine einzige große Familie fühlt. Tagestouristen bekommen diese Freizeit-Insulaner freilich selten zu Gesicht, erst wenn das letzte Tragflügelboot abends abfährt, besuchen sie einander oder kehren in einer der wenigen Trattorien ein, um den neuesten Klatsch zu erfahren.

Wächter für den Schiffsfriedhof: Kap Graziano

Brisante Neuigkeiten gibt es freilich nur noch selten, seit ein Aufseher des Denkmalamtes, erfahren in der Jagd nach Spitzbuben und ausgerüstet mit Funkgerät und Fernglas, über die archäologischen Schätze zu Lande und zu Wasser wacht. Nachdem sich die Kunde von dem bestbestückten Schiffsfriedhof der Äolen herumgesprochen hatte, plünderten nämlich Hobbytaucher in großer Zahl unverfroren den Meeresboden unterhalb von **Kap Graziano,** das seinerseits nur allzu oft von unverschämten Dieben heimgesucht wurde. Auf jener Landspitze liegen nämlich in 100 m Höhe die Überreste eines bronzezeitlichen Dorfes – **Villaggio della Montagnola.** Aus Natursteinen geschichtete Treppen führen zu dem gut 100 m langen, 30 m breiten und nach drei Seiten geschützten Plateau, auf dem 15 Fundamente ovaler Hütten und was skrupellose Souvenirjäger sonst noch übrigließen ein Stück viertausendjähriger Geschichte erzählen.

Wissenschaftler rekonstruierten in mühseliger Kleinarbeit aus Hunderten und Aberhunderten Tonscherben, daß sich vermutlich Auswanderer aus dem ägäischen Raum zu Beginn des zweiten vorchristlichen Jahrtausends in diesem windzerzausten Winkel niedergelassen und einen regen Handel mit der alten Heimat, vor allem aber mit Malta, betrieben haben. Auch die im Fischgrätmuster angeordneten Mauern aus regelmäßig quadratischen, aus dem Fels geschlagenen Steinen weisen Verbindungen zur Kultur von Mykene auf. Wie die Keramikfunde und Brandspuren an den Behausungen eindeutig zeigen, muß jedoch auf dem nahezu uneinnehmbar erscheinenden Kap Graziano, dem die äolische Kulturphase von 1700–1400 v. Chr. ihren Namen verdankt, nach etwa 300 Jahren jegliches Leben abrupt und gewaltsam erloschen sein. Wer die Invasoren gewesen sein mögen und aus welchem Grund sie über das blühende Gemeinwesen hergefallen und dann offenbar weitergezogen waren, auf diese Frage gibt es keine Antwort. Doch wer weiß, Filicudi könnte noch mit so mancher Überraschung aufwarten, wie die Entdeckung der bisher umfangreichsten Gebäudereste – möglicherweise Relikte einer archaischen Tempelanlage – auf dem 174 m hohen Gipfel des Kaps beweist.

Rutschpartie auf löchrigem Gestein: Fossa delle Felci

Passionierte Wanderer erwartet auf dem Gipfel des **Fossa delle Felci** (774 m) ein unvergeßlicher Rundblick. Doch Vorsicht, die Besteigung kostet Kraft. Mit gutem Grund erhielt der vor Urzeiten erloschene Vulkankegel den Beinamen *Perciato* – der »Durchlöcherte«. Auf dem extrem porösen, auf Schritt und Tritt abbröckelnden Gestein gerät man nur allzu leicht ins Rutschen, was nicht nur mühsam, sondern auch gefährlich sein kann.

Weniger Konditionsstarke, die dennoch hoch hinaus wollen, begnügen sich besser mit einem Bummel durch die Gäßchen von **Valdichiesa,** das in exponierter Lage weit über den beiden anderen Dörfern thront.

Ihre sichere Distanz zur Küste bewahrte die Ortschaft zwar oftmals vor Gefahren, die vom Meer drohten, doch nicht vor jenem Schicksal, das wie ein Damoklesschwert über der gesamten Insel hängt: Erdbeben, kaum vorhersehbar und von elementarer Gewalt, suchen Filicudi seit Menschengedenken immer wieder heim. Die schwerste Katastrophe des 20. Jh. ereignete sich 1930, als ein Beben der Stärke 8 kein einziges Haus verschonte, die letzte brachte 1978 in Valdichiesa sogar den Campanile des alten Kirchleins San Stefano zum Einsturz.

Filicudi bei Sonnenuntergang

Fischer-Treffpunkt Saloon: Inselrundfahrt

Ihrem Ortsnamen entsprechend ducken sich die Häuser von **Pecorini** (*pecora* = Schaf) tatsächlich wie eine Schafherde oberhalb eines pittoresken Fischerhafens an den felsigen Hang, Ton in Ton mit der Landschaft, als wollten sie sich so unsichtbar wie möglich machen. Mit sicherem Gespür für Harmonie verzichteten die Bauern seit jeher auf einen Griff in den Kalktopf und ließen den Mauern die warmen Farbtöne ihrer Insel. An dieses ungeschriebene Gesetz hält sich nahezu jeder, der ein altes Gehöft in einen modernen Feriensitz umwandelt. Statt den Reichtum wie auf Panarea in blendendem Weiß zur Schau zu tragen, setzen Filicudis Villenbesitzer mit zartem Rosa, Braun oder Grün lieber auf Dezenz. Guter Geschmack verpflichtet, das zeigen auch die zur Sommerzeit in der Hafenbucht von Pecorini Porto dümpelnden Boote. Feine, kleine Jachten liegen hier vor Anker, mit exquisiter Ausrüstung, doch ohne unnötigen nautischen Firlefanz, ideal für Ausflüge zu den nahen Grotten und Tauchgründen. Daß diese Paradiese über und unter Wasser nicht bloß der eingeschworenen Inselclique vorbehalten bleiben, dafür sorgen die einheimischen Fischer. Sobald es der Seegang erlaubt, führen sie Fremde in ihren Kähnen bereitwillig zu den Naturwundern ihrer Heimat. Die ortsüblichen Preise für diese Rundfahrten lassen sich unschwer im »Saloon«, der Hafenbar direkt neben der – einzigen – Polizeistation des Eilands, erfragen.

Über eines muß sich ein Tagestourist allerdings im klaren sein, bevor er überhaupt ernsthafte Verhandlungen an der Bartheke aufnimmt: Billig sind Bootsausflüge keinesfalls, was angesichts der kurzen Saison durchaus verständlich erscheint, und Ermäßigungen gibt es bestenfalls für Stammgäste. Ob ein wenig Schifferlfahren die Ausgabe wirklich lohnt, diese Frage stellt sich nicht mehr, sobald Hafen und Badestrände außer Sichtweite sind und sich der Salzgeruch der See mit den Duftwolken des Kräutermeers aus wildem Basilikum, Oregano, Salbei, Rosmarin und Thymian vermischt, die ein sanfter Wind von den steilen, unzugänglichen Abhängen der Westküste herabweht. Unberührt von jeglicher Zivilisation zeigt die Natur ihr unglaubliches Repertoire an leuchtenden Farben und kühnen Formen, wie man sie nur selten gesehen hat. In schimmerndem Schwarz spannt sich ein Bogen vor der Punta Perciato hoch über einem tintenblauen Meer, in Jahrmillionen von der Brandung aus dem Fels gemeißelt, verheißungsvoll glitzern schneeweiße Wellenkronen auf tiefem Türkis vor der dunklen, 9 m hohen und 18 m breiten Einfahrt in die **Grotta del Bue Marino** im Sonnenlicht. Nur bei ruhiger See läßt die sagenumwobene »Höhle des Meerochsen« Boote in ihr domgleiches Innere. Jeder Ruderschlag zieht eine Spur aus geschmolzenem Silber auf dem schwarzgrünen Spiegel des kristallklaren Wassers, in dem sich die Farben des Felsengewölbes brechen. In allen Schattierungen von Gelb über Grün bis zu Blau und Schiefergrau tapezierten vulkanische Gase die Wände dieses nassen Gemachs, das seit jeher die Phantasie beflügelte.

Daß sogar nüchterne Gelehrte mitunter dem Zauber des geheimnisumwobenen Ortes erliegen, beweisen die Ausführungen eines äolischen Zoologen: »Wie einige Grotten auf Sardinien auch, diente dieser 37 m breite, 30 m lange und 15 m hohe Unterschlupf vermutlich noch in diesem Jahrhundert mediterranen Seehunden als Wochenbett und Kinderstube, Geschöpfen, die uns für immer verließen, weil unsere Welt nicht mehr die ihre war«, heißt es wörtlich in einer wissenschaftlichen Abhandlung aus den 50er Jahren. Die Einheimischen allerdings geben sich mit diesem poetischen Nachruf auf eine im Mittelmeer ausgestorbene, weißbäuchige Robbenart nicht zufrieden, sie haben ihre eigenen Mythen.

Eindeutig von dieser Welt hingegen ist ein Wunder der Natur, das weithin sichtbar 1700 m vor der nordwestlichen Küste Filicudis wie ein von Menschenhand geschaffener Obelisk 85 m hoch aus dem Meer ragt. Extrembergsteiger aus aller Herren Länder versuchen sich

Drama in der Grotte

Das Geheimnis der Nereide

Im August 1956 schilderte der Journalist Max David die »Tragödie in der Grotta del Bue Marino« in der Zeitung »Notiziario delle Isole Eolie«:

Wie sich die Alten von Filicudi noch gut erinnern können, wohnte seit Menschengedenken eine Robbe in der schönsten und größten Höhle an der Westküste der Insel. Keineswegs scheu, schloß das possierliche Tier bereitwillig Freundschaft mit den Fischern, die tagtäglich ihre Netze vor den einsamen, zerklüfteten Ufern auswarfen. Stundenlang saß es auf einer Klippe und sah den Männern aus seinen blitzblanken, klugen Augen bei der Arbeit zu. Und diese wiederum bemühten sich, die Ruhe ihrer stummen Freundin nicht durch lautes Reden oder heftiges Gestikulieren zu stören. Nur wenn sich dann und wann Fremde näherten, verschwand sie zum Erstaunen aller geradezu panikartig in ihrer Grotte. Anderntags wartete die Robbe wie immer auf ihrem Felsen, doch sobald sich die Boote näherten, stieß sie kleine, abgehackte Schreie aus – ganz so, als wollte sie ihr seltsames Verhalten erklären. Wieder und wieder entrangen sich der Kehle des Tieres keuchende Laute, ganz offensichtlich bemühte es sich verzweifelt, etwas zu sagen. Abgesehen von diesen seltenen Ausnahmen verliefen die Jahre in trauter Harmonie – bis zum 10. Dezember 1926.

An diesem düsteren Wintertag landete ein Jäger namens Stefanuzzo Rando auf der friedlichen Insel. Außer sich vor Zorn, weil er nach stundenlanger Pirsch nicht einmal ein mickriges Kaninchen erlegen hatte können, kam ihm die arglos vor ihre Höhle sitzende Robbe gerade recht. Mit einem Schuß aus seiner Doppelflinte streckte der Fremde das friedliche Wesen nieder, das lautlos in den Fluten versank. Auf Filicudi aber erhob sich jämmerliches Wehklagen, als die Bewohner von dem Mord an dem unschuldigen Tier erfuhren. »Stefanuzzo Rando, du weißt nicht, was du getan hast«, schrien die Menschen ahnungsvoll in Schmerz und Angst.

Das Unheil ließ nicht lange auf sich warten, noch in der selben Nacht tobte ein infernalisches Unwetter über Meer und Land, wie man es nie zuvor erlebt hatte. Springfluten rissen sämtliche Häuser des Hafens mit sich, Fischerboote und Schiffe zerbrachen wie Spielzeuge in den tobenden Fluten.

Kaum waren die entfesselten Elemente zur Ruhe gekommen, trugen sich in einer ärmlichen Fischerhütte seltsame Dinge zu. Als der Mond nach der Freveltat zum zweiten Mal am Himmel stand, begann ein kaum drei Monate altes Baby mit der klaren Stimme eines Erwachsenen zu sprechen. Zum Entsetzen seiner Eltern hielt der kleine Pasqualino Lopez eine minutenlange Rede in einer noch nie gehörten Sprache. Auch wenn keiner der herbeigeeilten Nachbarn und Freunde verstand, was das Wickelkind ihnen mit eindringlichem Tonfall eigentlich sagen wollte, so sprach es doch in deutlich artikulierten Worten. Darüber sind sich alle noch lebenden Augenzeugen dieses unheimlichen Ereignisses einig.

In den folgenden Jahren blieb Pasqualino stumm, nicht ein Laut entrang sich dem Mund des stets ernsten Kindes. Eines Tages aber – es fehlten kaum noch drei Wochen, bis sich die katastrophale Sturmnacht zum vierten Mal jährte – gab der Junge plötzlich kleine, abgehackte Schreie von sich. Wieder eilte das halbe Dorf herbei, gut und gern 30 Menschen drängten sich um ihn und versuchten, ihm zu helfen.

Der alte Fischer Filippo Mancusa erinnert sich noch gut: »Pasqualino, du schaffst es«, riefen wir im Chor, »Pasqualino, sprich, sprich doch endlich!« Doch das Kind blickte nur mit todtraurigen Augen zu den Erwachsenen auf, bevor es mit einem keuchenden Schluchzen in sich zusammensank. »Da fiel es uns wie Schuppen von den Augen. Auf die gleiche Weise hatte auch die Robbe verzweifelt versucht, uns etwas mitzuteilen. Wer sie wirklich war, unsere unglückliche Freundin, die aus dem Mund eines Kindes zu uns zu reden schien? Nur unser Jahrhundert stellt solche überflüssigen Fragen! Um wen trauern denn Himmel und Meer mit solch unbändiger Wut, als sollte die Welt untergehen, wenn nicht um eine der ihren. Eine Tochter der alten Götter lebte unter uns, eine Nymphe aus längst versunkenen Tagen, als die Menschen noch an die Olympischen glaubten. Eine Nereide, die treue Gefährtin der Seeleute seit Beginn der Zeiten. Zum Dank dafür haben wir sie umgebracht. Ach Stefanuzzo Rando, du weißt nicht, was du getan hast!«

alljährlich an der **Canna,** einer schmalen, schwarzen Felsnadel; nur Kletterer der absoluten Weltklasse können den »Spazierstock der Äolen« bezwingen. Daß sich keiner bei dem todesmutigen Unterfangen den Hals bricht, dafür sorgt die Muttergottes, nachdem sie sich höchstpersönlich von der Gefährlichkeit eines Absturzes überzeugt hat. Schon wieder ein sizilianisches Märchen? Mitnichten, eine dokumentarisch belegte Tatsache! Am 2. Juni 1972 wurde die 1,20 m hohe Madonnenstatue aus einer venezianischen Werkstatt auf der Spitze der berühmten Lavaklippe befestigt. 16 Jahre später, am 22. August 1988, stürzte die Himmelsmutter von ihrem hohen Thron in die Fluten. Die besten Taucher der Insel begaben sich mit wenig Hoffnung auf die Suche entlang der mehr als 150 m in die Tiefe reichenden »Canna«. Doch das Unglaubliche geschah, bereits nach fünf Tagen entdeckten Froschmänner die zierliche Figur nahezu unversehrt in einer Felsspalte. Seit Juni 1989 blickt die Madonna wieder auf ihre Schutzbefohlenen herab, dafür sorgten die Signori Santamaria gemeinsam mit befreundeten Geologen aus Ancona.

Mit heiseren Schreien umkreisen Möwen das fischreiche Meer rund um die Klippen **Notaro, Mitra** und **Montenassari,** stets auf Futtersuche für den Nachwuchs, der in den luftigen Nistplätzen angesichts des stets gedeckten Tisches aufs Prächtigste gedeiht. Unzählige Generationen gefiederter Untermieter hinterließen auf der Canna ihre Spuren, die Exkremente färbten das pechschwarze Gestein an vielen Stellen schneeweiß ein. Doch nicht nur Ornithologen kommen in diesem Vogelparadies auf ihre Rechnung, auch Unterwassersportler finden zwischen den zerklüfteten Korallenriffen vor Filicudi eines der letzten Tauchparadiese des Mittelmeeres.

Hotels: ***Phenicusa: Modernes Haus mit angeschlossenem Feriendorf. Via Porto, ✆ 09 09 88 99 46, Fax 09 09 88 99 55; *La Canna: Via Rosa 43, ✆ 09 09 88 99 56, Fax 09 09 88 99 66; *La Sirena; Via Pecorini Mare, ✆ 09 09 88 99 65; *Villa La Rosa, Rocca di Ciauli, Via Rosa 24, ✆ 09 09 88 99 65.

Restaurants: Feinschmecker-Orgien halten sich hier in Grenzen. Wer unbedingt will, kann im Feriendorf Phenicusa speisen, unverfälschtes Ambiente, deftige Pasta und frischen Fisch bietet die Hafenkneipe von Nino Santamaria in **Pecorini Porto** (✆ 09 09 88 99 84). In **Pecorini** locken die Trattorien Invidia (✆ 09 09 88 99 98) und La Sirena (✆ 09 09 88 99 97).

Strände: Nicht empfehlenswert ist die mit großen Steinen übersäte Bucht von Filicudi Porto; ideal zum Baden eignet sich hingegen der Strand des winzigen Hafenstädtchens Pecorini a Mare; Taucher bevorzugen die Klippen von Punta Stimpagnato.

Ausflüge mit dem Boot: Besonders reizvoll, allerdings nur bei ruhigem Meer möglich. Von Pecorini a Mare entlang der südwestlichen Küste zur Grotta del Bue Marino, der berühmtesten Höhle des Archipels; weiter zu den Spitzbögen von Punta Perciato und schließlich zu der 85 m aus dem Meer ragenden Felsnadel Canna. Informationen im »Saloon« in Pecorini a Mare.

Ausflüge zu Fuß: Zum 774 m hohen Gipfel des Monte Fossa delle Felci (gleichnamig mit dem höchsten Berg von Salina) knappe 4 Stunden Aufstieg von Filicudi Porto oder Pecorini. Auf den Routen liegen die erloschenen Vulkankrater Terrione (278 m) und Montagnola (383 m).

Von der Ware »Luxus« zum wahren Luxus

Roland Zoss, Jahrgang 1951, Schweizer Schriftsteller, Musiker, Botaniker, ist den Liparischen Inseln seit seinem 20. Lebensjahr mit Haut und Haar verfallen. Kein Wunder, dass ihn dieses Paradies immer wieder zu literarischen Betrachtungen anregt. So zu der bezaubernden Erzählung »Die Insel hinterm Mond« (S. Giger-Verlag, Altendorf, CH), eine poetische Liebeserklärung an Filicudi, wo er in jahrelanger Arbeit ein verfallenes Landhaus liebevoll renoviert und dazu einen subtropischen Garten mit Pflanzen aus aller Welt angelegt hat.

Im Frühjahr und Herbst bietet Roland Zoss Naturliebhabern kompetent kommentierte Erlebniswanderungen zu unbekannten Plätzen von Filicudi an. Auch das Privathaus des Songpoeten – in einsamer Lage mit Traumpanorama 300 m über dem Meer und bewußtem Verzicht auf Telefon, TV oder Radio – kann man mieten (Informationen unter www.rolandzoss.com).

Die Insel hinterm Mond (Auszüge)

Zeit.
Telefonisch nicht erreichbar sein, ohne Agenda und Uhr zum persönlichen Rhythmus, zu den eigenen Schlafgewohnheiten zurückfinden. Der Herzschlag und die Schritte beim Wandern sind das Maß aller Dinge. Die Langsamkeit wieder entdecken.

Aufmerksamkeit.
Die Gastfreundschaft der Insulaner ist unübertroffen; ohne ein Wort mit auf den Weg geht niemand aneinander vorbei. Sehen, fühlen und hören, was man mit eigenen Sinnen wahrnehmen will; ohne die Überflutung durch die Medien. Seltene Falter und Zugvögel beobachten: Pirol, Wiedehopf und Kranich. Der geschützte Königsfalke aus Madagaskar, brütet in der subtropischen Flora der Insel.

Raum.
Von Sonnenaufgang bis Sonnenuntergang breitet sich die blaue Weite des tyrrhenischen Meeres aus. Nachts wölbt sich der klarste Sternenhimmel Europas über das Archipel.

Ruhe.
Die 200 Insulaner bewohnen nur den Südteil. Ein einziges Hotel wurde am Hafen gebaut. Zwei Drittel der Nordseite sind unbewohnte

Wildnis. Auf einer der vielen Wanderrouten durchs Geisterdorf oder durch einsame, mystische Gegenden atmet man den Hauch 4000jähriger Kulturen. In der Macchia durchspült von der Ruhe des Meeres zu sich selber finden.

Natürliche Umwelt.
Hier kann man reine Luft atmen und das Regenwasser trinken. Die salzige Brise trägt ein Parfum von Salbei, Lavendel und Ginster über die Felshänge. Beim Schöpfen aus der Zisterne, beim Hochtragen vom Laden lernt man den Wert der Güter schätzen.
Es gibt nur wenige Strassen. Maultierpfade und Steinplattenwege halten fit auf den Wanderungen um die Insel an Erdbeerbäumen vorbei, Zistrosen und Wolfsmilch. Und das Meer ist von azurblauer Klarheit, mit einer großartigen Unterwassersichtweite.

Sicherheit.
Auf Filicudi kommen keine giftigen Tiere vor. Der soziale Zusammenhalt ist stark und überschaubar. Jeder kennt jeden. Alleinstehende Frauen werden respektiert. Es ist kein Problem, nachts allein durch die schlafenden Olivenhaine nachhause zu spazieren. Verbrechen sind unbekannt; abgesehen von Diebstählen. Bei Krankheiten hilft man sich gegenseitig oder ruft in einem Notfall den Helikopter.

Wer den Wind vernimmt
Wer aus den Gräsern lesen kann
braucht nicht zu schreiben
Wer den Wolken nachschauen kann
braucht nicht zu reisen
Wer jemand ist
braucht nichts zu haben
Wer die Sonne spürt
braucht nichts zu fürchten
Wer den Wind vernimmt
hört lang lang zu

(Aus dem gleichnamigen Gedichtband, Edition Sauerländer, vergriffen, erhältlich beim Autor)

Alicudi: Die Einsame

Kein Dichter besang die wilde Schönheit dieses Eilands, niemand kündete vom ewigen Spiel der Farben des unergründlich tiefen Meeres, wenn es sanft an goldgelbe Felswände schlägt oder sich aufbrüllend im Inneren bizarrer Grotten und Höhlen bricht.

Alicudi Porto

Alicudi: Die Einsame

Wer mit sich allein und fern von allem sein will, ist auf Alicudi an der richtigen Adresse. Inselgefühl pur: Ein paar Dutzend Häuser, Schwalbennestern gleich an steile Hänge gekrallt, ringsum nichts als Meer unter einem unendlich weiten Himmel.

Vielleicht wollte Beelzebub seine Grillparty im Tyrrhenischen Meer mit einer Feuerzangenbowle beschließen, gleicht doch Alicudi einem Zuckerhut. In klassischer Kegelform zeichnet sich die Silhouette des entlegensten Eilands des Archipels am Horizont ab, perfekt wie das Meisterstück eines Konditors. Im Schmelzofen des Erdinneren gebrannt, von der glühenden Sonne karamelisiert, trägt die einsame Inselschönheit statt eines Kleids in raffiniertem Weiß ein schlichtes dunkelbraunes Gewand. Daß das Aschenbrödel der Äolen dennoch nicht gänzlich schmucklos dasteht, zeigt sich freilich erst aus der Nähe: Winzige Häuschen in luftiger Höhe verweben sich zu einem vergilbten Spitzenbesatz, zusammengehalten von einer bescheidenen Brosche, die sich bei näherer Betrachtung als das Kirchlein **San Bartolo** entpuppt.

Freilich, ein Juwel, mit dem man Staat machen könnte, ist das kleine Gotteshaus aus dem 18. Jh. nicht. Wie sollte es auch etwas Besonderes sein, schließlich können sich selbst die weit größeren und bedeutenderen Inseln der Äolen keines einzigen kunsthistorisch wertvollen Schmuckstücks aus christlicher Ära rühmen. In der Chiesa San Bartolo beugten niemals hohe Gäste ihr Knie vor dem steinernen Altar, kein Vertreter des hohen Klerus zelebrierte hier jemals eine Messe. Einfache Fischersleute und Bauern flehten in diesen Mauern um göttlichen Beistand, wenn wieder einmal eine Hungersnot drohte. Unter der Patronanz des hl. Bartholomäus, dessen sterbliche Überreste dereinst in einem Bleisarg in Kleinasien ins Meer geworfen und just in dieser Inselwelt ans Ufer geschwemmt sein sollen, betete man stets nur um die wesentlichen Dinge des Lebens – Gesundheit und das tägliche Brot.

»Raucher schnaufen bei uns wie die Esel«, grinst Peppino Taranto, der einzige Hotelier und Gastwirt von Alicudi verschmitzt. »Nur meine Hausgäste sind vom Treppen-

Steckbrief Alicudi

Name: In der Antike wegen des üppig wuchernden gleichnamigen Heidekrauts *Ericusa* genannt.
Fläche: 5,2 km^2
Lage: 50 km westlich von Lipari
Einwohner: Etwa 100, im August bis 800.

steigen befreit.« Tatsächlich führt außer dem knapp 100 m langen *Lungomare* von der Hafenmole zur Herberge kein einigermaßen ebener Weg zu den paar Dutzend Bauern- und Fischerhäuschen, die sich tapfer an die steilen Abhänge der einsamsten Insel der Äolen klammern. Zwar finden sich bei den Adressenangaben im Telefonbuch unter den Straßennamen sattsam bekannte Bezeichnungen wie Via Vittorio Emanuele oder Via Roma, doch die dazugehörigen Straßen existieren in Wahrheit nicht. Sie entpuppen sich als Steige aus endlos aufeinandergeschichteten Stufen. Dementsprechend lauten auch die lokalen Adressenangaben: Man wohnt auf 250, 500 oder gar auf 1200 Stufen, wobei es auf ein paar mehr oder weniger nicht ankommen darf.

So genau nehmen es nicht einmal die einzigen »Transportunternehmer« des autolosen Eilands, die mit ihren Eseln tagtäglich schwere Lasten bergan schleppen. Jede Propangasflasche und jeder größere Einkauf gelangt auf diese mühselige – und vor allem teure – Weise an den Bestimmungsort. Der Preis einer Eselfuhr auf 500 Stufen entspricht dem eines guten Mittagessens in einer Trattoria, wer noch höher hinaus will, muß entsprechend mehr bezahlen. Daß Renovierungsarbeiten oder gar ein Hausbau nach der Methode der Vorväter heutzutage astronomische Summen verschlingen würden, versteht sich von selbst. Als in den 80er Jahren die ersten Fremden auch auf der entlegensten der Lipa-

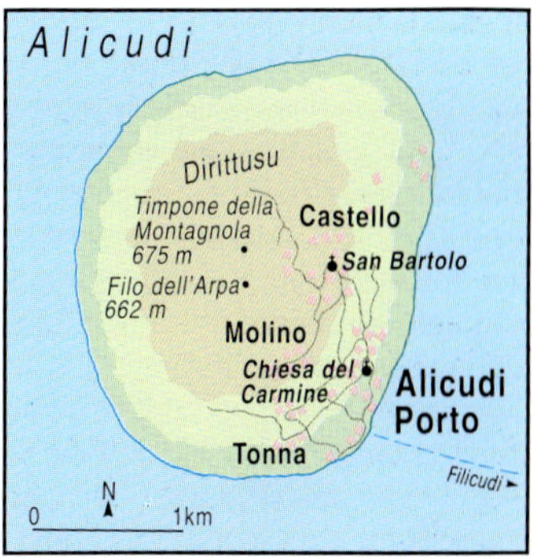

rischen Inseln Grund und Boden erwarben, da sah sich so mancher Maultiertreiber bereits als reicher Mann. Die Zuwanderer fackelten freilich nicht lange und engagierten kurzerhand einen Hubschrauber samt Besatzung. Immer wieder schwirren seither Helikopter mit Zementsäcken, Ziegelpaketen, ja sogar Mischmaschinen und Badewannen an langer Leine wie emsige Bienen zwischen dem Hafen und irgendeiner Baustelle in schwindelnder Höhe. Für einige Stunden verwandelt sich dann das stillste Eiland des Archipels in eine Lärmhölle. Glücklicherweise kommt das nicht allzu oft vor. Rigorose Gesetze, nach denen ein neues Haus nur auf den Grundmauern alter Gehöfte errichtet werden darf, verhindern die Zersiedelung oder gar den Ausverkauf Alicudis.

Diese Vorsichtsmaßnahme mag all jenen, die sich hier auch heute noch am Ende der Welt wähnen, übertrieben erscheinen. Bis 1989 konnte in Ermangelung einer Hafenmole nicht einmal ein Tragflügelboot anlegen. Wer dennoch auf die Insel wollte, wurde – einem Meuterer gleich – auf ein Ruderboot ausgesetzt; Post, Lebensmittel und sämtliche anderen Gegenstände des täglichen Gebrauchs mußten auf die gleiche Weise an Land gebracht werden. Bei stürmischer See liefen die schnellen Gleitboote Alicudi oft gar nicht an, und die Insel blieb wochenlang von der Außenwelt abgeschnitten. Heutzutage kann der Windgott Aiolos seinen Außenposten nur noch selten in Isolationshaft nehmen, nur an wenigen Tagen des Jahres verhindern extreme Witterungsbedingungen ein Landemanöver der *Aliscafi.* Ab 1990 erhöhten weitere Segnungen der Zivilisation wie der Anschluß an das Strom- und das Telefonnetz die Attraktivität der Insel als Sommerwohnsitz. Auch fließendes Wasser läßt nicht mehr lange auf sich warten, bald ist man selbst im höchsten Adlerhorst nicht mehr ausschließlich auf Zisternen angewiesen.

»Einige Berliner haben bereits Häuser gekauft, die Deutschen hören nun einmal das Gras als erste wachsen. Aber auch eine römische Abgeordnete und ein Mailänder sind schon da«, weiß Peppino Taranto zu berichten, der mit jedem Zuwanderer automatisch einen neuen Stammgast für sein Lokal gewinnt. Während die *Tedesci* offenbar nicht hoch genug hinauskönnen und einen Anstieg von 1000 Stufen und mehr für eine unvergleichliche Aussicht in Kauf nehmen, reißen sich die Italiener aus dem Norden um ein Domizil in der Nähe des alten Ortskerns. Bis vor wenigen Jahrzehnten lag dieser auf etwa 200 Stufen – weit genug vom Meer entfernt, um im Winter vor der Feuchtigkeit geschützt zu sein. Nach dem Zweiten Weltkrieg verfielen jedoch das alte Postgebäude, der Gemischtwarenladen und die Ölmühle, in die sämtliche Bauern der Insel einst ihre Oliven-

Psychotherapie zwischen Himmel und Meer

»Die Inseln haben mich reich gemacht, oder besser gesagt, sie haben mir die Freiheit geschenkt.« Mit jenem leisen Lächeln, das nur wunschlose Zufriedenheit schenkt, deutet Eva Menner mit einer großzügigen Handbewegung auf ihren Besitz. Ein altes Bauernhaus auf Alicudi, nur durch einen mühseligen Aufstieg über 500 Stufen erreichbar, und 6000 Quadratmeter steil abfallendes, staubtrockenes Land. Das soll das Refugium einer wohlhabenden Frau sein? Die verblüfften Mienen ihrer Besucher können die gebürtige Berlinerin nicht irritieren: »Vermutlich sprechen wir verschiedene Sprachen«, lacht sie fröhlich. »Tatsächlich können nur wenige begreifen, daß ich ausgerechnet hier mein Glück gefunden habe.«

Welche Lebensgeschichte verbirgt sich hinter der bemerkenswerten Persönlichkeit dieser Frau, die im Juni 1992 ihren 60. Geburtstag feierte und selbst in ihrem einfachen Arbeitskleid und gänzlich ungeschminkt mindestens um ein Jahrzehnt jünger aussieht? Ihre Liebesaffäre mit den Äolen begann bereits in den frühen 50er Jahren. Damals hatte die Berliner Hochschule für Bildende Künste ein Haus auf Stromboli gemietet, in dem Studenten billige Ferien verbringen konnten. Vom ersten Augenblick an verfiel die kaum zwanzigjährige Eva der feuerspeienden Insel mit Haut und Haaren, doch während ihrer Ausbildungszeit konnte sie nicht einmal das Butterbrot aufbringen, für das zu dieser Zeit die bitterarmen Einheimischen Grund und Boden verkauften. Aber sie kehrte Jahr für Jahr zurück zu dem Archipel ihrer Sehnsüchte, davon konnten sie weder ihre zwei Ehemänner (»Jeder war mit mir auf den Inseln, aber nur einmal, denn dann haben sie sich scheiden lassen!«) noch die Geburt ihrer beiden Töchter abhalten.

Nach zwei Jahrzehnten Doppelleben (»Ich habe immer einen Liebhaber auf den Inseln gehabt, wie soll man sich als Frau denn sonst integrieren?«) war es 1972 endlich so weit. Ledig aller ehelichen Bande, erwarb die gelernte Goldschmiedin auf Filicudi ihr erstes Haus, dem bald ein zweites und ein drittes folgen sollten. Stromboli interessierte die Insiderin damals schon längst nicht mehr. (»Zu viele Alt-Hippies und Pseudo-Aussteiger, zu viel Rummel, viel zu teuer geworden«.)

Aus den Mieteinnahmen finanzierte die Freiberuflerin, die sich zunehmend mehr für Psychologie interessierte, eine sündteure, vierjährige Ausbildung. Mit dem Glück der Tüchtigen gelang es der mittlerweile 52jährigen, daß der international renommierte Wissenschaftler Dr. John Pierrakos sie in den Kreis seiner Schüler aufnahm. Der Begründer der Lehre von der »Core-Energetic«, worunter die oft von Ängsten blockierte zentrale Lebenskraft des Menschen zu verstehen ist, bildete die begabte Autodidaktin in den von ihm entwickelten alternativen Therapien aus. (»Er wurde zum wichtigsten Mann meines Lebens, denn durch ihn lernte ich erkennen, was ich wirklich will!«) 1988 eröffnete sie ihre Praxis in einer Berliner Fabriketage, wo ihre zum Großteil schizophrenen Patienten ihre Aggressionen loswerden konnten. Doch als immer mehr psychiatrische Anstalten besonders schwere Fälle an ihre Adresse verwiesen, wurde der engagierten Therapeutin die Belastung eines Tages zu viel.

Kurzentschlossen brach Eva ihre Zelte in Berlin ab. Auch von Filicudi nahm sie endgültig Abschied, denn dort war nach mehr als zehnjähriger Bauzeit mit einem bescheidenen Straßennetz der Fortschritt eingekehrt. Als der erste Motorroller an ihrer Idylle am Meer vorbeiratterte, verkaufte sie ihren gesamten Besitz mit beträchtlichem Gewinn und zog auf das letzte unberührte Eiland der Äolen. Im Grunde flüchtete »Signora Eva«, wie sie heute jeder nennt, jedoch gar nicht vor dem sich durchaus in Grenzen haltenden Lärm, sie trauerte vielmehr um ein verlorenes Paradies: »Eine Straße verdirbt die Inselmenschen, denn sie bringt Unzufriedenheit, Neid und Gier. Jeder will auf einmal ein Auto oder zumindest ein Motorrad besitzen, auch wenn er damit auf den paar Kilometern kaum etwas anfangen kann. Plötzlich sind alle nur noch hinter dem Geld her.«

Im Dezember 1990 landete Signora Menner also mit Sack und Pack auf Alicudi. Esel schleppten den Inhalt von drei Containern die 500 Stufen zu ihrem Heim empor, ihre gesamte Bibliothek, Hausrat, Möbel und – ihre alte Toilettentür. Zwar wußte die Berlinerin damals noch nicht, wofür sie diese brauchen würde, doch ein Verwendungszweck fand sich prompt. Voll Stolz zeigt sie auf eine gemauerte Rundhütte im Stil eines apulischen Trullo, die sie mit eigenen Händen zwischen den verfallenen Terrassenkulturen ihres Grundstücks errichtet hat. (»Ich bin die erste und einzige Frau, die jemals auf Alicudi ein Haus baute«.) 50

Trullo – Ort der Selbsterfahrung

Eselsfuhren sind nötig gewesen, um die 150 Bimssteinblöcke zu transportieren, von den Zementsäcken und anderen Materialien erst gar nicht zu reden, die Eva auf ihrem Rücken hinaufschleppte. Zum Schmuckstück des perfekt in die Landschaft passenden Trullo avancierte besagte WC-Tür, die mit dem neuen dunkelblauen Anstrich die anrüchige Vergangenheit für immer hinter sich gelassen hat.

Vergangenes bewältigen, das sollen auch jene Menschen, die problembeladen auf der Insel landen. Denn diese verwandelt sich allmählich in ein Meditationszentrum erster Güte. Die Hausherrin hat sich auf die japanische Heilmethode *Reiki* – die Lehre von der kosmischen Lebenskraft – spezialisiert. Nicht nur gestreßte Großstädter aus dem Norden, auch mancher Einheimische sucht mittlerweile die »Ordination« zwischen Himmel und Erde für eine Reise ins eigene Innenleben auf. »Auf meiner Terrasse können Menschen ihren Schmerz, all ihre Wut und Verzweiflung herausbrüllen«, sagt die Frau, die mit Aggressionen ebenso umzugehen gelernt hat wie mit existentiellen Ängsten und tiefen Wunden an der Seele. Mit goldenem Griff hat die Psychotherapeutin den idealen Therapieort gefunden. Bereits im Juni 1993, kaum zweieinhalb Jahre nach ihrer endgültigen Übersiedlung, kamen die ersten Kollegen nach Alicudi, um im Trullo mehrwöchige Selbsterfahrungskurse in der magischen Atmosphäre dieser ganz speziellen Insel abzuhalten. Und so mancher findet dort tatsächlich das, wonach wir in Wahrheit alle suchen – sich selbst.

ernte gebracht hatten. Briefe bekam ohnedies kaum jemand, für Einkäufe fehlte es an Geld und zu pressen gab es auch so gut wie nichts mehr, weil nur noch einige wenige, die zum Auswandern zu alt waren, Landwirtschaft betrieben. Als die wirtschaftliche Situation in ganz Süditalien und damit auch auf den Inseln endlich etwas besser wurde, wußten die Einheimischen mit den Ruinen des ehemaligen Zentrums wenig anzufangen. Als weit praktischer erwies es sich, einen *Supermercato* samt Postamt sowie das Verkaufsbüro für Schiffsfahrkarten wenige Schritte vom Hafen entfernt zu etablieren. Eine Polizeistation oder eine Bar wird man allerdings nach wie vor vergeblich suchen, von einer Bank oder einer offiziellen Zimmervermittlung gar nicht erst zu reden. Die Quartiersuche stellt, außer im August, dennoch kein Problem dar, so gut wie jeder Fischer fettet sein Einkommen gerne durch Hausgäste auf.

Konkurrenzlos aber dient Signor Tarantos Herberge »Ericusa« als Kommunikationszentrum – jeglicher Inseltratsch, alles über Liebesaffären und Heiratssachen, Geburt, Krankheiten und Tod, läßt sich bei einem Kaffee oder einem Glas Wein erfahren, sobald man dazugehört. Touristen aber dürfen nur selten einen Blick hinter die Kulissen werfen, schließlich befinden sie sich auch auf diesem weltvergessenen Flecken immer noch auf sizilianischem Boden.

Die traurigen Zeiten der Auswanderungswellen zu Beginn und in der Mitte des 20. Jahrhunderts, die sich auf dem winzigen Inselchen besonders schlimm bemerkbar machten, gehören der Vergangenheit an. Das merken vor allem diejenigen, die sich hier nach einem zweiten Wohnsitz umsehen. Landerwerb um ein Butterbrot –

das war einmal, auch wenn die Quadratmeterpreise auf Alicudi noch nicht jene astronomischen Höhen wie auf Panarea oder Stromboli erreicht haben. Wessen Vorväter allen Widrigkeiten zum Trotz auf ihrer Scholle ausharrten, kann nun gut lachen. Wie anachronistisch mutet heute, kaum hundert Jahre später, Alexandre Dumas überheblicher Kommentar in seiner »Reise zu den Äolen« an:

»Alicudi: Man kann sich nichts Tristeres, Düstereres, Desolateres vorstellen als diese unglückselige Insel im Westen des Äolischen Archipels. Ein Winkel der Erde, den die Schöpfung übersehen hat und der im Chaos geblieben ist. Kein Pfad führt auf den Gipfel oder die Ufer entlang; ein paar von Regenwasser ausgespülte Rinnen sind die einzigen Gänge, die die Insel den von scharfen Steinen und harter Lava gemarterten Füßen bietet. Kein Baum auf dem gesamten Eiland, nicht die geringste Vegetation zur Beruhigung des Auges; lediglich in ein paar Felsspalten und in den Höhlungen der Lavaschlacke sieht man doch das Gestrüpp jener Erikabüsche, deretwegen Strabo im Altertum die Insel auch ›Ericusa‹ nannte. Heute erinnert dies alles mehr an den schauerlichen Weg Dantes in der ›Göttlichen Komödie‹, auf dem der Fuß zwischen den Felsen und Steinbrocken nicht ohne Unterstützung der Hände vorankommt. Doch trotz alledem leben auf dieser geröteten Erde, in armseligen Hütten, 150 oder 200 Fischer, die die wenigen der allgemeinen Zerstörung entkommenen Humusreste auszubeuten versuchen. Einer dieser armen Teufel kam gerade mit seinem Boot zurück; wir kauften ihm für drei Karline den gesamten Fang ab. Dann kehrten wir, das Herz schwer vom Anblick solchen Elends, auf unser Schiff zurück. Ehrlich gesagt: wenn Menschen unter solchen Umständen leben, reicht irgendwie das Verständnis für ihre Existenz nicht mehr aus. Wer zwingt diese Leute auf den erloschenen Vulkan? Sind sie etwa genauso hier gewachsen wie die Erikabüsche, die der Insel den Namen gegeben haben? Aus welchen Gründen sollten sie diesen schlimmen Platz nicht einfach verlassen? Es gibt keinen Ort auf der Welt, der nicht besser wäre als dieser hier. Diese von Feuer verbrannte Klippe, diese von der Luft gehärtete Lava, diese vom Wasser der Unwetter zerfurchte Schlacke – kann das wirklich eine Heimat sein? Wo man geboren wird, kann man sich nicht aussuchen. Doch dann hat man die Freiheit, sich zu bewegen, den freien Willen, sich das beste auszusuchen, ein Boot zu nehmen und sich irgendwohin zu verfügen. Wer auf dieser Insel bleibt, den kann keiner verstehen. Und auch diese unglückseligen Menschen hier können es, da bin ich ganz sicher, einem nicht erklären, warum sie bleiben.«

Vielleicht hätte Monsieur Dumas die Inselbewohner fragen sol-

Die einzigen Verkehrsmittel auf Alicudi

len, warum sie nicht in die große weite Welt – beispielsweise in die mörderischen Schwefelgruben auf Sizilien – gezogen sind. Oder in eines der Hunderten von Hungersnöten und Malaria heimgesuchten Dörfer Süditaliens, aus denen Adel und Klerus das Letzte herauspreßten und die geradezu darauf warteten, den mittellosen Fischern und Bauern von Alicudi Arbeit und Brot zu geben. Die Liste der Möglichkeiten, um die Mitte des 19. Jhs. als Analphabet im Süden Europas etwas »Sinnvolles« aus seinem Leben zu machen, ließe sich beliebig verlängern. Bei der ersten Gelegenheit, als Schiffspassagen in die USA angeboten wurden, ergriffen freilich die Ärmsten der Armen ihre Chance und verließen die Heimat.

Schade, daß Dumas statt dessen nicht die wilde Schönheit dieses Eilands besang, nicht vom ewigen Spiel der Farben des unergründlich tiefen Meeres kündete, wenn es sanft an goldgelbe Felswände schlägt oder sich aufbrüllend im Inneren bizarrer Grotten und Höhlen bricht. Poseidons geheimnisvolles Reich: In dieses Refugium könnte er sich zurückgezogen haben, als die Menschen aufhörten, an die Olympischen zu glauben. Rosenfingrig greift Aurora, die Göttin der Morgenröte, tagtäglich aufs Neue nach den dunklen Abhängen des erloschenen Vulkans, bis die ockerfarbene Erde im sanften Licht wie Bernstein aufleuchtet. Auch vom unbarmherzigen Sonnengott Helios sollte die Rede sein, der im Sommer seine feurigsten Rosse über den Himmel jagt und erst zufrieden ist, wenn selbst die Zikaden in der Mittagsglut verstummen. Einzig und allein der bocksbeinige Pan treibt dann in diesen Stunden sein Unwesen, hocherfreut darüber, daß er noch nichts von seinem Schrecken für Mensch und Tier eingebüßt hat. Die alten Götter der Griechen, auf Alicudi leben sie noch, daran konnten auch 2000 Jahre Christentum nichts ändern. Von den Menschen, die sich vor bald vier Jahrtausenden hier niederließen, blieben jedoch bloß ein paar Steine. Zu wenig, um die Spuren ihres Wohnorts nahe des heutigen Hafens als archäologische Zone zu markieren.

Hotel und Restaurant: *Ericusa: Einziges Hotel und Restaurant der Insel, direkt am Meer, einfache Zimmer, gute Küche (Fischspezialitäten). Der Chef Peppino Taranto kümmert sich höchstpersönlich um seine Gäste. Via Regina Elena, ✆ 09 09 88 99 02, Fax 09 09 88 96 71; Privatzimmer vermietet und vermittelt ganzjährig die Berlinerin Eva Menner (kein Telefon, Adresse: I-98050 Isola di Alicudi/ME).

Strände: Unweit des kleinen Hafens feiner Kies und Felsen, beste Wasserqualität.

Ausflüge mit dem Boot: Der westliche Abhang der konisch geformten Insel ist extrem steil und unbewohnt, Einblicke in die schroffen Täler und Abgründe nur vom Wasser aus, das eine Tiefe von 1000 m erreicht, möglich. Sehenswert sind die Grotta dell'Acqua sowie die Felshöhle Grottazzo.

Ausflüge zu Fuß: Zum 675 m hohen Gipfel des Timpone della Montagnola, auch Filo Dell'Arpa (Harfensaite) genannt. Aufstieg dauert mindestens 4 Stunden, Warnung vor Alleingängen, das Gelände ist großteils unwegsam (Verletzungsgefahr). Etwa 2 Stunden Wanderung ins Inselinnere zum Timpone delle Femmine, dem Zufluchtsort von Frauen und Kindern während der Sarazenenüberfälle.

Panarea: Die Mondäne

In blendendem Weiß schmiegen sich luxuriöse Villen an die sattgrünen Hänge des Sommerrefugiums von Italiens Geldadel. Dunkelblau und unergründlich funkelt in der Ferne das Meer zwischen spitzzackigen Klippen und tiefschwarzen Inselchen, die sich, treuen Domestiken gleich, ergeben um ihre Herrin scharen.

Auf Panarea

Panarea: Die Mondäne

Schnittige Jachten, Luxusvillen, teure Restaurants und Nobeldiscos mit dem Sound aus New York und Mailand: Hier machen Italiens Schickimickis Urlaub – und bleiben auch am liebsten unter sich. Die Reste einer Bronzezeitsiedlung sind bevorzugtes Ziel der Tagestouristen.

Klein, aber fein. Wie es sich für die Kronprinzessin im Reich des Aiolos gebührt, residiert die Älteste der sieben Schwestern inmitten ihrer Hofdamen. Panarea, vor 600 000 Jahren mit einem gewaltigen Feuerzauber dem Meer entstiegen, läßt wenig Zweifel daran aufkommen, daß keine andere Inselschönheit ihr an Eleganz und Exklusivität den Rang ablaufen kann. In blendendem Weiß schmiegen sich luxuriöse Villen an die sattgrünen Hänge des Sommerrefugiums von Italiens Geldadel. Mast an Mast schaukeln Jachten im türkisfarbenen Wasser des Hafens, dunkelblau und unergründlich funkelt in der Ferne das Meer zwischen spitzzackigen Klippen und tiefschwarzen Inselchen, die sich, treuen Domestiken gleich, ergeben um ihre Herrin scharen.

Überwältigt vom unerwarteten Anblick dieses Archipels im Miniaturformat, verschlägt es Fremden bei ihren ersten Schritten auf dem wahr gewordenen Inseltraum die Rede. Bougainvilleen in allen Schattierungen von Violett, Orange und Rot ergießen sich in Kaskaden über gekalktes Mauerwerk, Zitronenbäume verströmen ihren unverwechselbaren Duft und konkurrieren mit üppig blühenden Rosen oder ungebärdig wucherndem wildem Jasmin. Kein Motorenlärm zerreißt die Stille der blankgeputzten, schmalen Gassen zwischen den frisch geweißten Häusern der drei kleinen Dörfer San Pietro, Ditella und Drauto, deren Grenzen fließend ineinander übergehen. Nur jeweils ein Kirchlein zeigt an, daß sie einstmals selbständige Ortschaften waren. Boutiquen mit der neuesten Mode aus Mailand und Rom wechseln sich mit Souvenirläden ab, in denen sich nur selten der übliche Kitsch zwischen ausgesucht schöne Keramiken drängt, Juweliergeschäfte überbieten einander in Auswahl und Preisen. Im kühlen Schatten blätterumrankter, schilfgedeckter Terrassen delektieren sich die Gäste der kleinen Trattorien und Restaurants an ausgesuchten Spezialitäten, während andere mit raffiniert gemixten Cocktails in den Händen noch auf einen freien Tisch warten.

Doch bevor uns die perfekte Symphonie von Farben und Gerüchen restlos die Sinne verwirrt, werfen wir besser einen Blick hinter die vielleicht allzu sauberen Fassaden. Nichts einfacher als das, denn unverblümt gibt der Text auf der Rückseite der gängigsten Land- und Seekarte der Äolen darüber Auskunft, was die Liparoten von dem vorgeblichen Paradies in Wirklichkeit halten: »Heutzutage ist ganz Panarea im Besitz von Mailändern und Turinern, die beim Errichten ihrer Häuser den äolischen Baustil imitierten. Uns blieb nur die Schönheit des Meeres und der Felsriffe, die Seele der Insel aber wurde für immer ausgelöscht.« Bittere Worte, wie sie auch von so manchem Einheimischen zu hören sind: »Zugegeben, die Reichen aus dem Norden bringen uns Arbeit und Geld, nicht nur im Sommer, auch außerhalb der Saison. Dann pflegen wir ihre Landsitze und kümmern uns um ihre Gärten. Doch was haben wir für das bißchen Wohlstand aufgegeben! Den Großteil unserer Zeit sind wir in ein Geisterdorf aus leerstehenden Häusern und geschlossenen Läden verbannt, in das nur für einige Wochen des Jahres Leben einkehrt. Oder besser gesagt das, was die Fremden darunter verstehen.« Als hätte er bereits mehr gesagt, als er eigentlich wollte, wendet sich der »grimmige Pietro«, wie jedermann den alten Fischer nennt, abrupt ab.

Daß hinter seiner Äußerung mehr steckt als bloß Mißbilligung des offen zur Schau getragenen Dolcefarniente, wird selbst dem Naivsten klar, sobald sich die Nacht über Panarea senkt. Süßliche Rauchschwaden vernebeln die noble Diskothek, in der sich die Söhne und Töchter der Schickimicki-Gesellschaft nicht nur vom Dröhnen der Musik in Trance versetzen lassen. Ein Grund mehr, warum man hier am liebsten unter

Steckbrief Panarea

Name: Von den Griechen wegen der reichhaltigen Flora und Fauna als *Eunonymus*, »Insel der guten Vorzeichen«, bezeichnet.
Fläche: Mit 3,4 km^2 kleinstes Eiland des Archipels.
Lage: 20 km nordöstlich von Lipari.
Einwohner: Etwa 300, im August bis zu 2000.
Sehenswürdigkeiten: Kirche San Pietro, 1681 errichtet und mehrmals umgebaut; Bronzezeitdorf am Capo Milazzese.

sich bleibt und alle Beziehungen spielen läßt, um eine etwaige Aufstockung der 300 Hotelbetten zu unterbinden. Nur gegen Tagestouristen ist auch auf Panarea zum Leidwesen des einflußreichen Inselclans noch kein Kraut gewachsen. Doch diese bescheiden sich zumeist ohnedies mit einem Spaziergang zu den archäologischen Ausgrabungen am Kap oder schlendern gar nur bis zum Kirchlein von **San Pietro**, um die Bodenmosaike zu bestaunen, mit denen junge Künstler 1992 im Rahmen eines internationalen Symposions ihr Talent unter Beweis stellten.

Zu Gast in der Bronzezeit: Kap Milazzese

Bis zum Ortsende von Drauto, wo sich vor mehr als 400 Jahren der grausame Pirat Dragut von seinen Raubzügen erholte (s. S. 171), säumen Mäuerchen den nahezu ebenen Weg zwischen bestellten Feldern und bescheidenen Weingärten. Schläfrig zirpen Zikaden im Silbergrün der Olivenbäume, ab und zu kreuzt eine Katze träge den Pfad, der allmählich zum Sandstrand **Caletta dei Zimmari** abfällt. Erst am anderen Ende der großzügig geschwungenen Bucht weisen steil aufwärts führende Stufen erneut die Richtung zum **Capo Milazzese**, das sich nach einer letzten Biegung des felsigen Steigs vor dem Wanderer ausbreitet. In welcher Werkstatt der Unterwelt mochte dieser gewaltige Amboß wohl gestanden sein, bevor ihn die Faust eines Riesen aus der Tiefe des Tyrrhenischen Meeres geschleudert hat! Einem mächtigen Schmiedeblock aus rostigem Eisen gleich formte sich vor urdenklichen Zeiten das nördliche Ende der Insel zu einem breit ausladenden Plateau, auf dem sich im 2. Jahrtausend v. Chr. Menschen niederließen.

Archäologen datierten die bisher freigelegten Grundmauern von 23 Rundhütten und einem rechteckigen Bau in die Epoche zwischen 1400–1270 v. Chr., die nach dem Fundort des vorgeschichtlichen Dorfes als »Kultur von Capo Milazzese« in die Fachliteratur einging. Die Bronzezeitsiedlung umfaßte schätzungsweise 50 binsengedeckte Häuser für etwa 200 Einwohner, die mit Sicherheit rege Geschäftsverbindungen mit den Mykenern, aber auch mit Sizilien unterhielten. Spuren von Fußbodenpflasterung innerhalb und außerhalb der Hütten sowie die technisch am sorgfältigsten ausgeführten rechtwinkligen Fundamente der größten Anlage – vermutlich ein Raum für Versammlungen – deuten auf ein wohlüberlegtes urbanes Konzept. Mühlsteine und Mörser aus Stein, Kochgeschirr, Eßteller oder Obstschalen auf hohem Fuß und erstmals signierte Vasen aus Keramik gewähren weitere Einblicke in das Alltagsleben dieser frühen Zivilisation, die sich ganz offensichtlich an

der zur gleichen Zeit auf Sizilien herrschenden »Kultur von Thapsos« orientierte. Ebenso schlagartig wie zweieinhalb Jahrhunderte zuvor auf Capo Graziano (s. S. 143) erlosch auch auf Panarea jedes Leben, wie auf Filicudi legen Brandspuren Zeugnis von der gewaltsamen und vollständigen Zerstörung des Dorfes ab, von dessen Lage sich seine Bewohner letztlich vergebens Schutz vor Eindringlingen versprochen hatten.

Schemenhaft steigt in der Stille eines Junimorgens eine Vorstellung von der Tragödie auf, von der bloß noch die grauen Steine zwischen dottergelben Margeriten und duftenden Wildkräutern erzählen. Zärtlich streicht der Wind noch einmal über Gräser und Blumen, bevor sie in der Glut des Sommers verbrennen, in zartem Dunst schweben die Silhouetten von Salina, Lipari und Vulcano im ineinanderfließenden Blau von Himmel und Meer. Mit unfaßbarer Schönheit drängt sich das Hier und Heute fordernd zwischen die Schatten aus versunkenen Tagen, bis selbst die Zeit vor der Magie dieses Ortes kapituliert. Vergangenheit und Gegenwart verschmelzen allmählich im Sonnenlicht, das Myriaden glitzernder Diamanten auf die tintengrünen Wellen in der Tiefe zaubert.

In den frühen Morgenstunden gehört das Kap allein den Silbermöwen und Raben, die in unzugänglichen Felsspalten hoch über den schiefergrauen Kieselbuchten nisten. Den vereinzelt eintreffen-

Sightseeingboot in der Baja di Cala Junca

den Wanderern schenken die gefiederten Wächter des Vorgebirges noch wenig Beachtung, erst das regelmäßig kurz vor der Mittagsstunde in der Baja di Cala Junca eintreffende Ausflugsboot aus Lipari empfangen die Vögel mit erbostem Gekreisch. Wer üblicherweise bei der Ankunft von Touristenscharen schleunigst Reißaus nimmt, sollte ausnahmsweise abwarten und es sich im Oval eines Hüttenfundaments bequem machen. Ein Schauspiel steht bevor, auf das man sich in seinem Logensitz aus der Bronzezeit freuen darf. Trotz ständig wechselnder Darsteller variieren die Vorstellungen vor dieser einzigartigen Kulisse kaum, ebensowenig Kostüme, Musik und dramaturgischer Ablauf. Die Ouverture beginnt bereits vor der Einfahrt des eigens für Sightseeing-Touren adaptierten Schiffs in eine der bezauberndsten Buchten des gesamten Archipels. Schon von Ferne erschallt vom Sonnendeck fröhliches Gejohle, untermalt vom Schlager-

Draguts Schlupfwinkel

Manchmal muß auch ein Pirat Pause machen. Wann immer der gefürchtete Korsar Dragut an den Inseln des Windgottes vorbeisegelte, zog es ihn nach Panarea, um dort einige Tage zu verschnaufen. Der Stellvertreter des rotbärtigen Chaireddin (s. S. 43), einer der ganz wenigen gebürtigen Muslime unter den Freibeutern, war ein geschickter Seefahrer und tollkühner Kämpfer, der weite Teile Nordafrikas beherrschte. Von Gianettino Doria, dem Neffen des großen Admirals Andrea Doria, auf Korsika gefangengenommen und zum Kettensträfling auf dessen Galeere gemacht, kam Dragut gegen ein Lösegeld von 3500 Dukaten wieder frei, eine Summe, die er sich bei seinen weiteren Beutezügen um ein Vielfaches zurückholte. Erst die Belagerung von Malta 1565 beendete die wilde Piratenkarriere. Bei einem Sturmangriff auf das Fort von St. Elmo fand der Korsar den Tod.

konzert plärrender Radios von beeindruckender Phonstärke.

Während des von Applaus begleiteten Ankermanövers erreicht der Lärmpegel seinen Höhepunkt. Erst als der dichtgedrängten Schar an Bord endlich klar wird, daß es bis zum Ufer mehrere Meter Wasser zu überwinden gilt, verwandelt sich das erwartungsvolle Geschrei in das aufgeregte Summen eines Hornissenschwarms. Nach langem Zögern, begleitet von den anfeuernden Rufen seiner Freunde, klettert schließlich ein Mutiger die Bootsleiter herunter und demonstriert zum Vergnügen der grinsenden Matrosen aufs Nachdrücklichste, wie selten sich Heldentum mit Intelligenz paart. Die Hosenbeine sinnloserweise hochgeschürzt, versinkt er wild um sich schlagend samt Rucksack und Fotoapparat bis über den Kopf in den nur hüfthohen Fluten. Bald sitzt nicht weniger als ein halbes Dutzend begossener Pudel triefend am Strand, umgeben vom salzverkrusteten Inhalt ihres unnötigen Gepäcks. Sie starren ihren selbst auf dem steilen Treppenaufgang lauthals schnatternden Reisegefährten nach, bis auch der letzte das Plateau erreicht hat, wo ein dankbares Publikum auf das Finale der amüsanten Aufführung wartet.

Eine kuriosere Mischung als die zusammengewürfelte Gesellschaft auf Capo Milazzese versammelt sich nicht so bald auf dem ehrwürdigen Schauplatz eines archäologischen Freiluftmuseums. Zünftige Bergsteiger, die strammen Waden in grüne oder rote Wollstutzen ge-

Canna

Rohr des Pan

Seine Entstehung verdankt es den allzu irdischen Gelüsten eines Olympischen: Das Spanische oder Italienische Rohr, das die Italiener *canna* und die Botaniker *Arundo donax* nennen, ist das mächtigste Nutzgras Europas. Seine Halme können bis zu 2 cm dick und 3 bis 6 m hoch werden. Die Blüten bilden eine prächtige, blaßviolette Rispe. Die aus dem Orient stammende Pflanze – sie wird häufig mit Bambus oder Schilf verwechselt – gedeiht im Mittelmeerraum überall, wo es Feuchtigkeit gibt, an Sandstränden, an Ufern von Bächen und Flüssen, in Sumpfgebieten. In holzarmen Gegenden wie den Liparischen Inseln finden die Canna-Halme Verwendung beim Hüttenbau, für Terrassendächer, als Schutzwände, die austrocknenden Winden den Zutritt zu Obst- und Gemüsekulturen verwehren, als Stützstäbe für Tomaten und Weinreben. Anglern dienen sie als Rute, aus dem gespaltenen Rohr werden Körbe geflochten, Kinder basteln sich daraus Pfeil und Bogen.

Die Griechen schrieben die Herkunft einer Nymphe namens Syrinx zu, die sich den Nachstellungen des liebestollen Pan nur dadurch zu entziehen wußte, daß sie sich in ein Rohr verwandelte. Wenn der bocksbeinige Hirtengott schon kein schönes Mädchen in seinen Ar-

kleidet, schreiten zwischen barfüßigen Badenixen, korrekt gekleidete Paare mustern Gruppen im albernen Freizeitlook. Schließlich kündigt die Schiffssirene an, daß es auch für das halbnackte Völkchen inmitten seiner zum Trocknen ausgebreiteten Siebensachen Zeit wird, wieder an Bord zu waten. Auf die Gäste des Bronzezeitdorfs, vollauf zufrieden mit ihrer unbefangenen Exkursion in die Vergangenheit, wartet nämlich noch ein Höhepunkt ihrer Tagestour.

Ein Basilisk regiert im Mini-Archipel

Le Formiche – die Ameisen – tauften einst Seefahrer die harmlose Ansammlung winziger Klippen nahe der Ostküste von Panarea. Für die meisten anderen Riffe des Miniarchipels fanden sie weit weniger liebevolle Namen. Drohend ragt **Dattilo**, der »Finger«, vor der schwarzen und der weißen »Fischgräte« – **Lisca Nera** und **Lisca Bian-**

Canna wartet auf seine Weiterverarbeitung

men halten durfte, so nutzte er doch die Gelegenheit und fertigte aus verschieden langen Stücken der Pflanze erstmals jenes Instrument, das zu seinem Markenzeichen werden sollte: die Pan-Flöte. Man hört sie von weitem, wenn der Wind sanft durch die Canna streicht.

ca – aus dem Meeresgrund, wo offenbar des Teufels Großmutter unter gewaltigem Energieverbrauch ihr Süppchen kocht. 1 Mio. Kubikmeter Schwefelgas entströmt allein in diesem Umkreis tagtäglich dem Boden und steigt in Blasen an die Oberfläche. Für das größte und gefährlichste Ungeheuer, das mit geducktem Rücken stets auf der Lauer liegt, ein leichtsinniges Schiff mit Mann und Maus zu verschlingen, stand ein schreckliches Monster Pate: der Basilisk, jene schauerliche Kreuzung zwischen einem Hahn und einer Riesenschlange. Tatsächlich läßt sich mit ein wenig Phantasie in den zackigen Konturen der 3 km von Panarea entfernt liegenden **Isola di Basiluzzo** der schuppige Körper dieses Fabelwesens erkennen. Doch keine Angst, den Römern gelang es, die Bestie zu zähmen, erst im Mittelalter fürchtete man sich wieder vor ihrem tödlichen Blick.

In der Antike galt das heute verlassene Inselchen als begehrte

Fabelwesen im Meer: Isola di Basiluzzo

Sommerfrische, als Geheimtip unter den Wohlhabenden, denn nur diese konnten sich einen Kuraufenthalt in den Schwefelquellen und den von der Natur geschaffenen Dampfbädern auf Basiluzzo leisten. Wie komfortabel die Alten wohnten, zeigen die Überreste einer römischen Villa, sogar Teile des Mosaikfußbodens und Spuren von Wandmalereien blieben erhalten. Bei windstillem Wetter erlaubt auch das Meer unweit der heutigen Bootsanlegestelle einen Blick in die Welt der Antike. In 3 m Tiefe liegt ein »kleines Pompeji« unter dem glasklaren Wasser, in dem sich nicht nur die Ruinen eines Landungskais, sondern auch mehrere Mauern und Leitungen eines Thermalbades aus römischer Zeit deutlich abzeichnen. Wie viele Geheimnisse die Klippen von Basiluzzo noch verbergen, wagen nicht einmal Fachleute zu schätzen. Eindeutig fest steht bloß, daß der Meeresspiegel im Reich des Basilisken noch vor 2000 Jahren weit niedriger gewesen sein muß. Oder, um die exakte Terminologie der Vulkanologen zu verwenden: »Basiluzzo, das wie eine große exogene Kuppel aussieht, hat sich durch die Aufstauung und Überlagerung verschiedener Lavaausbrüche gebildet, anschließend ist die ursprüngliche Insel abgesunken, sowohl aufgrund von Einbrüchen des Gesteins als auch wegen der Erosion des Wassers.«

»Exogene Kuppel«! Wie kann man diesen wilden, duftenden Garten mitten im Meer mit einem so prosaischen Namen belegen! Silberweiße Disteln, zartblauer Rosmarin, Kapernblüten von sanftviolettem Permuttglanz – für die Einsamkeit der kleinen Hochebene wählte die Natur ihre schönste Palette von Pastelltönen. Welch ein Kontrast zu den leuchtenden Farben Panareas, die in der Erinnerung viel rascher verblassen als die zarten Nuancen dieses winzigen unbewohnten Eilands. Die Parallele drängt sich auf: Vor einer kurzen Spanne Zeit blickte der römische Geldadel auf das von einer Handvoll Bauern und Fischern bewohnte Panarea und pries sich glücklich, vom Plebs unbehelligt zu bleiben. Exotische Gewächse schmückten ihre Gärten, kostbare antike Stücke aus dem fernen Ägypten zierten ihre rustikalen Landhäuser. Unvorstellbar, daß sich auf ihrer Insel jemals etwas ändern könnte! Heute erstehen ihre Erben teure Asiatika, an denen sich ein vifer Antiquitätenhändler auf Panarea krumm verdient, weil fremde Götter der letzte Schrei sind. Nicht anders als die römischen Bacchanten zelebrieren sie ihr Dasein, als sei es ein niemals endendes Fest.

Hotels: ***Albergo La Piazza: Elegante Anlage in typischem Inselstil über dem Meer, ausgezeichnete Küche. Via San Pietro, ✆ 090 98 31 54, Fax 090 98 30 03; ***Hotel Cincotta: Via San Pietro, ✆ 090 98 30 14, Fax 090 98 32 11; **Hotel Tesoriero: Via Communale Lani, ✆ 090 98 30 98, Fax 090 98 30 07; **Lisca Bianca: Via Lani 1, ✆ 090 98 30 04, Fax 090 98 32 91; **Raya und **Residence, Loc. Costa Galletta, Via S. Pietro, ✆ 090 98 30 29, Fax 090 98 31 03; *Roda: Via San Pietro, ✆/Fax 090 98 30 06.

Restaurants: Das Nobel-Eiland wartet mit entsprechenden Restaurants auf, in denen nicht nur die Speisen gepfeffert sind. Dafür gibt's aber auch allerhand Köstlichkeiten: Fisch kommt direkt vom Meer, Gemüse vom Garten auf den Teller. Touristen-Fastfood vor allem in Hafennähe.
Empfehlenswert: La Piazza: Dinieren auf einer schattigen Terrasse des gleichnamigen Hotels. Umfangreiche Weinkarte, ✆ 090 98 31 54; La Sirena: Auf dem Weg zum Capo Milazzese, ✆ 090 98 30 12; Adelina: Wenn die Fischsuppe duftet, läuft einem das Wasser im Mund zusammen. In der Ortschaft San Pietro, ✆ 090 98 32 77; Curiusitati: Hoch über dem Hafen; trotz dieser Aussicht sollte man nicht das Essen vergessen, ✆ 090 98 30 22.

Strände: Bei den Hotels zumeist nur schmale Klippenstrände; gepflegte Sandbucht Caletta dei Zimmari an der Südostküste unweit von Drauto; unterhalb des Capo Milazzese an der Südspitze die mit feinem Kies bedeckte Baja di Cala Junca, der schönste Badeplatz der Insel mit 1A Wasserqualität.

Ausflüge mit dem Boot: Längs der 8 km langen Küste schroffe Felsformationen im Süden und Westen, im Norden und Osten Fumarolen und Thermalquellen von Calcara; zu den nordöstlich vorgelagerten Riffen Panarelli und den Klippen Dattilo (103 m), Lisca Nera (8 m) und Bianca (39 m), Bottaro (19 m) sowie zum Felseninselchen Basiluzzo (165 m, heute unbewohnt, Reste römischer Bauten über und unter Wasser).

Ausflüge zu Fuß: Lohnende Rundwanderung zur 421 m hohen Punta del Corvo (Rabenspitze, schöner Panoramablick), ca. 3 Std., mit rot-weiß-roten Wegzeichen gut markiert (leicht bis mittelschwer, auch für Kinder geeignet, Wanderschuhe empfohlen!). Einfache Panorama-Wanderung zum Capo Milazzese (vom Hafen ca. 1 Std.).

Stromboli: Die Feurige

Die Entfernung hüllte den Stromboli in purpurne Düsternis und breitete den Schleier schimmernden Dunstes über ihn, der seine rauhen Züge milderte …

Mark Twain

Der Stromboli

Stromboli: Die Feurige

Ein Vulkan wie aus dem Bilderbuch, kristallklares Wasser an dunklen Stränden aus feinem Lavasand, verträumte Gäßchen ohne Straßenbeleuchtung und der kleinste Hafen Italiens: Damit kann nur Stromboli auftrumpfen. In die internationalen Schlagzeilen geriet das Eiland freilich erst durch einen Gesellschaftsskandal, der einst die Filmwelt zwischen Hollywood und Rom erschütterte.

Glut, die nie verlöscht: Stromboli

Wenn bei Stromboli die Sonne aus dem Meer steigt, präsentiert sich der Vulkankegel von seiner rosaroten Seite. Vom Deck des Fährschiffes aus Neapel, das in den frühen Morgenstunden an der Mole von Scari, so der Name der Bootsstation von Ficogrande, anlegt, gelingen bei der Anfahrt die schönsten Fotos. Ist man einmal von Bord gegangen, versteckt sich der Berg hinter einem breiten, grünen Abhang, auf dem weißgekalkte Häuschen wie Farbtupfer auf einem impressionistischen Gemälde anmuten, auch die Rauchfahne – »gasen« sagen die Fachleute prosaisch zu dieser vulkanischen Aktivität – läßt sich meist nur erahnen. Das langgestreckte Dörfchen **Stromboli** mit seinen Ortsteilen **San Vincenzo, Ficogrande, Piscita** und **San Bartolo** sowie seine unmittelbare Umgebung bieten aber dafür reichlich Entschädigung.

Als gesegnetes Stück Natur erweist sich das winzige Fleckchen Erde, das der alles beherrschende Berg den Menschen gönnt. Hier gab es schon zwischen dem 17. und 15. Jh. v. Chr. Ansiedlungen, deren Spuren 1980 auf dem Hügel hinter der heutigen Kirche San Vincenzo freigelegt wurden. Die damals sichergestellten Funde befinden sich ebenso im Archäologischen Museum von Lipari (s. S. 72) wie jene kostbaren Grabbeigaben aus einer griechischen Nekropole aus dem 4. und 3. vorchristlichen Jh., die 1976 beim Bau der kurzen Küstenstraße ans Tageslicht kamen: formvollendete Vasen mit Dekorationen des »Malers von Lipari«, eine »Lekanis« genannte flache Schüssel mit waagerechten Henkeln und einem mit Weinreben geschmückten Deckel, die Statuette

Steckbrief Stromboli

Name: Aus dem Griechischen *Strongyle,* »die Runde«; in Wirklichkeit ist der Grundriß der Insel trapezförmig.
Fläche: 12,6 km^2
Lage: 40 km nordöstlich von Lipari.
Einwohner: 400, im August bis zu 4000
Sehenswürdigkeiten: Der malerische alte Ortskern von San Vincenzo mit seinen kleinen Geschäften und Trattorien lädt zum Bummeln ein, die beiden dreischiffigen Kirchen mit ihren charakteristischen Glockentürmen (San Vincenzo Ferreri und San Bartolomeo) stammen in ihrer heutigen Form aus den 20er Jahren.

einer Tänzerin und eine Reihe kleiner Terrakotta-Theatermasken der griechischen Komödie.

Das Meer und der fruchtbare Boden der zunächst sanft ansteigenden Nordostflanke des Vulkans haben den Bewohnern Jahrtausende lang ihr täglich Brot geliefert. Erzherzog Ludwig Salvator (s. S. 18) äußerte sich in der 2. Hälfte des 19. Jh. in seiner liebevollen Beschreibung des Archipels bewundernd über die Tüchtigkeit der Strombolianer, die als Bauern und Fischer nahezu autark lebten und »auf See eine besondere Geschicklichkeit« bewiesen. »Wir finden hier viele neue Häuser; es werden nämlich keine Wohnungen vermietet, sondern jeder, der heiratet, baut sich seine eigenen vier Wände«, schilderte der adelige Chronist den relativen Wohlstand auf dem Eiland. Noch um 1920 lebten auf Stromboli 2500 Menschen, die Terrassenkulturen mit Wein, Obst und Gemüse zogen sich bis in eine Seehöhe von 600 m. Aber die allgemeine Wirtschaftskrise und nicht zuletzt auch der verheerende Vulkanausbruch von 1930 trieben die Inselbewohner schließlich in die Emigration. Nur die Alten blieben. Häuser verfielen, Gärten und Felder verwilderten.

Nach dem Zweiten Weltkrieg verirrten sich höchstens dann und wann Aussteiger auf Zeit auf die Insel, bis ein Film die einsame Schöne wachküßte: 1949 drehte der italienische Regisseur Roberto Rossellini mit seinem neuen Star aus Hollywood, der schwedischen Schauspielerin Ingrid Bergman, den Film »Stromboli, Terra di Dio«. Mit einem Schlag trat das Eiland ins Rampenlicht der Öffentlichkeit, wurde es als vergessenes Paradies zum Begriff. Die spärlich verbliebenen Bewohner räumten ihre Häuser, um die Touristen aufzunehmen, denn es gab vorerst nur

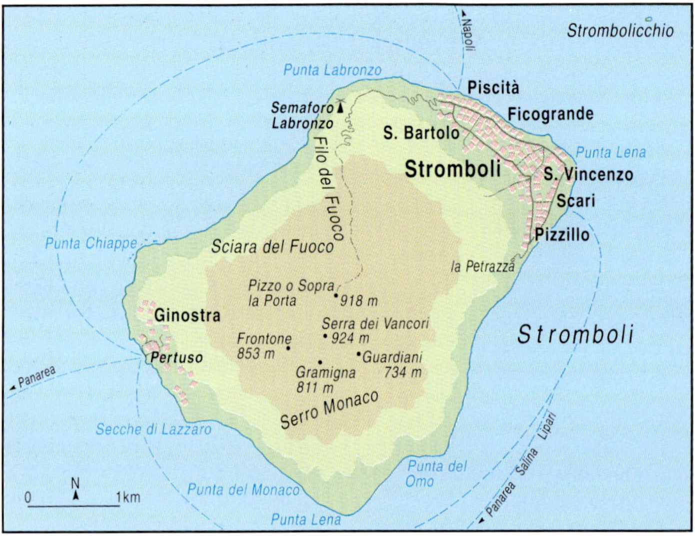

ein einziges Wirtshaus mit Gästezimmern, das später mit allem Komfort ausgestattete Hotel »La Sirenetta«, in dem auch die Filmcrew abgestiegen war. Ingrid Bergman logierte damals mit ihrem Regisseur und Liebhaber Rossellini – die beiden galten als das Skandalpaar schlechthin, denn sie waren zwar verheiratet, aber nicht miteinander – in einem kleinen Häuschen in San Vincenzo: eine schlichte Gedenktafel erinnert noch heute an dieses für Strombolis Zukunft so entscheidende Ereignis.

Die Strombolianer räumten aber auch ihre Keller, Dachböden und Abstellräume, vielfach vollgestopft mit den kärglichen Hinterlassenschaften der Auswanderer, denn die Fremden stürzten sich auf alles, was alt und originell aussah. Antiquitätenhändler vom italienischen Festland witterten ihre Chance und eröffneten die ersten einschlägigen Läden. Inzwischen hatte ein buntes Künstlervölkchen die Insel für sich entdeckt, Maler, Bildhauer, Musiker, Schriftsteller aus aller Herren Länder, vornehmlich aber aus Deutschland, die in den Sommermonaten ihr »Zurück zur Natur« zelebrierten. Einer, der das ganze Jahr über bleibt, ist der Schweizer Maler Hans Falk, der sich eine auf steilen Meeresklippen ruhende Ruine zu einem festungsartigen Refugium ausgebaut hat. Er sucht die Abgeschiedenheit hinter seinen hohen Mauern, die ihn vor Blicken Neugieriger schützt, er liebt die Einsamkeit, die gedämpften Farben des Winters und das aggressive Schwarz und Rot in der grellen Sommersonne. Auch andere alte, verfallene Häuser wurden aufs Prächtigste wieder instandgesetzt, und illegale Bauten schossen aus dem Boden. Im großen und ganzen bemühte man sich aber, dem typischen Inselstil (s. S. 51) halbwegs gerecht zu werden. Heutzutage sind Liegenschaften nur mehr um horrende Summen zu mieten oder gar zu erwerben, denn aufgrund der endlich mit aller Strenge exekutierten Gesetze, die übrigens auch auf allen anderen sechs Inseln Gültigkeit haben, darf lediglich dort ein Neubau errichtet werden, wo bereits früher ein Haus stand. Die Zeiten wilder Spekulationen gehören damit weitgehend der Vergangenheit an.

Während Stromboli in den Monaten November bis März in den alten Dornröschenschlaf zurückfällt, herrscht insbesondere im August Hochbetrieb. Dem Massentourismus sind jedoch – ausgenommen die Kurzaufenthalte der zahlreichen Bergwanderer – wegen der Baubeschränkungen Grenzen gesetzt. In der Vor- und Nachsaison stört kaum etwas die beschauliche Ruhe. Zur Freude der Botanik-Freunde blühen im Frühjahr nicht weniger als 260 verschiedene Pflanzenarten, unter ihnen der Äolische Geißklee, der auf sandigem Schlackenboden gedeiht, Kapern, Schilf, Feigenkakteen sowie Bougainvilleen, Hibisken, Glyzinien, Jasmin und Ginster. Im Herbst lädt bis in den späten Oktober das Meer mit karibischen Farben und Temperaturen zu ungetrübtem Badevergnügen in kristallklarem Wasser ein.

Als wollte man sie in die Verbannung schicken, wurden bis in die 60er Jahre mangels einer Anlegestelle alle Besucher der Insel von den Fährschiffen in winzige Ruderboote ausgesetzt, die sie zum Strand von Ficogrande brachten. Daß dabei mancher erstmals mit dem Wasser unfreiwillig Bekanntschaft machte, schien die Touristen nicht zu stören. »Romantisch«, lautet das Schlagwort, und viele trauern den alten Zeiten heute noch nach. Dabei hat Urwüchsigkeit nach wie vor Saison. In den malerischen, bergauf- und bergabsteigenden Gäßchen von **San Vincenzo** stören keine grellen Neonlichter, die wenigen Geschäfte üben sich in Dezenz. Keine Pizzabuden und Erfrischungsstände verunzieren die Strände, die Hotels und Pensionen liegen größtenteils außerhalb des Ortskerns zwischen Ficogrande und Piscita, ohne Ghettocharakter zu tragen. Dazwischen immer wieder hübsche Privathäuser mit blumigen Namen wie »Rocca bella« oder »Casa bianca«. Für einen ersten Gesamtüberblick empfiehlt sich der Platz vor der Kirche San Vincenzo mit einer gemütlichen Café-Terrasse, oberhalb des Gotteshauses haben Vulkanologen der Universität Florenz ihre Beobachtungsstation eingerichtet, von der aus sie sämtliche Aktivitäten des Feuerbergs registrieren.

Auf Stromboli sind auch die Nächte schwarz, keine Straßenbeleuchtung erhellt das Dunkel. Einzig und allein der Lichtschein aus Häusern, Läden und Lokalen dringt nach außen, und ohne Taschenlampe wird ein Abendspaziergang leicht zur Stolperpartie. Batterien zählen daher auf der Insel zu den gefragtesten Gegenständen. Erst wenn der Mond am Himmel steht, starten vom Strand von Ficogrande die kleinen Barken hinaus aufs offene Meer und offerieren Parkettplätze zur grandiosen Vorstellung des vulkanischen Feuerzaubers. Fischer verdienen sich damit ein Zubrot, von dem die Finanzbehörde oft nichts wissen darf. Tauchen die Schnellboote der *Guardia di Finanza* vor Stromboli auf, erlöschen auf vielen Touristenkähnen blitzartig die Positionslichter, und es beginnt ein Katz- und Maus-Spiel, bei dem die einheimischen Kapitäne ihren uniformierten Gegnern zur Freude der Urlauber häufig die Show stehlen.

Der Vulkan: Leuchtturm des Mittelmeers

Hephaistos, Gott des Feuers und der Schmiedekunst, und Neptun, Beherrscher der Meere, standen

Pate bei der Geburt von Stromboli, der mit etwa 40 Jahrtausenden jüngsten Insel des Archipels. Nur die 926 m hohe Spitze und damit etwa ein Drittel des Berges ragt aus dem Tyrrhenischen Meer, seine Flanken reichen bis auf eine Tiefe von 2300 m unter die Wasseroberfläche. Mit einer Gesamthöhe von mehr als 3000 m vom Fuß des Kegels bis zum Gipfel ist der Stromboli nach dem Ätna (3300 m) der mächtigste Vulkan Südeuropas und einer der aktivsten der Welt.

Man hat dem Stromboli viele Beinamen gegeben: »Leuchtturm des Mittelmeers«, »Wetterprophet Italiens«, »fleißigster Vulkan der Erde«. Genau wie den heutigen Seefahrern mag er einst Odysseus und später den Phöniziern den Weg gewiesen haben, ist er doch seit Menschengedenken ein Muster an Beständigkeit. Im Durchschnitt zwei- bis dreimal pro Stunde pafft er seine weißlich-graue Rauch- und Dampfwolke, häufig mit glühender Schlacke, in den Himmel, bei niedrigem Luftdruck rascher, bei höherer Luftfeuchtigkeit deutlicher, bei starkem Wind flacher. So dient der Stromboli den Seeleuten nicht nur als weithin sichtbarer Orientierungspunkt, sondern auch als Anzeiger von Windrichtung, Windstärke, Luftdruck und Feuchtigkeit. In erster Linie nachts, wenn sich die Feuerfontänen deutlich vom dunklen Firmament abheben, macht der »Leuchtturm« seinem Namen alle Ehre. Völlig unberechenbar sind allerdings Stärke und Zeitabstände der Ausbrüche, die vom Gasgehalt des Magmaherdes im Erdinneren abhängen. Der Ruf der »Pünktlichkeit« des Vulkans kann daher getrost ins Reich der Legenden verwiesen werden, die Uhr läßt sich nach den Eruptionen nicht stellen.

Der Stromboli ist ein sogenannter »Stratovulkan«, fast völlig aus Lagen von Lava und Schlacke aufgebaut. Vergeblich nagen die Fluten des Meeres seit Jahrtausenden an seinen dunklen, harten Wänden, die blankgescheuert und mattglänzend eher an Eisen als an Gestein erinnern. »Undurchdringlich erhebt sich rings um das schwimmende Eiland eine Mauer von

Gefährliche Liebschaften

Wolfgang Müller

Wie ein Tennisspieler auf dem Centre Court tänzelt Wolfgang Müller am Steilhang der Sciara del Fuoco. Seine volle Konzentration gilt nicht einem kleinen Ball, der über das Netz geflogen kommt, sondern den glühenden Steinen verschiedener Größen, die über die Feuerrutsche ins Meer kollern. Jede Unaufmerksamkeit, auch nur für den Bruchteil einer Sekunde, jedes Ausgleiten könnte unweigerlich das Ende bedeuten. Immer wieder reißt Müller seine Kamera hoch und drückt auf den Auslöser, ehe er behend zur Seite springt, um einem der in enormem Tempo hinabpolternden Geschosse auszuweichen, die wieder anderes lockeres Material mit sich reißen. Stunden verbringt er inmitten dieses Höllenhagels. Ein Verrückter, ein Lebensmüder? Nein, der Stuttgarter ist ein »Vulkanomane«, einer, der sich mit Haut und Haar den Feuerbergen verschrieben hat.

Müller, Jahrgang 1938, hält, wie sich das für einen von einer Leidenschaft gepackten Mann gehört, Vulkane für weibliche Wesen, denn »jeder Ausbruch stellt einen Geburtsvorgang von Mutter Erde dar«. Voll Begeisterung, dabei aber mit dem gehörigen Respekt vor den Urgewalten der Natur, beschreibt er die Phänomene des Vulkanismus, für deren Studium er sein Leben radikal geändert hat. Bereits seit 1967 verbindet den Techniker ein inniges Verhältnis mit Stromboli, auf das selbst seine Ehefrau Helga ohne einen Funken Eifersucht blickt. Eher mit Sorge, wenn ihr Mann wieder einmal ganze Nächte bei seiner launischen, unberechenbaren Geliebten verbringt und deren feurigem Schlund bedenklich nahe kommt. Ist die eine ruhig, wendet sich der unerschrockene Deutsche sogleich einer anderen zu – am liebsten der mächtigen Dame Ätna, wo er gleichfalls jede Spalte und jeden Stein kennt.

Während vieler Exkursionen wuchs die Bindung zu den Vulkanen so stark, daß der ursprünglich begeisterte Motorenversuchsingenieur seinen Beruf kurzerhand an den Nagel hängte und mit Sack und Pack in den Süden übersiedelte. Seit 1982 lebt das Ehepaar abwechselnd in einem Häuschen auf Stromboli und in einem Ätnastädtchen, um dem Geschehen möglichst nahe zu sein. Das Waldsterben und andere, schon damals klar erkennbare Umweltprobleme, maßgeblich mitverursacht durch das Auto, ließen die Müllers, wie sie betonen, diese

Kehrtwendung weg von der Technikgläubigkeit hin zur Natur vollziehen.

Ein umfangreiches wissenschaftliches Projekt am Stromboli, finanziert von der »Deutschen Forschungsgemeinschaft«, beschäftigte Wolfgang Müller mehrere Jahre lang ganz intensiv. Im Domizil des Ehepaares, wegen seiner zahlreichen vierbeinigen Mitbewohner »Katzenhaus« genannt, liefen die Drähte zusammen, die jedes seismographische Signal des Berges übermittelten. Sobald die Zeiger der Geräte vielversprechend ausschlugen, packte der »Vulkanomane« seine 20 kg schwere Ausrüstung in seinen Rucksack und stürmte leichtfüßig bergauf. Manchmal erreichte er den Gipfel binnen 90 Minuten. Nach sorgfältiger Beobachtung und Abschätzen der Ausbrüche ging er an die Arbeit und wagte den Abstieg an den Rand der Austrittsöffnungen, um neue Drähte zu legen oder beschädigte Leitungen zu reparieren. Aus dieser nur für Kaltblütige erträglichen Position ließen sich auch die besten Fotos für Vergleichsaufnahmen machen, die zusammen mit den seismischen Daten Rückschlüsse auf den Zyklus der vulkanischen Aktivität ermöglichten. Trotz Schutzhelm, fester Jacke mit Kapuze sowie einem Tuch vor Nase und Mund mußte Müller meist nach wenigen Minuten wieder das Weite suchen, er wäre sonst von den rotglühenden Lavabrocken erschlagen worden oder in den beißenden Schwefelgasen ohnmächtig zusammengebrochen. Anfangs blieben dem mutigen Forscher schmerzhafte Erfahrungen freilich nicht erspart – Brandnarben am ganzen Körper zeugen davon. Heute kennt er die heftigen Reaktionen seiner Geliebten schon sehr viel besser und weiß sich ihrer gefährlichen Umarmungen rechtzeitig zu entziehen.

Il pazzo, »der Irre«, wie ihn die Einheimischen nennen, wenn er wieder einmal nächtens am Stromboli herumkriecht, widmet sich seit 1986 fast ausschließlich der Vulkanfotografie. Mit seiner Leica hält er den Feuerzauber in spektakulären Bildern fest, wahre Meisterwerke, wie diverse Veröffentlichungen, von einem Buch des World Wildlife Fund bis zu einem Wandkalender, beweisen. Einmal im Jahr versagt der Deutsche seinen sizilianischen Freundinnen die Treue und begeht einen Seitensprung, wie zum Beispiel auf Hawaii, das ihn mit reicher Fotobeute belohnte. »Leider«, seufzt das von seiner Aufgabe faszinierte Ehepaar, das sich auch als Reiseleiter – für Vulkantouren, versteht sich – betätigt, »kennen wir bisher nur einige wenige der 535 derzeit aktiven Vulkane der Welt.« Für Wolfgang Müller bleiben also noch viele Gelegenheiten, seinen feurigen Harem zu vergrößern.

Erz«, faßte Homer in seiner »Odyssee« die Mythen um den Archipel zusammen, der dem hinkenden Hephaïstos neben seinem Hauptquartier im Ätna als Dependance diente. Viel Phantasie benötigten die alten Griechen für diese Vorstellung wirklich nicht, vermitteln doch die Ausbrüche von Schlacke, Asche und rauchenden Gasen den Eindruck, eine echte Schmiede in vollem Betrieb zu sehen.

Wenn auch der Stromboli ein sogenanntes »offenes Vulkansystem« aufweist und sich ständig entgasen kann (Vulkanologen sprechen sogar von »strombolianischer Tätigkeit«), können heftigere Ausbrüche doch nicht ausgeschlossen werden. Wie zuletzt am 11. September 1930 um 8.10 Uhr morgens, als das Unheil plötzlich über die Insel hereinbrach. Ohne Warnung stieg innerhalb weniger Minuten eine dunkle Staub- und Aschewolke 3 km empor, bis zu 30 t schwere Gesteinsbrocken folgten, ein Erdbeben hob das Eiland etwa einen Meter an und ließ es mit einem Donnerschlag zurücksacken, was eine meterhohe Flutwelle verursachte. Lava trat in großen Mengen aus. Dann fielen hellglühende Schlacken bis weit hinunter – 6 km vom Krater entfernt – auf die Felder, giftige Gase verbreitend und alles in Brand setzend. Das Inferno dauerte insgesamt 15 Stunden. Sechs Menschen starben, zahlreiche Häuser wurden zerstört. Der Grund für die Katastrophe, an die sich die Alten noch mit Schaudern erinnern: Einbrüche von Meerwasser hatten Dampfexplosionen im Vulkanschlot ausgelöst. Mit einer spektakulären Un-

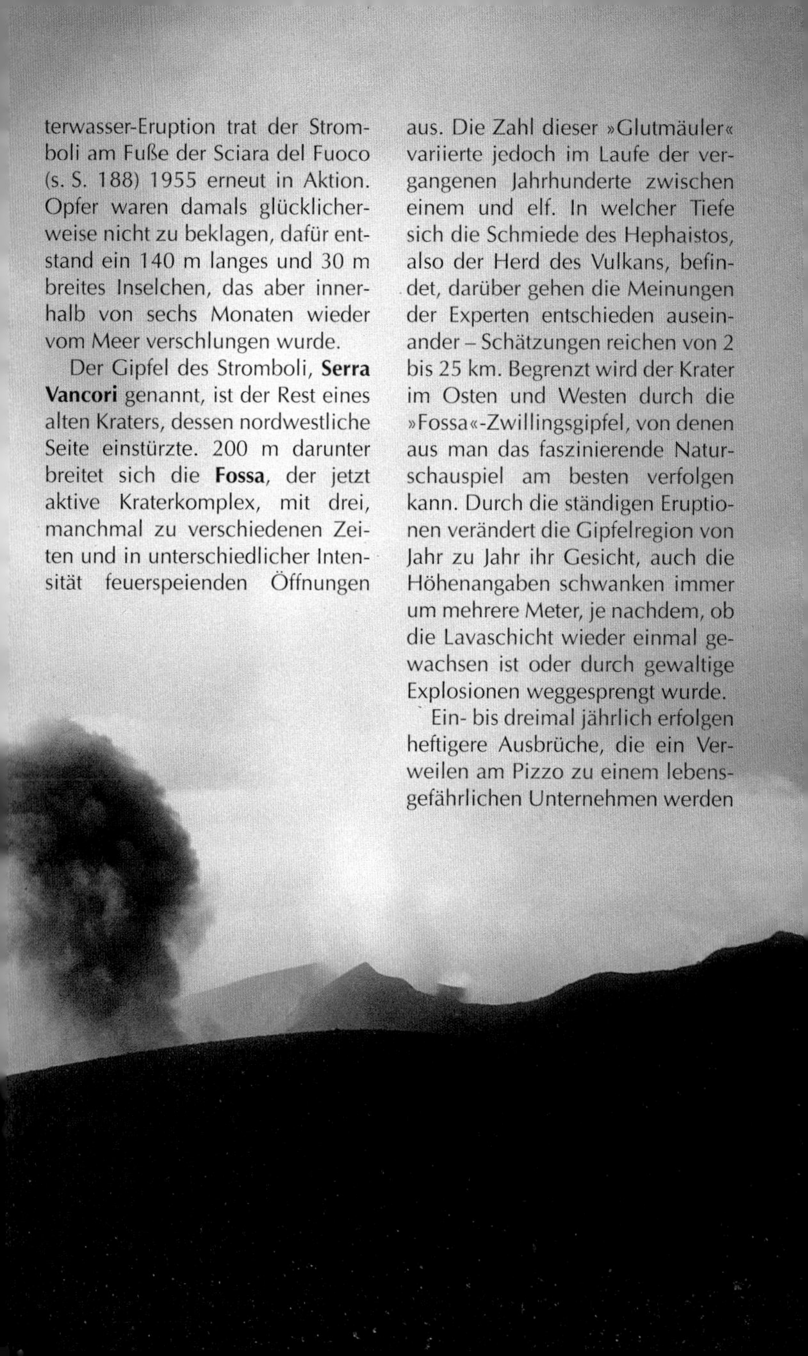

terwasser-Eruption trat der Stromboli am Fuße der Sciara del Fuoco (s. S. 188) 1955 erneut in Aktion. Opfer waren damals glücklicherweise nicht zu beklagen, dafür entstand ein 140 m langes und 30 m breites Inselchen, das aber innerhalb von sechs Monaten wieder vom Meer verschlungen wurde.

Der Gipfel des Stromboli, **Serra Vancori** genannt, ist der Rest eines alten Kraters, dessen nordwestliche Seite einstürzte. 200 m darunter breitet sich die **Fossa**, der jetzt aktive Kraterkomplex, mit drei, manchmal zu verschiedenen Zeiten und in unterschiedlicher Intensität feuerspeienden Öffnungen aus. Die Zahl dieser »Glutmäuler« variierte jedoch im Laufe der vergangenen Jahrhunderte zwischen einem und elf. In welcher Tiefe sich die Schmiede des Hephaistos, also der Herd des Vulkans, befindet, darüber gehen die Meinungen der Experten entschieden auseinander – Schätzungen reichen von 2 bis 25 km. Begrenzt wird der Krater im Osten und Westen durch die »Fossa«-Zwillingsgipfel, von denen aus man das faszinierende Naturschauspiel am besten verfolgen kann. Durch die ständigen Eruptionen verändert die Gipfelregion von Jahr zu Jahr ihr Gesicht, auch die Höhenangaben schwanken immer um mehrere Meter, je nachdem, ob die Lavaschicht wieder einmal gewachsen ist oder durch gewaltige Explosionen weggesprengt wurde.

Ein- bis dreimal jährlich erfolgen heftigere Ausbrüche, die ein Verweilen am Pizzo zu einem lebensgefährlichen Unternehmen werden lassen. Dann fliegen vorwitzigen Eroberern des Vulkans rotglühende Lavageschosse auch noch in mehreren hundert Metern Entfernung buchstäblich um die Ohren, und nur unerschrockene, erfahrene Experten wie der Stuttgarter Vulkanologe Wolfgang Müller (s. S. 184) stürzen sich, mit Schutzhelmen und Spezialkleidung ausgerüstet, todesmutig in den Schlackenhagel, in dem jeder Fehltritt der letzte sein kann. Man muß schon ein besonderes Gespür und einen sechsten Sinn besitzen, um aus diesem Hexenkessel wieder heil herauszukommen. Solche »Wutausbrüche«, wie die Inselbewohner die mit drohendem Donnergrollen verbundenen großen Eruptionen bezeichnen, kündigen sich meist durch eine kurze vulkanische Ruhepause an, als ob der Berg all seine Kräfte für einen Feuerzauber besonderer Art sammeln wollte. Fachleute beschreiben diesen Vorgang freilich nüchterner: Wird der Schlund des Kraters durch erstarrte Lava verstopft, konzentrieren sich darunter Gase unter hohem Druck, der sich schließlich in einer Explosion entlädt und alle Hindernisse mit sich reißt.

Seltener sind Magma-Auswürfe, mit denen in Abständen von jeweils einigen Jahren zu rechnen ist. Dank einer breiten Scharte, die eine ältere Explosion aus der nördlichen Kraterumrandung herausschlug, brechen Lava und Schlacke ausschließlich durch dieses Tor aus. Daher besteht für die Inselbewohner keine unmittelbare Gefahr, denn der Lavastrom ergießt sich auf einer 35 Grad steilen Gleitbahn, der **Sciara del Fuoco**, mit einer Temperatur von fast 1000 Grad dampfend und zischend ins aufkochende Meer – Vermählung von Feuer und Wasser. Die Feuerrutsche – bereits von arabischen Seeleuten *Schiara* genannt – verläuft zwischen zwei Felswänden, die auf dem Gipfel 500 m und auf Meereshöhe 1000 m voneinander entfernt sind. Nur Lebensmüde nähern sich, wann und in welcher Höhe auch immer, diesem Abhang, über den sich der Stromboli nicht nur seiner Lava, sondern auch seiner spitzzackigen, messerscharfen Schlacken entledigt. Das zu Tal kollernde Material gibt helle, metallische Klänge von sich, als ob eine Steel-Band zum Tanz auf dem Vulkan aufspielte. Vor Steinschlag ist man also hier niemals sicher!

Furcht und Faszination beherrschen das Verhältnis der Inselbewohner zu ihrem Vulkan gleichermaßen. Die Mehrheit von ihnen hat den Berg nur selten oder noch gar nicht bezwungen, führen doch dessen feurige Schlünde, wie es heißt, direkt zum Teufel. Und diesem geht man bekanntlich besser aus dem Wege. Kopfschüttelnd verfolgen die Einheimischen den Massenansturm unbekümmerter und häufig schlecht ausgerüsteter Touristen auf den Stromboli, die jenen instinktiven Respekt vermissen lassen, der einer so mächtigen und lebendigen Schöpfung der Natur seit alters her gezollt wird.

Heiß wie die Hölle, schwarz wie die Nacht: Auf den Stromboli

Voraussetzung für einen Aufstieg zum Krater ist ein wenig alpine Erfahrung, die nötige Kondition und eine gute Ausrüstung. Unbedingt erforderlich sind festes Schuhwerk, das den scharfkantigen Lavaschlakken widersteht, warme Kleidung inklusive Wetterschutz (abends und nachts liegen die Temperaturen am Gipfel gut 10 Grad unter jenen am Meer), zur eventuellen Übernachtung ein Schlafsack samt Folienunterlage sowie eine Taschenlampe, am besten ein Modell, das wie eine Grubenleuchte an der Stirn zu tragen ist, damit die Hände zum Abstützen frei bleiben. Jedes Abweichen von den rot-weiß markierten Pfaden ist zu vermeiden. Nur wirklich geübte Alpinisten können auf einen Führer verzichten und einen Alleingang unternehmen, wobei die Klugheit empfiehlt, sich zuvor im Dorf über die Wetterlage genau zu erkundigen. Wolken, Nebel und Wind, der die vulkanischen Gase zu den Aussichtspunkten bläst, verwandeln die Gipfelregion innerhalb weniger Minuten in eine giftige »Dampf-

Mark Twain über Stromboli

Um sieben Uhr abends, als der westliche Horizont von der untergegangenen Sonne ganz vergoldet und mit weit entfernten Schiffen gesprenkelt war, der Vollmond hoch oben dahinsegelte, das Meer dunkelblau zu unseren Füßen lag und eine seltsame Art Dämmerung herrschte, die von all diesen verschiedenen Lichtern und Farben um uns her durchdrungen war, erblickten wir den herrlichen Stromboli. Mit welcher Majestät der Monarch seine einsame Stellung hoch über dem flachen Meer bewahrte! Die Entfernung hüllte ihn in purpurne Düsternis und breitete einen Schleier schimmernden Dunstes über ihn, der seine rauhen Züge so milderte, daß wir ihn durch ein Gespinst aus Silbergaze zu sehen schienen. Seine Fackel war verloschen, seine Brände schwelten; die Rauchsäule, die von ihm aufstieg und sich im heller werdenden Morgenlicht verlor, war das einzige Zeichen, wodurch er erkennen ließ, er sei ein lebender Beherrscher des Meeres und nicht der Geist eines toten.

(Aus Mark Twain: »Die Arglosen im Ausland«)

Vulkantourismus

Ein Spiel mit dem Feuer

Vor Müdigkeit taumelnd nähert sich das etwa achtjährige Mädchen an der Seite seiner Eltern dem schwarzen Strand von Ficogrande. Der einigermaßen entnervte Vater treibt das weinende Kind mit mahnenden Worten weiter. Es ist früh am Morgen, und die Familie hat eine Horrornacht am Stromboli hinter sich. Einige hundert Meter vor dem Quartier bricht die Kleine endgültig zusammen. Die Tour auf den Vulkan war einfach zu anstrengend für sie.

Immer wieder unterschätzen Urlauber die Strapazen und Gefahren eines Aufstiegs auf den »ohnedies nur« 900 m hohen Berg. Ohne einheimische Führer brechen sie auf, wie zu einem Spaziergang nur mit T-Shirt, kurzer Hose und Turnschuhen bekleidet. Nirgendwo anders wird Vulkantourismus so unkontrolliert geduldet wie hier, auch wenn Hinweistafeln am Strand vor Alleingängen ausdrücklich warnen. Keine Saison vergeht ohne schwere Unfälle, die oft tödlich enden. An manchen Tagen treten die Abenteuerlustigen einander buchstäblich auf die Zehen, ein wahnwitziges Spiel mit dem Feuer, dem die Behörden offenbar gleichgültig gegenüberstehen. Es wäre höchste Zeit, die Zahl der Gipfelstürmer zu beschränken, nur gut ausgerüstete Gruppen in Begleitung von Bergführern zuzulassen und dafür zu sorgen, daß die Gipfelregion nicht zu einer Müllhalde verkommt.

küche«, die jegliche Orientierung erschwert oder gar unmöglich macht. In solchen Situationen kommt es zu den meisten Unfällen.

Für den Aufstieg sind – je nach »Puste« – drei bis maximal fünf Stunden zu veranschlagen. Der Abmarsch sollte wegen der Hitze erst in den späteren Nachmittagsstunden erfolgen. In den Proviantrucksack gehören Getränke (kein Alkohol!), ein leichter Imbiß, eventuell Schokolade und – als idealer Durstlöscher – Zitronen. Die Führer nehmen auch auf konditionsschwächere Gäste Rücksicht und dosieren das Tempo gezielt. Wer nämlich gleich mit großen Schritten aufwärts stürmt, wird bald merken, daß ein Höhenunterschied von 900 m alles andere als ein Kinderspiel ist. Apropos Kinder: Obwohl sich natürlich keine generelle Altersgrenze angeben läßt, ab der man seinem Nachwuchs eine Bergtour zutrauen kann, sollte – je nach Training – Jungen und Mädchen unter 10 Jahren eine Stromboli-Besteigung keinesfalls zugemutet werden.

Denn die Hinterlassenschaften der Massen haben am Pizzo bereits eine Rattenplage zur Folge, die insbesondere den nächtlichen Biwakierern schwer zu schaffen macht. Rücksichtslos entledigen sich manche »Alpinisten« vor dem nicht minder gefährlichen – weil rutschigen – Abstieg ihres überschüssigen Proviants, werfen Flaschen, Getränkedosen und Plastiktüten in die nächstbeste Mulde und verwandeln den Berg in eine einzige Latrine. Leider kümmern sich auch die Bergführer nicht um die Bewahrung einer sauberen Umwelt und halten die Touristen nicht an, Abfälle wieder zu Tal zu bringen. Die Guides zählen nur die Geldscheine, je mehr Menschen sie auf den Gipfel schleppen, desto häufiger klingelt bei ihnen die Kasse. Eine äußerst kurzsichtige Einstellung, denn wenn die Natur einmal ruiniert ist, werden auch die Besucher ausbleiben. Dem geradezu irrwitzigen Plan eines lokalen Pfarrers, den Vulkan mit einer Panoramastraße oder einer Seilbahn für noch größere Massen zu erschließen, blieb glücklicherweise bisher die Realisierung versagt. Dabei nascht Hochwürden, dem so mancher Emigrant gegen ein Ticket nach Australien oder Amerika Grund und Boden hinterlassen hat, mit einer eigenen Hotelanlage schon kräftig an den Fremdenverkehrseinnahmen der Insel mit. Pikanterie am Rande: Der Pfarrer der anderen Kirche ist nicht nur bei der Vorbereitung für das Jenseits, sondern auch bei Investitionen ins Urlaubsgeschäft sein unmittelbarer Konkurrent. Wie man hört, gehen die beiden geistlichen Herren, die auch politisch das Sagen haben, einander tunlichst aus dem Wege.

Der Weg zum Gipfel führt über Ficogrande und den Ortsteil San Bartolo. Von dort geht es bergauf, zunächst über einen gepflasterten, in Serpentinen sanft ansteigenden, bequemen Pfad, über den in etwa 30 Minuten die schöne Aussichtsterrasse der ehemaligen Marinestation **Punta Labronzo** samt gemütlicher Pizzeria zu erreichen ist. Wen jetzt, auf 100 m Seehöhe, schon die Muskel schmerzen oder die Faulheit überkommt, der nutze die Chance und lasse die anderen weitermarschieren. Die Wirtsleute werden ihn mit rustikalen Köstlichkeiten und vollmundigem Landwein verwöhnen. Wenn es finster wird, kann man die Feuerfontänen des Stromboli auch von hier mit freiem Auge – noch besser allerdings mit einem Fernglas – recht gut verfolgen. Fotografen gegenüber zeigt sich der Vulkan allerdings als launige Primadonna. Nächtliche Aufnahmen gelingen lediglich aus unmittelbarer Nähe und mit hochempfindlichem Film (s. S. 198).

Von nun an wird der Weg immer schlechter und steiler, das Lavageröll erfordert Trittfestigkeit, die feine, rutschige Asche raubt Kräfte. Auf etwa 600 m nähert sich der Pfad dem nordöstlichen Rand der **Sciara del Fuoco**, das dumpfe Donnergrollen der Eruptionen hört sich von Serpentine zu Serpentine bedrohlicher an, der Schwefelgeruch wird intensiver. Der letzte Teil des Aufstiegs ist weniger beschwerlich, und bald ist die Loge des Höllentheaters erreicht. 918 m über dem Meer bietet sich ein atemberaubender Ausblick über das Meer, die Inselwelt des Aiolos und die Pforte zur Schmiede des Hephaistos, eine fast vegetationslose Mondlandschaft mit zischenden, dampfenden, vom Schwefel gelbgefärbten Öffnungen zur Unterwelt.

Da sich die Mühe nur lohnt, wenn das vulkanische Spektakel am eindrucksvollsten ist, nämlich nach Einbruch der Dunkelheit, drängen sich zu dieser Zeit die meisten Wanderer am Pizzo. Stundenlang könnte man in stiller Eintracht mit der Natur hier verweilen und sich ganz den Urgewalten der Erde hingeben. Aber leider lassen die Massen am Berg Beschaulichkeit kaum zu. Auch die Führer drängen bald wieder zum Aufbruch. Sie bleiben mit ihren Gruppen nur mehr in Ausnahmefällen die Nacht über am Vulkan, weil sie wissen, daß mit diesem nicht zu spaßen ist. Lieber treiben sie ihre Schäfchen wieder zu Tal, auch wenn der nächtliche Abstieg keineswegs unproblematisch ist. Jetzt geht es stolpernd und teilweise am Hosenboden auf der Asche rutschend bergab, und gegen Mitternacht kehren die ersten müden Wanderer in ihre Quartiere zurück. Noch lange gleichen die Nachzügler mit ihren entlang des Weges aufblitzenden Taschenlampen einem Schwarm Glühwürmchen.

Stromboli-Experte Wolfgang Müller warnt Touristen ausdrücklich davor, die Stunden bis zum Morgengrauen am Berg zu verbringen: »Wenn man nicht genau weiß, hinter welchem Felsvorsprung man sicher ist, besteht die Gefahr, im Schlaf von Lavageschossen erschlagen zu werden, die 200 und mehr Meter in die Höhe steigen und dann wie ein Meteorregen herniederprasseln.« Ohne Führer hält der erfahrene Vulkanologe ein Nachtlager am Stromboli für puren Leichtsinn. Während für Müller die statistische Wahrscheinlichkeit eines schweren Unfalls bei einer geführten Tour eher gering ist, riskieren Alleinkraxler, die womöglich eine unmarkierte Direttissima-Route oder gar einen Abstieg auf die Kraterterrasse wagen, ihr Leben. Und so weit sollte das Spiel mit dem Feuer denn doch nicht gehen.

Spukschloß im Meer: Strombolicchio

Sanft streichen blaue Wellen mit weißem Spitzenbesatz über den grau-schwarzen, sonnenwarmen,

Strombolicchio

weichen Lavasand und den feinen Kies, der vor allem bei Ficogrande einen breiten Uferstreifen bedeckt. Wo dunkle Felsen bis in die See ragen, brechen sich Wogen mit hoch aufschäumender Gischt, in die sich nur gute Schwimmer wagen sollten. Sonnenanbeter, Wasserratten und Sportler finden hier alles, was ihr Herz begehrt. Bunt leuchten die Segel der Boote und Surfbretter, die eine stets frische Brise vorantreibt. Beliebtes Ziel ist der **Strombolicchio**, kleiner Ableger des Stromboli, 1600 m vom Ufer entfernt. Den Umrissen nach erinnert dieser einst selbständige Vulkan – genaugenommen handelt es sich um den erstarrten Pfropfen eines Kegels – an ein Spukschloß à la Disneyland. Wind und Erdbeben sind für die bizarre Form des winzigen Lava-Eilands verantwortlich, das einst 56 m hoch war, beim Bau eines Leuchtturms in den 20er Jahren aber auf 43 m »gestutzt« wurde. Zweihundert in das Gestein gehauene Stufen mußte früher der Leuchtturmwärter überwinden, ehe er seinen – inzwischen längst automatisierten – Arbeitsplatz erreichte. Das Betreten des Inselchens ist

Rossellinis Stromboli-Film

Gottsuche in zwei Versionen

Mit dem Film »Stromboli, Terra di Dio« begann 1949 die langjährige berufliche wie private Verbindung zwischen dem italienischen Regisseur Roberto Rossellini (1906–1977) und der aus Schweden stammenden Schauspielerin Ingrid Bergman (1915–1982), ein Verhältnis, das die Filmwelt bis in ihre Grundfesten erschütterte. Daß die heißgeliebte Nonne aus »Die Glocken von St. Marien«, die moralische, untadelige »Johanna von Orleans« Ehemann und Tochter um einer Liaison mit einem verheirateten Italiener willen verlassen würde, empfand das US-Publikum, vor allem aber Hollywood, als unverzeihlichen Skandal. Edwin C. Johnson, damals Senator von Colorado, drückte seine puritanische Abscheu in einer einstündigen Anklagerede gegen die Bergman aus, die er als »Anhängerin der freien Liebe« und »unter dem machtvollen Einfluß des Teufels stehend« bezeichnete. »Aus ihrer Asche«, so der entrüstete Politiker, »möge einst ein besseres Hollywood kommen.«

Ingrid Bergman war von Rossellinis Filmentwurf so begeistert gewesen, daß sie sich spontan bereit erklärte, die Hauptrolle zu übernehmen. Sie fand auch eine amerikanische Produktionsfirma, mit der es allerdings dann zu unüberbrückbaren Meinungsverschiedenheiten kam. Die Rohfassung entstand im Frühjahr und Sommer 1949, das abgedrehte Material ging zur Montage nach den USA. Als aber der Regisseur die Arbeitskopie sah, fühlte er sich verraten und verkauft. In typischer Hollywood-Manier hatte man sein Werk verunstaltet. Rossellini weigerte sich, dieses Produkt mit seinem Namen zu zeichnen, und stellte eine seinen Intentionen entsprechende Version her. So liefen in den amerikanischen und europäischen Kinos zwei völlig verschiedene Filme. »Stromboli, Terra di Dio« wurde im Februar 1950 in New York uraufgeführt. Im selben Monat brachte Ingrid Bergman ihren Sohn Robertino zur Welt.

Der Film erzählt die Geschichte des litauischen Flüchtlingsmädchens Karin (Ingrid Bergman), das in einem Internierungslager in der Nähe von Rom den jungen italienischen Soldaten Antonio (Mario Vitale) kennenlernt. Da sie für sich keine andere Chance sieht, willigt Karin in eine Ehe mit Antonio, einem Fischer aus Stromboli, ein und geht mit ihm auf die Insel, deren Sitten und Gebräuche ihr völlig fremd sind. Einmal versucht sie, sich anzupassen, dann wieder denkt sie an Flucht. Im Wechsel dieser Gefühle und Perspektiven zeigt Rossellini in knappen, dichten Bildern einen Ausbruch des Vulkans, die *Mattanza*, den blutigen Thunfischfang, das alltägliche Leben auf dem kargen Ei-

land. Das Motiv der Heimatverbundenheit zieht sich durch den gesamten Film. Karin lernt viele Bewohner von Stromboli kennen, die in der Welt herumgekommen sind, aber nie den Bezug zu dem Stück Erde, auf dem sie geboren sind, verloren haben. Sie dagegen bleibt ein Flüchtling, eine Heimatlose, verbannt auf ein ihrer Meinung nach »gottverlassenes Eiland«, dessen Sprache sie nicht einmal spricht.

Doch wie wild auch der Aufstand ihrer Gefühle ist, wie hartnäckig ihr Widerstand gegen Umwelt und Gemeinschaft, es spricht auch eine Stimme in ihr (die Stimme Gottes), die sie mahnt, das Leben anzunehmen und ihre Bitterkeit und Verzweiflung abzuwerfen. In der einzigen Sequenz des Films, in der Karin fröhlich und ausgelassen erscheint, sieht man sie mit Kindern am Meer spielen, den Rock geschürzt. Der Leuchtturmwärter fährt vorbei, und abends wird Antonio bereits als *cornuto*, »Gehörnter« verspottet. Obwohl im dritten Monat schwanger, steht der Entschluß der jungen Frau nun fest, die Insel zu verlassen. Ihr Weg führt über den Vulkan. Sie verirrt sich, gerät in die Kraterdämpfe, bricht bewußtlos zusammen. Am nächsten Morgen betrachtet sie bei strahlendem Sonnenschein Stromboli, das tiefblaue Meer und die weißen Häuser. Von Schluchzen geschüttelt, kniet sie nieder: Das Gebet und der Glaube sollen ihr die Kraft geben, das Schicksal anzunehmen.

Die amerikanische Version des Films endet mit der Gewißheit ihrer Rückkehr, die italienische, gut eine halbe Stunde länger, läßt dies offen. Dort ruft Karin noch einmal: »Gott, mein Gott, hilf mir, gib mir Stärke, Vertrauen und Macht!« Dann schwenkt die Kamera weg von ihrem Gesicht auf die Vulkanlandschaft und vorbeifliegende Möwen.

Auch wenn heute kaum noch jemand die Handlung kennt, so zählt das Werk dennoch zu den Klassikern der europäischen Filmkunst. Auf Stromboli wurde der Streifen gar zum wöchentlich gespielten Evergreen eines Video-Kinos, und in den Inselboutiquen zählen T-Shirts mit aufgedruckten Szenenbildern zu den meistgekauften Souvenirs.

nur dem Militär gestattet, daher nisten an seinen steilen Klippen die zahlreichen Seevögel ungestört. Ein kleiner Bootsausflug lohnt sich dennoch: Die Vielfalt der Felsen regt die Phantasie zu allerlei Bildern an. Je nach Blickwinkel kann man einen kolossalen Pferdekopf, einen Pudel oder ein Kaninchen ausmachen, die als steinerne Wächter diese vermeintliche Trutzburg der Fabelwesen beschützen.

Zum kleinsten Hafen der Welt: Ginostra

Kein Stromboli-Urlaub wäre vollkommen ohne eine Inselrundfahrt, denn nur vom Meer aus lassen sich die vielfältigen Felsformationen und Farbschattierungen zwischen Schwarz und Rotbraun der Bergflanken erkennen. Man passiert die Sciara del Fuoco mit ihren steilen Lavawänden und mächtigen Steinblöcken, die nur knapp über das Wasser ragen, und erreicht die zweite Ortschaft der Insel, **Ginostra**, den wohl einsamsten Flecken des Archipels.

Natur- und Umweltschützer führen seit Beginn der 90er Jahre einen erbitterten Kampf gegen absurde Pläne zum Ausbau eines Jachthafens in der winzigen Bucht, von der ein steiler Pfad zu einigen wenigen weißgekalkten Häusern inmitten schroffer Felsen und karger Ginstersträucher führt. Das 30 Einwohner zählende Dorf, im Mai 1992 von einem katastrophalen Buschbrand heimgesucht, als dessen Anstifter die Baulobby verdächtigt wird, rühmt sich, mit der Anlegestelle Pertuso den kleinsten Hafen der Welt zu besitzen.

Ginostra, nach mehreren Erdrutschen auf dem Landweg von der Außenwelt abgeschnitten, ist für die Einheimischen wie für die wenigen Betuchten, die sich hier ihr Refugium errichteten, ein bewußter Anachronismus, an dem man nichts zu ändern wünscht. Italien kann es sich wahrlich leisten, wenigstens diesem unberührten Winkel seine Unschuld zu lassen.

Ginostra, der kleinste Hafen der Welt

Information: Ufficio informazioni, ✆ 090 98 62 85. Für Vulkanausflüge: Piazzale S. Vincenzo, ✆ 090 98 62 63.

Hotels: ***La Sciara Residence: Modernes Feriendorf mit Hotelbetrieb inmitten eines Parks, alles andere als billig. Via Barnao 5, ✆ 090 98 60 04, Fax 090 98 62 84; ***La Sirenetta: Traditionsreiches Haus direkt am Strand, der Komfort hat seinen Preis. Via Marina, ✆ 090 98 60 25, Fax 090 98 61 24; **Ossidiana: Sauberes Hotel mit schöner Lage am Meer, Via Picone 18, ✆ 090 98 60 06, Fax 090 98 62 50; **Villaggio Stromboli: Meerlage. Via Regina Elena, ✆ 090 98 60 18, Fax 090 98 62 58; *Miramare: Schöne Lage am Strand, familiärer Betrieb, preisgünstig. Via Vito Nunziante 3, ✆ 090 98 60 47, Fax 090 98 63 18; *Villa Petrusa: Hübsche, neugestaltete Pension in Gartenlage. Via Panettieri 4, ✆ 090 98 60 45, Fax 090 98 61 26; *Locanda Brasile: Via Domenico Cincotta, ✆ 090 98 60 08; *Locanda Petrusa: Einzige Übernachtungsmöglichkeit in Ginostra, Via Sopra Pertuso, ✆ 090 9 81 23 05.

Essen und Trinken: Ein Unterschied wie Tag und Nacht zwischen Haupt- und Nebensaison: Im Frühjahr und Herbst freundliche Wirte, dienstbeflissene Kellner, frische Speisen; im Sommer ein Gerangel um freie Plätze, mürrisches Personal, lieblos zubereitetes Essen zu Phantasiepreisen. Am besten bedient wird man in:
Da Zurro: Schattige Terrasse nahe am Hafen, das Angebot des Chefs ist sein Geld wert; Fisch vom Feinsten. ✆ 090 98 62 83; Il Canneto: Hier bemüht man sich gerne um den Gast. San Vincenzo, ✆ 090 98 60 14; Punta Lena: Schöne Terrasse am Meer, ✆ 090 98 62 04; Barbablu: Rustikale Eleganz. ✆ 090 98 61 18; Pizzeria L'Osservatorio: Familienbetrieb am Weg zum Vulkangipfel, ✆ 090 98 60 13; La Lampara: Pizze von neapolitanischer Güte. San Vincenzo, ✆ 090 98 60 09.

Strände: Zwischen Ficogrande und Piscita erstreckt sich der größte und schönste Badestrand der Liparischen Inseln: schwarzer, weicher Lavasand und feiner Kies, unterbrochen von bizarren Lavafelsen. Hervorragende Wasserqualität, Paradies für Surfer und Segler.

Ausflüge mit dem Boot: Fischer bieten mit ihren Kähnen Inselrundfahrten mit Besuch der winzigen Ortschaft Ginostra (zu Fuß vom Stromboli-Ort nicht erreichbar) an. Abfahrt vom Strand (Hinweistafeln beachten!). Dort starten auch nächtliche Kahnpartien aufs Meer, wo man die Ausbrüche des Vulkans bestens beobachten kann.

Ausflüge zu Fuß: Das Hauptziel wanderlustiger Touristen stellt natürlich der 926 m hohe Vulkan dar, doch ist der Aufstieg alles andere als ein Spaziergang. Gute Ausrüstung und Kondition sind unbedingt erforderlich, Alleingänge ohne Bergführer lebensgefährlich. Touren mit Führer vermittelt die Bergführer-Vereinigung (AGAI), Piazzale S. Vincenzo, ✆ 090 98 62 63/ 090 98 62 11. Tip für Gehfaule: Einen guten Beobachtungsposten für den nächtlichen Feuerzauber findet man – über einen nicht allzu steilen und gut ausgebauten Weg in 30 Minuten von San Bartolo erreichbar – bei der alten Marinestation Punta Labronzo, neben der sich eine kleine Trattoria etabliert hat. Bei Pizza und Wein lassen sich die Vulkanausbrüche ohne Gefahr bewundern.

Tips für Fotofreunde: Da die Leuchtkraft der rotglühenden Gesteinsgarben erst bei Dunkelheit richtig zur Geltung kommen, sind Stativ und Drahtauslöser unbedingt zu empfehlen. Nur so kann man durch Langzeitbelichtung dieses Schauspiel ohne Verwakkeln festhalten. Bleibt der Verschluß während der gesamten Eruptionsdauer geöffnet, werden die Flugparabeln festgehalten. Beste Ergebnisse bei Nachtaufnahmen liefert der Diapositiv-Film Kodachrome 200 wegen seiner hohen Lichtempfindlichkeit und Feinkörnigkeit. Unbedingt **ohne Blitzlicht** fotografieren, da es nichts bringt, aber Langzeitbelichtungen anderer Fotografen überbelichtet, also unbrauchbar macht.

San Vincenzo auf Stromboli ▷

Kleines Segelbrevier

Häfen und Anlegeplätze

Leuchtfeuer und Wassertiefen

Versorgungsmöglichkeiten

Es muß nicht immer Griechenland sein. Das Reich des Windgottes Aiolos bietet dem Skipper neben frischen Brisen eine abwechslungsreiche Inselwelt mit zahlreichen Anlegemöglichkeiten und Ankerplätzen in romantischen Häfen und einsamen, kleinen Buchten. Der Komfort läßt jedoch noch zu wünschen übrig.

Erzherzog Ludwig Salvator notierte Ende des 19. Jh.: »Die Winde sind auf den Liparischen Inseln von besonderer Heftigkeit. Sie sind sehr veränderlich, die vorherrschendsten sind jedoch der warme Südostwind und dann der heftige, vom feuchten Südwestwind unterbrochene Westwind. Bei starkem Scirocco, der mit unglaublicher Heftigkeit von der Meerenge von Messina hinaufbläst, wird der feine vulcanische Sand von Vulcano derart gehoben, dass die Insel in einer Staubwolke, die ins Röthliche zieht, verschwindet. Doch muss er stark sein, um Lipari zu erreichen, und nicht wenig war ich häufig verwundert, den Faro bei heftigem Scirocco zu verlassen und bei Lipari vollkommene Windstille zu finden. Im Frühjahr (April und Mai) pflegen Nordwinde, namentlich Nordost und Nordwest, vorzuherrschen, in der zweiten Hälfte des April kommen jedoch Südwestwinde häufig vor. Im Sommer (Juni und Juli) wehen in der Früh der Süd- oder Südostwind, von Mittag bis Abends der Nordost und auch Ostwinde, die immer schönes Wetter mit sich bringen. Auch weht häufig Nordwest. Im August ist der Westwind, im Herbst, namentlich im September, der Südost am vorherrschendsten, im October der Ostwind, im November Nord und Nordost. Bei Vollmond tritt Südostwind ein, der fast immer zwei Tage anhält. Seestürme sind in Folge der Heftigkeit der Winde häufig; die stärksten pflegen Ende November und anfangs December stattzufinden, namentlich um den Tag der heiligen Katharina (25. November, Anm.) herum. Ein anderer stürmischer Monat ist der März, es kommen jedoch Stürme von November bis anfangs April vor. Die grösste Kraft des Sturmes dauert gewöhnlich fünf bis sechs Stunden, mit Unterbrechungen halten die Stürme aber auch drei bis fünf Tage, in äusserst seltenen Fällen auch acht Tage an.«

Auch die Meeresströmungen können mitunter ziemlich stark sein. In den Sommermonaten macht sich vor allem zwischen Alicudi und Filicudi eine Südströmung bemerkbar. Bis zu 3 Knoten erreichen die ost-westlichen Strömungen (zuweilen auch in der Gegenrichtung) im Gebiet zwischen der sizilianischen Küste und der Insel Vulcano.

Lipari

Die sichersten Anlegeplätze befinden sich südlich des Vorgebirges Monte Rosa in der Bucht von Mari-

na Lunga: Porto Pignataro und Porto Sottomonastero (Italienische Seekarten Nr. 230, 14, 248). Hafenmeister: ✆ 09 09 81 13 20.

Porto Pignataro Verfügt über eine 150 m lange, als Kai ausgebaute Mole mit Pollern und Befestigungsringen. Die Außenseite der Mole ist für Fährschiffe reserviert. Leuchttürme und Leuchtfeuer: 3288 (Leuchtfeuer mit rotem Festfeuer, Leuchtweite 3 sm), 3292 (Leuchtfeuer mit grünen Blitzen alle 3 Sekunden am Kopf der Mole, Leuchtweite 6 sm). Einfahrtszeiten ohne Einschränkung. Winde: Schirokko, Greco-Tramontana. Schutz bei Winden aus dem Quadranten I und II. Sandiger Grund, Wassertiefe im Becken zwischen 3 und 10 m. Das Zentrum des Städtchens Lipari befindet sich in einer Entfernung von etwa 2 km.

Porto Sottomonastero Die neuen Anlagen des Fährhafens Marina Lunga weisen zwei Kais auf, einen für Jachten und Segelboote (115 m lang) und einen für die Berufsschifffahrt (70 m lang). 2 Leuchtfeuer mit rotem Licht übereinander nahe der NO-Kante des gemauerten Kais. Winde aus den Quadranten I und II, Schutz vor Winden aus den Quadranten III und IV. Sandiger Grund, Wassertiefe am Kai 5–10 m. Weitere Ankerplätze gibt es zwischen Sottomonastero und den Versorgungsstegen in dieser Bucht. Pläne für einen weiteren Ausbau der touristischen Hafenanlagen liegen vor, wie immer fehlt es aber zunächst am Geld.

Versorgungsmöglichkeiten: Wasser und Treibstoff erhält man am besten an den Versorgungsstegen zwischen Porto Pignataro und Porto Sottomonastero, Hydranten finden sich in beiden Häfen. Lebensmittelläden, Märkte und Supermärkte rund um die Hauptstraße Corso Vittorio Emanuele bieten auch an Sonn- und Feiertagen eine reiche Auswahl. Ein Friseur am Beginn des Corso hält für Inselhüpfer, die sich wieder »zivilisieren« wollen, Duschkabinen bereit.

Marina Corta Kleiner, gut geschützter Hafen unmittelbar südlich des Kastells, verfügt über einen 40 m langen Kai ohne Poller. Der Kopf ist für Tragflügelboote reserviert, der Rest für Fischerboote. Von diesem Kai zweigen die Nordmole, nach NO ausgerichtet (155 m lang, für Fischerboote), und die Südmole (40 m lang, davon 25 m für Sportboote) ab. Leuchtturm 3284 auf Marina Corta (mit weißen Blitzen alle 15 Sekunden, Leuchtweite 8 sm). Einfahrt für motorisierte Boote nur mit behördlicher Bewilligung. Winde: Schirokko führt zu starkem Wellengang, Schutz vor Winden aus den Quadranten III und IV. Sandiger Grund, Wassertiefe entlang des Kais 0,50–6 m.

Acquacalda An einem 26 m langen Kai befindet sich ein 100 m langer Eisensteg für das Verladen von Bimsstein. Leuchtfeuer 3295 am Ende des Steges (rotes Licht, Leuchtweite 5 sm). Gefährlich sind aus dem Wasser ragende Felsen entlang der Küste. Winde aus den Quadranten I und IV, Schutz bei Libeccio und Mezzogiorno. Sandiger Grund, Wassertiefe am Steg 0,50–15 m.

Hübsche, aber ungeschützte Ankerplätze: Sciara di Monterosa (ungefähr 180 m vom Ufer entfernt, sandiger, gut haltender Grund, zwischen 30 und 40 m tief); Bucht von Portinente (südlich von Marina Corta, Wassertiefe 25–30 m, sandig); vor den Stränden von Canneto und Porticello.

Vulcano

Die Insel hat 2 Häfen: Porto di Levante (Osthafen), gut ausgebaut und von größerer Bedeutung, sowie der kleinere Porto di Ponente (Westhafen) (Italienische Seekarten Nr. 230, 14, 248).

Porto di Levante Natürliche Bucht im Nordosten der Insel. Uferkai von 80 m Länge. Der Kai an der Außenmole ist für Linienschiffe und für die Berufsschiffahrt vorbehalten, der Metallsteg mit zwei Etagen für Tragflügel- und kleine Boote (Beiboote) reserviert. Am übrigen Kai dürfen Sportschiffe festmachen. Leuchtturm 3280 bei der Punta dei Porci (mit weißen Blitzen alle 20 Sekunden, Leuchtweite 10 sm), Leuchtfeuer 3282 am äußeren Ende der Außenmole (2 grüne Festfeuer übereinander, Leuchtweite 3 sm). Einfahrtszeiten unbeschränkt, doch darf im Umkreis von 600 m vom Steg die Geschwindigkeit von 6 Knoten nicht überschritten werden. Gefährliche Winde: Schirokko; Schutz bei Winden aus den Quadranten II und IV. Sandiger und felsiger Grund, Wassertiefe am Kai 3–8 m.
Versorgungsmöglichkeiten: Wasser, Strom, Telefon, aber kein Treibstoff. Geschäfte, Cafés und Restaurants in Porto di Levante sind meist nur in der Saison geöffnet.

Porto di Ponente Anlegen am kurzen Pier verboten (reserviert für den Zivilschutz). Ankermöglichkeiten in der hübschen Bucht mit schwarzem Lavasand (Wassertiefe 3–7 m). Vorsicht vor kleinen Riffen bei der Zufahrt.

Weitere empfehlenswerte Ankerplätze: Cala di Mastro Minico (südlich von Capo Grosso, Einsteuerung nördlich des einzelnen, 1 m aus dem Wasser ragenden Felsens bis 100 m vor dem Kiesstrand, Sandgrund mit einzelnen Steinen, Wassertiefe 10 m, guter Schutz vor Winden aus dem östlichen Quadranten); Cala Cannitello (südwestlich der Punta Bandiera, der Südostecke der Insel, unterhalb der Ortschaft Gelso, Schönwetter-Ankerplatz mit 5 m Wassertiefe über Sandgrund); Testa Grossa (an der Westküste, man sollte sich von Süden her nähern und bei einem Felsvorsprung ankern).

Salina

Die Insel bietet insgesamt 4 Anlegemöglichkeiten: Santa Marina Salina, Rinella, Malfa und Punta Faro (Italienische Seekarten Nr. 230, 14).

Santa Marina Salina Haupthafen des Eilands, bestehend aus einem 120 m langen Kai und einer 160 m langen Mole, die für die Berufsschiffahrt eingerichtet ist. Im Inneren des Hafens gibt es einen Steg für Tragflügelboote. Alle übrigen Stege sind für Sportboote frei. Mit dem Bau eines großen Touristenhafens mit 125 Bootsplätzen wurde südlich des Handelshafens begonnen, seine Fertigstellung wird nicht vor 1995 erwartet. Leuchtturm

Panarea, Blick auf Basiluzzo ▷

SQUALO 2

3296 auf Capo Faro (mit weißen Blitzen alle 6 Sekunden, Leuchtweite 18 sm), 2 Leuchtfeuer 3298 auf dem äußeren Wellenbrecher (grüne Festfeuer übereinander, Leuchtweite 3 sm), Leuchtturm 3300 auf Punta Lingua am äußersten SO-Ende der Insel (weißes Feuer alle 3 Sekunden, Leuchtweite 11 sm). Einfahrtszeiten ohne Einschränkung. Winde aus den Quadranten I und II, Schutz bei Winden aus den Quadranten III und IV. Sandiger und felsiger Grund, Wassertiefe am Kai zwischen 3 und 4,50 m.
Versorgungsmöglichkeiten: Wasser, Strom, Telefon, Treibstoff, Schiffsreparaturen. Geschäfte, Cafés und Restaurants im Ort.

Rinella Reizendes Fischerdorf mit Anlegemöglichkeiten an einem Kai und einer kurzen Mole, die sowohl von Linienschiffen als auch von Sportbooten benutzt werden (nur in den Nachtstunden gestattet). Ankerplätze in der kleinen Bucht mit schwarzem Sand- und Kiesstrand. Leuchtfeuer 3301 (Festfeuer) am äußersten Ende der Mole. Gefährliche Untiefen ca. 200 m westlich des Molenendes für Boote, die entlang der Küste fahren. Winde aus den Quadranten III und IV, Schutz vor Winden aus den Quadranten I und II. Sandiger und felsiger Grund, Wassertiefe am Kai 0,5 bis 4 m. Keine Wasser- und Treibstoffversorgung, mehrere Geschäfte im Ort, Verleih von Taucherausrüstungen am Hafen.

Malfa Kleiner Fischerhafen mit einem 80 m langen Steg und zwei Pollern. Anlegemöglichkeit nur für kleinere Boote. 2 Leuchtfeuer (rot und grün) am Ende des Steges. Einfahrt ohne Beschränkung. Vorsicht vor drei felsigen Untiefen in 250 m NO, 130 m NO und etwa 100 m ONO vom Ende des Steges (Wassertiefe zwischen 1,50 und 4,60 m). Winde: NO im Sommer, Libeccio und Ponente im Winter. Schutz vor Winden aus dem Quadranten II. Keine Wasser- und Treibstoffversorgung, Geschäfte im Ort.

Capo Faro Der winzige Hafen an der Nordostküste der Insel kann als vorübergehender Schutz jederzeit aufgesucht werden. Aus dem Wasser ragende Felsen gefährden allerdings die Einfahrt. Leuchtturm 3296 (mit weißen Blitzen alle 6 Sekunden, Leuchtweite 18 sm). Windgeschützt, keine Versorgungsmöglichkeiten.

Weitere Ankerplätze: In der Bucht unterhalb der Ortschaft Pollara sowie an der Punta del Perciato (sandiger Grund, 25 m Wassertiefe, attraktiver Felsenbogen – eines der Wahrzeichen der Insel).

Filicudi

Anlegemöglichkeiten für Skipper in Filicudi Porto und in Pecorini a Mare (Italienische Seekarten Nr. 230, 916, 915, 18).

Vorsicht vor spitzen Klippen!

Filicudi Porto Nördlich von Capo Graziano befindet sich die Bucht von Filicudi Porto. Ein 50 m langer Kai mit Pollern und Kantenschutz steht zur Verfügung. Neben den großen Fähren und den Tragflügelbooten können hier auch kleinere Sportschiffe anlegen. Leuchtfeuer (rot und grün) am Ende des Kais. Winde aus den Quadranten I und II, Schutz vor Winden aus den Quadranten III und IV. Felsiger Grund, Wassertiefe am Kai zwischen 0,5 und 5 m. Wasserversorgung, Geschäft, Café und Restaurant am Hafen.

Pecorini a Mare Winziger Fischerort mit kleinem Steg und kurzzeitiger Anlegemöglichkeit für Touristenboote. Stark ausgesetzt Winden aus dem I. Quadranten. Empfehlenswerte Inselrundfahrten mit Besuch der mächtigen Grotta del Bue Marino (s. S. 147) und der Felsennadel Canna.

Alicudi

Das westlichste Eiland des Archipels verfügt in **Alicudi Porto** über mehrere Stege, von denen der größte (Länge: 10 m) der Berufsschiffahrt vorbehalten bleibt. Die übrigen können nur von Booten mit geringem Tiefgang angesteuert werden, die Wassertiefe beträgt zum Teil nicht einmal 1,50 m (Italienische Seekarten wie Filicudi).

Bei schlechtem Wetter ist das Meer überall stark bewegt, die Insel bietet keinerlei Schutz. Bei ruhiger See empfiehlt sich eine Umrundung des durch seine bizarren Felsformationen sehenswerten Eilands. In Küstennähe Vorsicht vor gefährlichen Klippen und Untiefen.

Panarea

Revier der nobelsten Jachten der Liparischen Inseln, Tummelplatz der Betuchten. Ankerplätze in glasklarem Wasser: Porto San Pietro, Cala Milazzese und Caletta dei Zimmari (Italienische Seekarten Nr. 230, 14, 248).

Porto San Pietro Dieser Hafen liegt unmittelbar nördlich von Punta Peppemaria und nahe bei der gleichnamigen Ortschaft. Er weist eine 90 m lange und 10 m breite Mole auf. Die Anlegefläche an der Südseite der Mole ist ausschließlich für Tragflügelboote, der Kopf der Mole für Fährschiffe reserviert. Die ersten 5 m auf der Nordseite der Mole dürfen nicht benutzt werden, auf der übrigen Länge können sowohl Fischerboote als auch Sportboote festmachen. Leuchtturm 3304 auf dem Felsen Le Formiche (weiße und rote Blitze alle 5 Sekunden, Leuchtweite 8–10 sm), Leuchtfeuer 3304/2 auf dem Kai Scalo Ditella (grüne Blitze alle 3 Sekunden). Einfahrtszeiten ohne Beschränkung, Ankern im Umkreis von 150 m von der Mole verboten. Winde aus den Quadranten I und II, gefährlich: Levante. Sandiger Grund, Wassertiefe am Kai zwischen 0,5 und 5 m. Einkaufsmöglichkeiten im Dorf.

Cala Milazzese Westlich von Capo Milazzese am Südende der Insel befindet sich eine relativ gut geschützte Bucht mit romantischen Ankerplätzen auf 5 m Wasser über Sandgrund. Herrliche Bademöglichkeiten. Von der Bucht führen Stufen zu den Überresten des prähistorischen Dorfes von Capo Milazzese (s. S. 168).

Caletta dei Zimmari Hübsche Badebucht nördlich von Capo Milazzese, Ankermöglichkeiten über Sandgrund.

Stromboli

Anlegemöglichkeiten und Ankerplätze bei der Ortschaft Stromboli (Ficogrande und San Vincenzo) sowie unterhalb des winzigen Weilers Ginostra (Italienische Seekarten Nr. 230, 14, 13).

Cala Ficogrande Die Mole ist den Fährschiffen vorbehalten, die Metallstege sind für Tragflügelboote freizuhalten. An den übrigen Stegen können Fischer- und Sportboote festmachen. Leuchtturm 3310 auf dem Scoglio Strombolicchio (weiße Blitze alle 15 Sekunden, Leuchtweite 11 sm). Unbeschränkte Einfahrtszeiten. Winde: NO im Sommer, Libeccio und Ponente-Libeccio im Winter, gefährlicher Schirokko, Schutz bei Winden aus dem Quadranten III. Sandiger und felsiger Grund, Wassertiefe 2–9 m. Ankern und Fischen ist im Gebiet der Punta della Lena wegen der dort verlegten Stromkabel verboten. Vorsicht bei den felsigen Untiefen zwischen Punta della Lena und Strombolicchio. Reiche Auswahl in den Geschäften im Ort.

San Vincenzo/Scari Die Stege sind vom Meer zerstört worden, es gibt derzeit keine Liegeplätze und Dienstleistungen.

Ginostra Der Bau eines Jachthafens in diesem letzten unberührten Winkel der Äolen konnte bisher von Natur- und Umweltschützern erfolgreich verhindert werden. Der winzige Hafen ist für Tragflügel- und Fischerboote reserviert, Sportboote dürfen nur kurzzeitig anlegen. Ungeschützte Ankerplätze vor der Küste (nur bei Schönwetter).

Beim **Umrunden** der Insel sei vor allem unterhalb der Sciara del Fuoco und vor dem Nordkap von Stromboli, Punta Labronzo, vor gefährlichen, knapp unterhalb des Wasserspiegels liegenden Klippen gewarnt. Man sollte vor dieser rauhen Küste einen Respektabstand von mindestens 400 m halten. Vorsicht ist auch bei der Annäherung an die Strandabschnitte der Ortsteile Piscita und San Bartolomeo geboten, vor denen tückische Untiefen lauern. Ankern kann hier nur bei ruhiger See erfolgen. Rund um Strombolicchio werfen die Fischer zwischen Mitte April und Mitte Juli gerne ihre Netze aus – und ersuchen die Segler um entsprechende Rücksichtnahme.

Literaturtips

Brancati, Vitaliano: Paolo der Heißblütige (Diogenes)

Brancati, Vitaliano: Der schöne Antonio (Diogenes)

Brancati, Vitaliano: Der Alte mit den Stiefeln (Diogenes)

Braudel, Fernand: Die Welt des Mittelmeeres (Fischer)

Carnabuci, Brigit: Kunstreiseführer Sizilien (DuMont)

Consolo, Vincenzo: Das Lächeln des unbekannten Matrosen (Suhrkamp)

Durrell, Lawrence: Blühender Mandelbaum (Rowohlt)

Finley/Smith/Duggan: Geschichte Siziliens und der Sizilianer (Beck)

Grandjot, Werner: Reiseführer durch das Pflanzenreich der Mittelmeerländer (Kurt Schroeder Verlag)

Gründel, Eva/Tomek, Heinz: Richtig reisen – Sizilien (DuMont)

Homer: Odyssee (Philipp Reclam jun.)

Lampedusa, Giuseppe Tomasi di: Der Leopard (R. Piper)

Lampedusa, Giuseppe Tomasi di: Die Sirene (R. Piper)

Maupassant, Guy de: Sizilien (in deutscher Sprache bei Sellerio editore)

Peterich, Eckart: Sizilien (Prestel)

Puzo, Mario: Der Pate (Rowohlt)

Puzo, Mario: Der Sizilianer (Droemer Knaur)

Raith, Werner: Addio, bella Italia (Knesebeck)

Raith, Werner: Mafia: Ziel Deutschland (Fischer)

Sciascia, Leonardo: Das Gesetz des Schweigens (Benzinger)

Uesseler, Rolf: Mafia – Mythos, Macht, Moral (Dietz)

Verga, Giovanni: Die Malavoglia (Suhrkamp)

Abbildungsnachweis

Gunda Amberg, Gröbenzell Abb. S. 91
Archiv der Autoren Abb. S. 42, 44, 52/53, 82, 113
Archiv für Kunst und Geschichte, Berlin Abb. S. 37, 195
Celentano/laif, Köln Umschlagrückseite Mitte u. unten, Abb. S. 10/11, 13, 60/61, 68/69, 77
Franz Marc Frei, München Abb. S. 84/85, 123, 128, 138/139, 182/183, 186/187, 199, 214
Jan Greune/Look, München Titel
Eva Gründel/Heinz Tomek, Wien Abb. S. 16, 16/17, 20/21, 24, 27, 28, 30, 32, 34/35, 47, 48, 49, 53, 54, 56, 57, 80, 92, 103, 106, 107, 131, 135, 136, 150/151, 157, 159, 162, 170, 173, 203, 209, 212/213
Gerold Jung, Ottobrunn Abb. S. 109, 174, 206/207
Kirchner/laif, Köln Umschlaginnenklappen, Umschlagrückseite oben, Abb. S. 1, 2/3, 132/133, 145, 164/165, 199
Sonja Loy, Köln Abb. S. 200/201
Wolfgang Müller, Stromboli Abb. S. 94/95, 101, 116/117, 176/177, 193, 197
Gerhard H. Oberzill, Wien Abb. S. 63, 210

Quellennachweis

Zitat S. 12 aus Eckart Peterich, Italien Bd. III, mit freundlicher Genehmigung © Prestel-Verlag, München 1986
Zitate S. 32, 33 aus Giovanni Falcone, Inside Mafia, mit freundlicher Genehmigung © by F. A. Herbig Verlagsbuchhandlung GmbH, München
Zitat S. 51 aus Eckart Peterich, Italien Bd. II, mit freundlicher Genehmigung © Prestel-Verlag, München 1988
Zitat S. 59 aus Eckart Peterich, Fragmente aus Italien, mit freundlicher Genehmigung © Prestel-Verlag, München 1969
Zitat S. 76 aus Vincenzo Consolo, Das Lächeln des unbekannten Matrosen, mit freundlicher Genehmigung © Niedieck Linder AG, Zürich

Wie immer waren gute Freunde Geburtshelfer: Marlies Brullo, Margarete Graf, Alexandra Kostrba, Sonja Loy, Peter Rossiwall, Mimmo Ziino.
Wir danken den »Paten«.

TIPS & ADRESSEN

Alle wichtigen Informationen rund ums Reisen – von Auskünfte und Anreise über Urlaubsaktivitäten bis Sprache und Verhalten– auf einen Blick.

INHALT

Bitte schreiben Sie uns, wenn sich etwas geändert hat.
Alle in diesem Buch enthaltenen Angaben wurden vom Autor nach bestem Wissen erstellt und von ihm und dem Verlag mit größtmöglicher Sorgfalt überprüft. Gleichwohl sind – wie wir im Sinne des Produkthaftungsrechts betonen müssen – inhaltliche Fehler nicht vollständig auszuschließen. Daher erfolgen die Angaben ohne jegliche Verpflichtung oder Garantie des Verlages oder des Autors. Beide übernehmen keinerlei Verantwortung und Haftung für etwaige inhaltliche Unstimmigkeiten. Wir bitten dafür um Verständnis und werden Korrekturhinweise gerne aufgreifen:

DuMont Buchverlag, Postfach 10 10 45, 50450 Köln
E-Mail: reise@dumontverlag.de

REISEVORBEREITUNG

Auskünfte

Beim – leider sehr schwerfällig-bürokratischen – Staatlichen Italienischen Fremdenverkehrsamt **ENIT** kann man Prospekte und Auskünfte unter den gebührenpflichtigen ✆ 0190/79 90 90 (Deutschland) und ✆ 0900/97 02 28 (Österreich) anfordern.

Infos gibt es auch unter www.enit.it oder direkt in den ENIT-Büros in:
Berlin
Karl-Liebknecht-Straße 34
enit-berlin@t-online.de
Frankfurt
Kaiserstraße 26
enit.ffm@t-online.de
München
Goethestraße 65
enit-münchen@t-online.de
Wien
Kärntner Ring 4
enit-wien@aon.at
und
Zürich
Uraniastraße 32
enit@bluewin.ch

Für nähere Details über Fahrpläne, Hotels, Privatunterkünfte und Veranstaltungen wendet man sich besser gleich an das sehr freundliche und hilfsbereite Personal des **Fremdenverkehrsamts der Liparischen Inseln** (Azienda Autonoma di Soggiorno e Turismo/AAST)
I-98055 Lipari/ME
Corso Vittorio Emanuele 202
✆ 090 98 80 095
Fax 090 98 11 190
infoaast@netnet.it
www.netnet.it/aasteolie
Mimmo Ziino, der gute Geist dieses Informationsbüros, beherrscht ein ausgezeichnetes Deutsch.

Weiters Sizilien-Infosites:
www.regione.sicilia.it/turismo (italienisch, englisch)
www.isoleolie.it
www.estateolie.it
www.netnet.it
www.eolie.org

Ein- und Ausreise

Deutsche, Schweizer und Österreicher benötigen zur Einreise nach Italien lediglich einen Personalausweis (bei Aufenthalt bis zu drei Monaten). Ausländische Devisen und italienische Währung können ohne Beschränkung eingeführt werden, die jeweils geltenden Ausfuhrbestimmungen für Devisen sollten erfragt werden. Für die Mitnahme von Haustieren sind offiziell eine Herkunftsurkunde, ein amtstierärztliches Gesundheitszeugnis (höchstens 30 Tage alt) sowie ein mindestens 20 Tage und höchstens elf Monate altes Tollwut-Impfzeugnis eforderlich. Autofahrer benötigen Führerschein und Haftpflicht-Versicherungskarte (Grüne Karte), wer nicht mit dem eigenen Wagen fährt, muß eine Vollmacht des Fahrzeugbesitzers mit sich führen.

Klima

	Frühjahr	Sommer	Herbst	Winter
Luft (in °C)	13–19	22–29	19–24	10–16
Wasser (in °C)	17	26	22	15
Sonne (Std. tgl.)	8	11	7	4
Tage mit Regen	15	6	24	30
Niederschläge (in mm)	130	30	210	230

Karten

Die detaillierteste Karte der Liparischen Inseln mit Kurzinformationen in vier Sprachen ist die »Carta Turistica e Nautica«, veröffentlicht von Oreste Ragusi (Milazzo, ✆ 09 09 28 32 55), erhältlich in allen Buch- und Andenkenläden des Archipels.

Krankenversicherung

Für Mitglieder gesetzlicher Krankenkassen sind ambulante Behandlung in Krankenhäusern sowie bei Vertragsärzten kostenlos. Krankenscheine erhält man bei der örtlichen USL (*Unità Sanitaria Locale*) gegen Vorlage des Auslandskrankenscheins E–111. Fachärzte allerdings bevorzugen Barzahlung. Für die Rückerstattung des Betrages durch die Heimatkasse benötigt man eine quittierte Rechnung. Der Abschluß einer privaten Auslands-krankenversicherung samt Rückholung wird empfohlen.

Reisezeit

»Im Frühling zum Staunen, im Herbst zum Genießen« – so beurteilte schon Johann Wolfgang von Goethe diese Region. Von Mitte März bis Ende Juni sind die Inseln ein einziges Blütenmeer, die Tage lang, Restaurants und Hotels nicht überfüllt.

Ab Mitte Mai lädt das Meer zum Baden ein. Die Hochsaison im Sommer ist, wie überall in Italien, von Trubel gekennzeichnet, auch wenn sich am Archipel noch genügend stille Plätzchen finden lassen.

Der Herbst (bis Anfang/Mitte November) ist vor allem jenen zu empfehlen, die Sonnenglut scheuen, aber dennoch auf wärmende Strahlen nicht verzichten wollen. Die Wassertemperaturen nehmen nur langsam ab.

Der allgemein milde Winter kann bisweilen durch rauhe Stürme unterbrochen werden, eignet sich aber ideal für Leute, die »reif für die Insel« sind, also Einsamkeit und Ruhe suchen.

ANREISE

Mit dem Auto

Durchgehende Autobahnverbindungen von der italienischen Nordgrenze über Rom bis Neapel. Entfernungen bis Neapel: von München (über Brenner) 1130 km, von Basel (über St. Gotthard) 1115 km, von Wien (über Graz, Klagenfurt, Tarvis, Udine, Bologna) 1365 km. Von Neapel direkte Autofähren und Tragflügelboote auf alle Inseln.

Andere Möglichkeit: über die (ab Salerno mautfreie) Autobahn Neapel – Reggio di Calabria (500 km) bis Villa San Giovanni, dann mit der Fähre über die Straße von Messina und weiter auf der (mautpflichtigen) Autobahn Messina – Palermo bis Milazzo (30 km). Von hier legen täglich mehrere Autofähren zu den Inseln ab.

Achtung: Pkw dürfen nur auf Lipari und Salina unbeschränkt mitgenommen werden, auf Vulcano und Stromboli in den Sommermonaten lediglich bei einem Aufenthalt von mehr als 30 Tagen, alle übrigen Inseln haben Autos von ihren Territorien verbannt. Mit weiteren Einschränkungen in der Hochsaison ist im Interesse des Umweltschutzes und der Urlauber zu rechnen. Wer auf eines der kleineren Eilande (Alicudi, Filicudi, Panarea) fahren will, sollte seinen Wagen entweder in Lipari, am besten jedoch gleich in Neapel oder Milazzo (Garage oder bewachter Parkplatz!) abstellen.

Mit dem Flugzeug

Die internationalen Flughäfen von Neapel, Catania und Palermo werden von zahlreichen ausländischen Gesellschaften im Linien- und Charterdienst angeflogen (Lufthansa, Swissair, Austrian Airlines, Aerolloyd, Condor, Hapag-Lloyd, LTU). Die italienische Fluggesellschaft ALITALIA verbindet die wichtigsten deutschen Städte sowie Zürich und Wien in zahlreichen täglichen Linienflügen mit Mailand und Rom, wo es Anschlüsse nach Neapel, Reggio di Calabria, Catania und Palermo gibt. Von allen genannten süditalienischen Flughäfen sind die Liparischen Inseln per Helikopter, bzw. Bus und Schiff zu erreichen.

Mit der Bahn

Kurswagen von Düsseldorf, Frankfurt, Stuttgart und München nach Neapel, sonst Umsteigen in Rom, Mailand oder Bologna. Fahrzeiten ab München, Wien oder Zürich bis Neapel zwischen 15 und 25 Stunden. Ab Rom direkte Zugverbindung bis Milazzo (Achtung: Waggons Richtung Palermo nehmen): 8–10 Stunden.

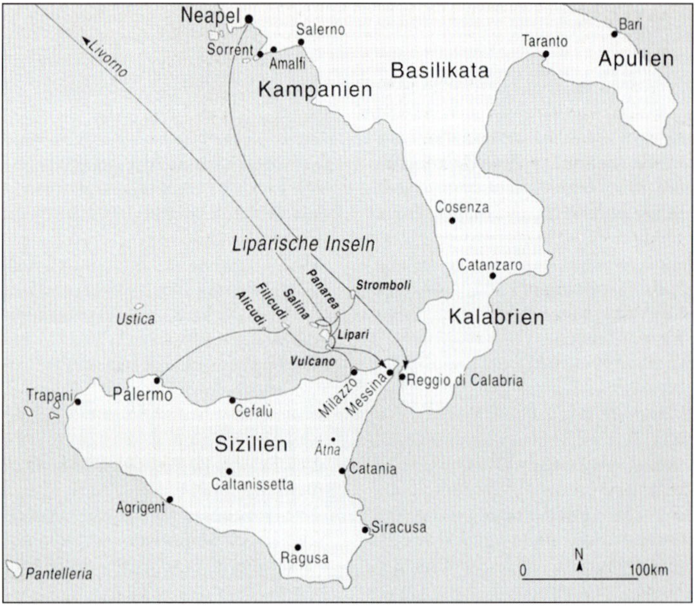

Fährverbindungen zu den Inseln

Weiterreise auf die Inseln

Von Catania: Im Sommer Helikopterservice und eine tägliche Direktverbindung Flughafen-Hafen Milazzo. Ganzjährig Autobusverbindungen täglich mehrmals nach Messina und umsteigen nach Milazzo, dort Fähre oder Tragflügelboot.
Von Messina: Tragflügelboot mehrmals pro Tag (Juni–September).
Von Milazzo: Fähren und Tragflügelboote verkehren das ganze Jahr über, von April bis September beinahe stündlich.
Von Neapel: Tragflügelboot zweimal täglich (Juni–September, Fahrzeit etwa 4 Stunden), Autofähre vom 1.11. bis 31.3. einmal pro Woche, von April bis Oktober zweimal, von Juni bis September dreimal wöchentlich (Fahrzeit nachts 9 bis 13 Stunden).
Von Palermo: Im Sommer Helikopterservice und zwei Tragflügelboot-Verbindungen täglich.
Von Reggio di Calabria: Einmal pro Tag (im Sommer mehrmals) mit dem Tragflügelboot, zweimal wöchentlich Helikopterservice (nur August).
Von Rom: Im Sommer zweimal täglich Bustransfer (Abfahrt: Piazza Indipendenza, Agenzia Demartour, ✆ 064 44 05 27) zum Aliscafo-Hafen Neapel.

Auskünfte, Reservierungen, Buchungen

In der Hochsaison sind Vorbestellungen für **Autofähren** ab Livorno oder Neapel unbedingt notwendig.
Helikopterservice Elimediterranea
90139 Palermo
Via Marchese Ugo 60
✆/Fax 09 16 25 62 91

Verbindung **Flughafen Catania Messina–Hafen Milazzo** und zurück (einmal täglich)
Giuntabus
98122 Messina
Via Terranova 8
✆ 090 67 37 82

SI.RE.MAR
(Fähren, Aliscafi/Tragflügelboote)
Fahrplaninfos: ✆ 09 16 90 25 55
www.siremar.it und www.tirrenia.it
Milazzo
Via dei Mille 28 (am Hafen)
✆ 09 09 28 32 42
Fax 09 09 28 32 43
Napoli (Tirrenia)
Molo Angioino
Stazione marittima
✆ 081 58 00 340
Lipari
Porto Sottomonastero
(Fähren)
Via Ten. M. Amendola
✆ 09 09 81 13 12
Fax 09 09 88 01 70
Marina Corta
(Tragflügelboote)
✆ 09 09 81 22 00

SNAV
(Aliscafi/Tragflügelboote)
Fahrplaninfos: www.snavali.com
Napoli
Via F. Caracciolo 10
Molo Mergellina
✆ 08 17 61 23 48
Messina
Via Cortina del Porto
✆ 090 36 40 44
Milazzo
Via L. Rizzo 14
✆ 09 09 28 78 21
Fax 09 09 28 76 42
Lipari
Marina Corta
✆ 09 09 81 24 48

N.G.I. (Navigazione Generale Italiana/Fähren)
Fahrplaninfos:
www.cormorano.net/ngi
Milazzo
Via dei Mille (am Hafen)
✆ 09 09 28 34 15
Lipari
Porto Sottomonastero
Via Ten. M. Amendola
✆ 09 09 81 19 55

UNTERWEGS AUF DEN INSELN

Fähren, Busse

Zwischen den Inseln verkehren **Fähren** *(Traghetti)* und **Tragflügelboote** *(Aliscafi)*. Die genauen Fahrpläne – sie variieren je nach Saison – sind in den Büros der Schiffsgesellschaften Siremar, SNAV und N.G.I. an den Häfen angeschlagen. Für *Aliscafi* muß man in etwa mit dem doppelten Fahrpreis rechnen, dafür pflügen diese Schnellboote aber auch mit bis zu 90 km/h durch die Wellen. Bei hoher See (ab Windstärke 7–8) wird der Tragflügelboot-Verkehr aus Sicherheitsgründen eingestellt. Wer einen Termin einzuhalten hat (Abflug, etc.), sollte daher bei drohendem schlechtem Wetter die Fähre benutzen.

Auf den Inseln Lipari, Vulcano und Salina verkehren regelmäßig **Busse.** Auf Filicudi, Panarea und Stromboli wird das Gepäck der Urlaubsgäste mit kleinen **Motor- oder Elektrokarren** transportiert, auf Alicudi gibt es nur **Esel** oder Schusters Rappen.

Taxi

Lipari
✆ 09 09 81 11 95, 09 09 81 11 10

Vulcano
✆ 09 09 85 22 73

Salina
✆ 09 09 84 42 43 (Malfa),
✆ 03 30/96 55 06 (Handy),
03 68/361 49 22(Handy) (S. Marina Salina)

Autoverleih

Die Mitnahme des eigenen Pkw rentiert sich nur auf Lipari und Salina, diese beiden Inseln verfügen über ein kleines Straßennetz, mehrere Tankstellen und Werkstätten. Leihfahrzeuge (Pkw, Motorroller, Mofas) sind ebenfalls nur auf Lipari und Salina erhältlich.

Lipari
Basile
Corso V. Emanuele
✆ 09 09 81 17 81

Foti Roberto
Via F. Mancuso
✆ 09 09 8 11 370

Salina
Bongiorno Antonio
S. Marina
Via Risorgimento 240
✆ 09 09 8 43 409

Autobusse für Reisegruppen vermietet Guglielmo Ursi in Lipari
✆ 09 09 81 12 62,
Fax 09 09 81 18 35.

URLAUBSAKTIVITÄTEN

Ausflüge

Mit den schnellen Tragflügelbooten macht das »Inselhüpfen« Spaß. Alle Inseln sind von Lipari aus in bequemen Tagestouren zu erkunden, nur für Stromboli sollte man eine Übernachtung einplanen. Die lokalen Reisebüros in Lipari-Stadt organisieren auch Ausflüge zu den wichtigsten Sehenswürdigkeiten auf dem »Festland« Sizilien. Schiffsrundfahrten und Exkursionen zu verschiedenen Inseln bieten in Lipari folgende Firmen an:

G. La Cava
Via Vittorio Emanuele 124
✆ 09 09 81 12 42

Regina dei Mari
Marina Corta
✆ 09 09 82 22 37
Handy 03 39/748 65 60

Viking
Vico Himera 3
✆ 09 09 81 25 84 und
Handy 03 30/69 58 86

Bergsteigen

Geführte Wanderungen veranstaltet auf Lipari die Cooperativa »Il Sentiero« (✆ 09 09 88 60 00 oder Handy 03 38/747 99 94), auf Filicudi der Schweizer Roland Zoss (s. S. 150). Der Stromboli darf nur in Begleitung von Bergführern bestiegen werden (Info und Anmeldungen s. S. 198).

Bootsverleih

Zu einsamen Buchten und Stränden gelangt man meist nur über das Wasser. Boote mit und ohne Bootsführer vermieten:

Lipari
Da Maurizio
Marina Corta
✆/Fax 09 09 82 22 37
Handy 03 39/748 65 60

Mega Service
Marina Corta
✆ 09 09 81 29 89

Amici della Costa Soc.
Marina Corta
✆ 09 09 82 21 48

Centro Nautico Eoliano
Salita S. Giuseppe 8
✆/Fax 09 09 81 26 91 und
Handy 03 68/68 55 30

Eolmare Calandra
Canneto
✆ 09 09 81 35 21

Roberto Foti
Via F. Crispi
✆ 099 81 13 70

Marù
Canneto
Via M. Garibaldi
✆ 09 09 88 00 06
Handy 03 38/392 76 20

Vulcano
Vulcano Boat Rent Service
Porto di Ponente
✆ 09 09 85 23 79

Centro Nautico Sabbie Nere
Via Risorgimento
✆ 09 09 82 20 41

Giuseppe Trapani
Via Piano
Handy 03 38/692 11 75

Salina
Centro Nautico Levante
S. Marina Salina
Via E. Geraci 13
✆ 09 09 84 30 83

Follone e Zavone
S. Marina Salina
Via Colombo
✆ 09 09 84 31 89

Giuseppina Rametta
Malfa
Via Roma
✆ 09 09 84 40 10

Filicudi
Edoardo Taranto
Via Timpone
✆ 09 09 88 98 35

Filicudi s.n.c.
Via Porto
✆ 09 09 88 99 84

Panarea
Roberto Buzzelli
Via Drauto
✆ 090 98 32 88
Handy 03 30/58 99 34

Salvatore Galeano
Via Iditella
✆ 090 98 31 27

Felice di Lorenzo
Via Nuova
✆ 090 98 30 10

Panarea Service s.r.l.
Via San Pietro
✆/Fax 090 98 33 00

Stromboli
Antonino Caccetta
Via Salina 10
✆ 090 98 60 23

Giuseppe Grasso
Via M. Bianchi 10
✆ 090 98 61 94

Angelo Mirabito
Via Venezia 29
✆ 090 98 61 76

Soc. Navigazione Pippo
Via Roma
✆ 090 98 61 35

Wassersport

Auf den Liparischen Inseln kann man viele Arten von Wassersport betreiben, am beliebtesten sind Wasserskifahren, Segeln, Surfen und Tauchen.

Die wichtigsten Adressen:

Lipari
Segel-, Surf- und Tauchschule
Centro Nautico Eoliano
Salita S. Giuseppe 8
✆ 09 09 81 26 91

Diving Center La Gorgonia
Salita S. Giuseppe
Marina Corta
✆/Fax 09 09 81 20 60
Handy 03 60/86 34 55

Lipari Club Loisirs (Segel- und Surfschule)
Porto Sotto Monastero
✆ 09 09 81 23 31
Fax 09 09 81 36 63

Nautic Center (Surfbretter, Boote)
Canneto, Via M. Garibaldi
✆ 09 09 81 27 25
Fax 09 09 88 00 44

Vulcano
Tauchschule Vulcano Mare
✆ 09 09 85 30 51
Handy 03 38/891 96 75

Salina
Tauchschule Centro Nautico Salina
Leni/Rinella
Via Rotabile 2
✆ 09 09 80 90 33

Filicudi
Apogon Diving Center
Via Porto
✆ 09 09 88 99 60
Handy 03 47/330 71 85

Panarea
Amphibia Tauchschule
Via Iditella
✆ 090 98 33 11
Handy 03 35/613 85 29

Stromboli
Segel- und Surfschule Centro Mare Stromboli
Via Regina Elena
✆ 090 98 61 5

La Sirenetta Diving Center
Via Marina 33
✆ 090 98 60 25
Handy 03 47/353 47 14

Alle genannten Tauchschulen stellen das komplette Equipment zur Verfügung und füllen Tauchflaschen.

Segeltörns zu den Liparischen Inseln veranstaltet
Nixe-Yachting
Monika von Fischer
90141 Palermo
Via Catania 146
✆/Fax 09 16 25 79 90.

REISEINFORMATIONEN VON A BIS Z

Apotheken und ärztliche Versorgung

Die **Apotheken** verfügen, wie überall in Italien, über ein reichhaltiges Sortiment, zum Teil sind auch ausländische Produkte erhältlich. Jeder Reisende sollte sich aber die ihm vom Arzt verschriebenen Medikamente von zu Hause mitnehmen.

Lipari
Cincotta
Via Garibaldi
✆ 09 09 81 14 72

Internazionale
Corso V. Emanuele 28
✆ 09 09 81 15 83

Sparacino
Corso V. Emanuele 95
✆ 09 09 81 13 92

Morsillo
Canneto
Via Risorgimento
✆ 09 09 81 14 28

Vulcano
Bonarrigo
Via Favaloro
✆ 09 09 85 22 44

Salina
Comunale
S. Marina Salina
Via Risorgimento
✆ 09 09 84 30 98

Giuseppe Meccio
Malfa
Via Umberto
✆ 09 09 84 41 88

Cucinotta
Leni
Via Libertà
✆ 09 09 80 90 53

Panarea
Sparacino
Via Iditella
✆ 090 98 31 48

Stromboli
Simone
Via Roma
✆ 090 98 60 79

Auf Alicudi und Filicudi gibt es keine Apotheken.

In Lipari-Stadt gibt es ein **Krankenhaus** (✆ 09 09 88 51, Erste Hilfe: ✆ 09 09 88 52 67), das mit einer Dekompressionskammer (wichtig nach Tauchunfällen) ausgestattet ist. Schwere Fälle werden mit dem Hubschrauber nach Messina, Catania oder Palermo geflogen. Auf allen Inseln wurden **Ärzte-Stationen** *(Guardia Medica)* eingerichtet, die über Funk jederzeit einen Krankentransport-Hubschrauber anfordern können.

Guardia Medica:
Lipari: ✆ 09 09 88 52 26
Vulcano: ✆ 09 09 85 22 20
Salina: ✆ 09 09 84 40 05

Alicudi: ✆ 09 09 88 99 13
Filicudi: ✆ 09 09 88 99 61
Panarea: ✆ 090 98 30 40
Stromboli: ✆ 090 98 60 97 (Stromboli) und ✆ 09 09 81 28 22 (Ginostra)

Achtung: Erste Hilfe im Krankenhaus oder bei der Guardia Medico ist kostenlos.

Einkaufen

Die Ladenschlußzeiten werden sehr individuell gehalten. Offiziell haben Geschäfte und Supermärkte von Montag bis Samstag zwischen 9 und 12.30 Uhr und zwischen 15.30 und 19.30 Uhr geöffnet, in der Touristensaison meist auch an Sonn- und Feiertagen. Die beliebtesten **Souvenirs** von den Liparischen Inseln sind Keramiken, Obsidian, Nachbildungen der Theatermasken aus dem Archäologischen Museum, Strandkleider, T-Shirts, Wein (v. a. der süße Malvasia) und Kapern.

Achtung: Die italienischen Finanzgesetze schreiben für jeden Einkauf, aber auch für Dienstleistungen (z. B. beim Friseur) und die Konsumation im Restaurant zwingend die Ausstellung einer Quittung vor, die man nicht sofort wegwerfen darf. Kontrollen bis einige hundert Meter vom Geschäft (Restaurant etc.) entfernt werden stichprobenartig durchgeführt. Wer dabei ohne eine Quittung ertappt wird, muß ein schmerzhaftes Bußgeld zahlen.

Elektrizität

Die Stromspannung beträgt 220 Volt. Nicht dem deutschen Maß entsprechen die Steckdosen, daher muß man für Rasierapparat oder Haarfön einen Adapter verwenden. Solche Adapter gibt es in jedem Elektrogeschäft Italiens, auch in Lipari-Stadt.

Feiertage

1. Januar
(*Capodanno*/Neujahr)
Ostermontag
25. April
(*La Resistenza*/Tag der Befreiung)
1. Mai
(*Festa del lavoro*/Tag der Arbeit)
15. August
(*Ferragosto*/Mariä Himmelfahrt)
1. November
(*Ognissanti*/Allerheiligen)
8. Dezember
(*L'Immacolata*/Mariä Empfängnis)
25. Dezember
(*Natale*/Weihnachten)
26. Dezember
(*Santo Stefano*/Fest des hl. Stefan)

Feste

Zu einem farbenprächtigen Spektakel geraten auf Lipari die großen Prozessionen am Karfreitag und zum Fest des Inselheiligen San Bartolomeo (24. August) sowie zur Festa di Maria SS. del Terzito (letzte Woche im Juli).

Auf Salina wird in S. Marina Salina (Festa di S. Marina/17. Juli), Leni (Festa di Maria SS. del Terzito/23. Juli) und Malfa (Festa di San Lorenzo/10. August), auf Volcano in Gelso

(Festa die S. Marina/17. Juli) der Muttergottes und Heiligen mit Volksfesten, Prozessionen und Feuerwerk gedacht, zur Kapernernte im Juni gibt es vor dem Kirchlein von Pollara eine *Sagra del cappero* (s. S. 129).

Geld

Ab Anfang 2002 ersetzt der Euro die italienische Lira, mit der man Millionär sein konnte, ohne besonders viel Geld in der Tasche zu haben. Umrechnungskurs: 1 Euro = 1936,27 Lire, 1,95 DM, 13,76 öS oder 1,53 SFR.

Banken haben montags bis freitags von 8.30 bis 13 Uhr geöffnet. Auf Lipari gibt es vier Banken und auch einen EC-Bankomaten, auf Vulcano ein Geldinstitut, auf Salina zwei (Malfa und S. Marina Salina), auf Panarea und Stromboli je einen Bankschalter (nur im Sommer geöffnet). Beim Einlösen von Reise- und Euroschecks ist die Vorlage eines Personaldokumentes erforderlich. In den Wechselstuben nimmt man es mit den Tageskursen nicht immer sehr genau, die Gebühren sind überhöht. Die gängigen Kreditkarten werden in fast allen Restaurants, Boutiquen und Hotels akzeptiert.

Konsulate

Bundesrepublik Deutschland
I-80121 Neapel
Via Crispi 69
✆ 08 17 61 33 93

I-90144 Palermo
Viale Francesco Scaduto 2/D
✆ 09 16 25 46 60
Fax 091 34 70 34

I-95127 Catania
Via Milano 10A
✆/Fax 095 38 69 28

Österreich
I-80121 Neapel
Corso Umberto I. 275
✆ 081 28 77 24

I-80139 Palermo
Via Leonardo da Vinci 145
✆ 09 16 82 56 96
Fax 09 16 82 39 56
(Honorarkonsulat)

Schweiz
I-80121 Neapel
Via Pergolesi 1
✆ 08 17 61 43 90

I-95128 Catania
Via G. D'Annunzio 28
✆ 095 44 71 11
Fax 095 44 45 97
(Honorarkonsulat)

Medien

Auf Lipari, Vulcano und Stromboli sind in der Saison deutschsprachige Tageszeitungen (mit ein bis zwei Tagen Verspätung) erhältlich. Regionale und überregionale italienische Blätter kommen mit den ersten Fähren des Tages auf die Inseln. Die Monatszeitung *Notiziario delle Isole Eolie* beschäftigt sich mit lokalen Problemen des Archipels. Einige Hotels verfügen über Satelliten-TV mit einigen deutschsprachigen Programmen und dem US-Nachrichtensender CNN.

Polizei

Lipari
Carabinieri ✆ 09 09 81 13 33
Stadtpolizei/Vigili Urbani
✆ 09 09 81 32 60

Vulcano
Carabinieri ✆ 09 09 85 21 10

Salina
Carabinieri (S. Marina Salina)
✆ 09 09 84 30 19
Stadtpolizei/Vigili Urbani
✆ 09 09 80 91 25 (Leni),
09 09 81 10 08 (Malfa),
09 09 84 30 21 (S. Marina Salina)

Filicudi
Carabinieri ✆ 09 09 88 99 42

Panarea
Carabinieri ✆ 090 98 31 81

Stromboli
Carabinieri ✆ 090 98 60 21

Post und Telefon

Postsendungen von und nach Italien können manchmal Wochen und Monate unterwegs sein. Wichtige Nachrichten sollten daher entweder per Fax oder per Telefon übermittelt werden.

Die **Postämter** sind in der Regel Mo–Fr von 9–14 Uhr geöffnet. *Uffici Postali* gibt es auf allen Inseln:
Lipari: Lipari-Stadt (Corso), Canneto, Acquacalda, Pianoconte, Quattropani
Vulcano: Via Piano
Salina: Leni, Malfa, S. Marina Salina, Lingua
Alicudi: am Hafen
Filicudi: am Hafen
Panarea: S. Pietro
Stromboli: Porto di Levante (Via Roma), Ginostra.

Postleitzahlen: Für Lipari 98055, für alle anderen Inseln 98050.

Vorwahl: Für Gespräche nach Italien wählt man zuerst die Landeskennzahl 0039, dann die jeweilige Telefonnummer, zu der die Ortsvorwahl inklusive der Null als fixer Bestandteil gehört. Von Italien aus muss man für Deutschland 0049, für Österreich 0043 und für die Schweiz 0041 vorwählen.

Alle öffentlichen Fernsprecher sind für Telefon-Wertkarten (scheda telefonica) eingerichtet, die auf Postämtern erhältlich sind. Die Versorgung im Mobilfunknetz ist flächendeckend.

Restaurants

Für einen Sizilianer ist jede Mahlzeit eine ernste Sache, die es in aller Ruhe zu besprechen gilt. Würdigen Fremde dieses Zeremoniell, erweisen sie sich als sachkundige Gäste, dann läuft der Padrone für sie zur Hochform auf. Etwaige Sprachschwierigkeiten spielen überhaupt keine Rolle, daß man wirklich weiß, was bei der kulinarischen Konferenz ausgehandelt wurde, erwartet ohnedies niemand. Deswegen setzt der Wirt erst recht all seinen Ehrgeiz darein, das Beste aus Küche und Keller aufzutragen.

Bedauerlicherweise pflegen mittlerweile nicht mehr alle Insellokale diese liebenswerte Tradition, wie mancher Nepp-Versuch bei einer Bestellung ohne Preisliste beweist. Fällt die Rechnung in Relation zum Gebotenen allzu unverschämt aus, wirkt eine Drohung mit der Finanzpolizei wahre Wunder, versuchen doch die allzu Gierigen zumeist nicht nur den Touristen, sondern auch gleich die Steuer zu betrügen. Wie überall in Italien ist es auch auf den Liparischen Inseln üblich, das *coperto* (Brot und Gedeck) gesondert zu berechnen.

Sprache

Offiziell italienisch. Mit dem Sizilianischen – auch die Inselbewohner sprechen einen mit zahlreichen »u« gewürzten Dialekt – kommen allerdings auch die Festland-Italiener nicht zurecht. Alle im Tourismus Beschäftigten beherrschen aber zumindest ein paar Brocken Deutsch, so daß es nur selten zu gröberen Verständigungsschwierigkeiten kommt.

Dennoch ist es nützlich, zumindest einige italienische Redewendungen zu beherrschen, schon allein, um den Einheimischen, deren Gastfreundschaft man genießt, seinen Respekt zu erweisen.

Verhalten

Jeder Italien-Besucher sollte Rücksicht auf Sitten und Gebräuche des Gastlandes nehmen. Vor allem sollte man sich hüten, die ausgeprägte Zeichen- und Gebärdensprache der Süditaliener nachzuahmen, es könnte sonst zu peinlichen Mißverständnissen kommen. Man prostet sich ausnahmslos mit der rechten Hand zu (mit der Linken würde man seinem Gegenüber Unglück wünschen). Die Inselbewohner sind zwar Touristen gewöhnt, aber speziell ältere Frauen lassen sich nicht gerne fotografieren. In Kirchen als Orten des Glaubens sollte dezente Kleidung selbstverständlich sein. Nacktbaden ist ausnahmslos verboten, Damen »oben ohne« werden an den meisten Stränden toleriert.

Nützliche Redewendungen

buon giorno	Guten Tag
buona sera	Guten Abend (ab nachmittags gebräuchlich)
buona notte	Gute Nacht
ciao	Tschüß
arrivederci	Auf Wiedersehen (nur, wenn es ein Abschied ist)
per favore	bitte (wird an Frage oder Bitte höflicherweise angefügt)
prego	bitteschön (wenn man selbst etwas gibt)
scusi	Entschuldigung (wenn man etwas erbittet)
Mi dispiace.	Es tut mir leid.
Dove si trova…?	Wo ist…?
Come ti chiami?	Wie heißt du?
Mi chiamo…	Ich heiße…
Vorrei…	Ich möchte… (z. B. beim Einkaufen)
piano-piano	Bitte nicht so schnell.
oggi	heute
stamattina, stasera, stanotte	heute morgen, heute abend
domani	morgen
ieri	gestern
l'altro ieri	vorgestern
la mattina	der Morgen
il pomeriggio	der Nachmittag
Che ora è?	Wie spät ist es?
settimana	Woche
fra … giorni	in…Tagen

REGISTER

Personen

Orte